Annemie Schenk

Deutsche in Siebenbürgen

Annemie Schenk

Deutsche in Siebenbürgen

Ihre Geschichte und Kultur

Verlag C.H. Beck München

Mit 58 Abbildungen und 2 Karten im Text

Die Deutsche Bibliothek – CIP-Einheitsaufnahme

Schenk, Annemie:
Deutsche in Siebenbürgen : ihre Geschichte und Kultur /
Annemie Schenk. – München : Beck, 1992
ISBN 3-406-35877-2

ISBN 3 406 35877 2

Satz: Fotosatz Janß, Pfungstadt
Druck und Bindearbeiten: Ebner Ulm
Gedruckt auf alterungsbeständigem (säurefreiem) Papier,
gemäß der ANSI-Norm für Bibliotheken
Printed in Germany

Für Ingeborg Weber-Kellermann

Inhalt

Vorwort

Die politischen Ereignisse in Rumänien, die zur Jahreswende 1989 zum Sturz des Ceauşescu-Regimes führten, die darauf einsetzende Aussiedlung, die einen Großteil der Deutschen in Rumänien erfaßte, darunter viele tausend Siebenbürger Sachsen, der Nationalitätenkonflikt zwischen Ungarn und Rumänen mit seinen blutigen Auseinandersetzungen –, all dies rückte einer breiten Öffentlichkeit Siebenbürgen mit seinen verschiedenen Bevölkerungsgruppen wieder in den Blick. In dem hier vorliegenden Buch wird vorwiegend von den Siebenbürger Sachsen gesprochen. 1991 konnten sie auf 850 Jahre Geschichte in Siebenbürgen zurückblicken. Im Jahre 1141 trat Géza II. die Regierung an, jener ungarische König, der die Vorfahren der Sachsen in sein Land als Siedler einlud. Sie begannen, ein eigenständiges Leben als politischer Verband mit genau definierten Rechten zu führen. Die aus den Territorien des alten deutschen Reichs stammenden Siedler verbanden sich zu einer geschlossenen ethnischen Gemeinschaft mit dem Siebenbürgisch-Sächsischen als eigener Sprache. Aber zugleich verstand sich diese Volksgruppe durchaus als deutsch, da sie bewußt die Verbindung mit dem deutschen Sprach- und Kulturraum pflegte und sich auch schriftlich der deutschen Sprache bediente.

Als es im 19. Jahrhundert zur Auflösung des Selbstverwaltungsgebietes der Sachsen kam, die Rumänen und Ungarn den geistigen und politischen Anschluß an ihre benachbarten Völker betrieben, erhielt ihr Selbstverständnis als Deutsche einen politischen Bezugspunkt im deutschen Staat. Man begann, die unsicher gewordene Identität als Volksgruppe dort zu suchen, wo sie für die Sachsen als einer von Siebenbürgen geprägten ethnischen Gemeinschaft nicht zu finden sein konnte. Zudem barg die ostentative Hinwendung zu Deutschland die Gefahr der Isolierung im eigenen Land in sich.

Dem verengten Selbstverständnis der Sachsen entsprechend wurde bei der Erforschung ihres Volkslebens weithin die Vorstellung zugrunde gelegt, daß sich ihr bei der Auswanderung mitgebrachtes Sprach- und Kulturgut fast unverändert über die Jahrhunderte erhalten habe. Verstärkt wurde diese wissenschaftliche Tendenz, als sich in Deutschland zwischen den beiden Weltkriegen die sogenannte Sprachinselvolkskunde durchzusetzen begann, d. h. die Erforschung deutscher Minderheitengruppen mit nationalistischer Tendenz. Die auslandsdeutschen Bevölkerungsgruppen sah man isoliert auf ihren „Sprachinseln", umgeben von einer fremden Umwelt. Die wissenschaftlichen Bemühungen waren deshalb darauf gerichtet, die vorgeblich kontinuierliche Überlieferung dieser «Sprachinseln» zu dokumentieren. Der Forschung erschien bei dieser Sichtweise nur noch die deutsche, von der «Urheimat» mitgebrachte Überlieferung von Bedeutung. Die mit dem Bild von der Sprachinsel evozierte Vorstellung verkannte die Lebensverhältnisse ihrer Bevölkerung gründlich. Sie ließ außer Betracht, daß jene Gebiete stets auch Bereiche des Kontakts waren und ihre unterschiedlichen Bewohner in vielfältigen Beziehungen zueinander standen, sich auf vielen Ebenen ein Wechselspiel des kulturellen Austausches ergab. Im Zusammenleben mit den anderen Völkerschaften hatten die Nachkommen der einstmals Ausgewanderten eine eigene Identität entwickelt, wie sie sich nur im Spannungsfeld von Landschaften mit ethnisch gemischter Bevölkerung entfalten konnte.

Mit ihrer in ethnozentrischer Sicht betriebenen Forschung war auch die Volkskunde nicht unschuldig an den Entwicklungen, die nach dem Ende des Zweiten Weltkriegs für die meisten Deutschen in Südosteuropa Flucht, Vertreibung und Verfolgung brachten, da sie in ihrer Gesamtheit mit der Politik des Hitlerregimes belastet wurden. Diese Ereignisse veranlaßten die Marburger Professorin Ingeborg Weber-Kellermann, sich mit der Sprachinselforschung auseinanderzusetzen und ihren verfehlten wissenschaftlichen Ansatz bloßzulegen. Statt die Gruppen isoliert zu betrachten, forderte sie, ihr Beziehungsgeflecht einsichtig zu machen (Weber-Kellermann 1959). Die Autorin verdankt Ingeborg Weber-Kellermann, die ihr als akademische Lehrerin das Interesse an Südosteuropa und im besonderen an Siebenbürgen und seinen Bevölkerungsgruppen vermittelte, zugleich die Einführung in interethnische Forschungen, an denen sie unter ihrer Leitung in Rumänien teilnehmen konnte.

Aber nicht nur in der Volkskunde, sondern auch in der Geschichtsschreibung wurden sehr unterschiedliche Bilder von Siebenbürgen entworfen, da die Darstellungen fast ausschließlich unter den nationalen Gesichtspunkten der einzelnen Gruppen entstanden sind. Die Landesgeschichte bildete sozusagen die Kulisse, vor der eine rumänische, ungarische und siebenbürgisch-sächsische Selbstdarstellung in Szene gesetzt wurde. Jene Beziehungen aber, die das Zusammenleben der verschiedenen Ethnien über Jahrhunderte bestimmt hatten, blieben dabei weitgehend ausgeblendet. Inzwischen hat die historische und die sozialgeschichtliche Forschung begonnen, sich um die Defizite zu kümmern, die durch jene Betrachtungsweise entstanden sind. Aber noch sind einer Beschreibung, die in interethnischem Sinn eine Gruppe in ihrem

Beziehungsgeflecht mit den anderen siebenbürgischen Bevölkerungsgruppen erkennbar machen will, der Forschungslage wegen Grenzen gesetzt.

Mit dieser Einschränkung wird in dem Buch der Versuch unternommen, ein Bild von den Siebenbürger Sachsen und ihrer Lebensgemeinschaft mit den anderen Bevölkerungen des siebenbürgischen Raumes zu zeichnen, zu der die Geschichte sie verbunden hat, und durch die alle geprägt worden sind. Charakterisierten die volkskundlichen Darstellungen die Sachsen im allgemeinen als Bauernvolk, so ist hier nun – neben der traditionellen Ordnung des sächsischen Dorfes – auch von den städtischen Lebensformen die Rede.

Durch die Zerstörung des Sozialgefüges der Siebenbürger Sachsen in der Folge des Zweiten Weltkriegs und durch die Abwanderungen vor allem in der jüngsten Vergangenheit erscheinen die Identität dieser ethnischen Gruppe und das, was von ihrer Volkskultur geblieben ist, in höchstem Maß gefährdet. Angesichts einer sich in unserem Land herausbildenden multikulturellen Gesellschaft sind Einsichten, die sich aus ihrer Geschichte gewinnen lassen, von großem Interesse.

Der Siebenbürgischen Bibliothek Gundelsheim und dem Leiter des Siebenbürgischen Museums Gundelsheim, Dr. Volker Wollmann, sowie Daniel Bein, Hamburg und Professor Ingeborg Weber-Kellermann, gebührt Dank für die freundliche Bereitstellung von Bildmaterial. Ganz besonderer Dank aber gilt Konrad Klein, Gauting, der aus dem reichen Schatz seiner in den letzten Jahren in Rumänien entstandenen Aufnahmen eine Auswahl zur Verfügung stellte.

I. Transylvania, das «Land jenseits des Waldes»

Durch seine natürlichen Grenzen ist Siebenbürgen deutlich von seinen Nachbargebieten getrennt. In weitem Bogen wird das Land von den Gebirgszügen der Karpaten umspannt, die sich im Nordosten und Süden zu Hochgebirgen mit Gipfeln auftürmen, die 2500 Meter erreichen, während die Berge im Westen zur Ungarischen Tiefebene hin allmählich abfallen. Das wie von Mauern umgebene Siebenbürgen ist seit dem Altertum immer wieder mit einer umwallten Festung verglichen worden. Zugang zu ihr gewähren von Norden und Westen die Flußtäler von Samosch (Someş) und Mieresch (Mureş), von Süden das des Alt (Olt), die Siebenbürgen mit den kleineren Flüssen durchschneiden und dem Verkehr die Wege weisen. Das von den Karpaten umgebene Siebenbürgische Becken stellt sich ungeachtet seines Namens, der auf eine flache Ebene hinzudeuten scheint, als ein bewegtes, ausgedehntes Hügelland dar. «Dies ist eine der schönen Eigenthümlichkeiten der landschaftlichen Scenerie Siebenbürgens, – sie bietet unablässige Abwechslung», so beschreibt der englische Schriftsteller Charles Boner seinen Eindruck von dem Land, durch das ihn eine ausgedehnte Reise führte, zu der er 1863 aufgebrochen war. In seinem umfangreichen Reisebericht, der als Gipfelpunkt der Reiseliteratur über Siebenbürgen im 19. Jahrhundert angesehen wird, fährt er fort: «Der Reisende kommt immerfort aus einem Thale in das andere und fortwährend öffnen sich neue Aussichten vor ihm. Dieselben sind fast immer durch waldbekränzte Hügel oder durch bedeutendere Höhen begrenzt und man hat so seine kleine oder größere Welt vor sich. Doch jetzt geht es einen sanften Hügel hinauf oder der Weg windet sich um ein in die Landschaft hereinragendes Vorgebirge herum: die Welt von eben liegt hinter Euch und eine neue liebliche, von der früheren verschiedene Scene erscheint. Das Gemüth wird rege erhalten durch den angenehmen Reiz der Erwartung, einer Erwartung, welche sich selten getäuscht findet.» (Boner 1987, S. 51) Boner hat den Charme wechselnder Landschaftsbilder aus der Sicht eines Beobachters genossen, der mit der Postkutsche und dem Pferdefuhrwerk unterwegs war. Trotz der mäßigen Reisegeschwindigkeit erlebt er die siebenbürgische Landschaft als eine Abfolge von schönen Ausblicken. Die Wahrnehmung von Raum und Zeit hat sich zwar mit der Entwicklung der modernen Verkehrsmittel für die

1 Michelsberg – Dorf und Burganlage von Westen.
Im Hintergrund die Fogarascher Berge

Menschen verändert. Aber hier berührt sich Boners Erfahrung mit der eines Reisenden von heute, an dem auf rascher Fahrt Siebenbürgens landschaftliche Schönheiten als eindrucksvolle Panoramen vorbeiziehen, die auch auf ihn ihre Wirkung nicht verfehlen.

Bedingt durch seine geographische Lage hat Siebenbürgen ein gemäßigtes Kontinentalklima. Die Karpaten schützen das Land vor starken Kälteeinbrüchen aus dem Osten; dennoch kann der Unterschied zwischen den Höchsttemperaturen im Sommer und den tiefsten Werten im Winter beträchtlich sein. Im Sommer steigt das Thermometer auf Werte von 30 und selbst 35 Grad im Schatten, während die Temperaturen im Winter bis auf 30 Grad minus und darunter fallen können. Vom siebenbürgischen Wetter wird behauptet, daß es sich wenig an den Kalender hält. Bis spät in den Frühling schneit es, bis dann das Wetter unvermittelt umschlägt und Ende Mai schon sommerliche Hitze bringt. Die schönste Jahreszeit ist der Herbst mit hohem, klarblauem Himmel und angenehm warmen Tagen, die sich von Anfang September bis manchmal in den November ausdehnt. In den Gärten und Plantagen der Obstanbaugebiete leuchten die Apfelbäume schwer von Früchten im milden Licht. Wenn der Spätherbst das Farbenspiel der sich verfärbenden Blätter bringt, fällt nicht selten der erste Schnee auf Gärten, die voller Blumen stehen.

Ein knappes Viertel der Landesfläche Siebenbürgens wird als Ackerland genutzt; in der Mitte des 19. Jahrhunderts war es gar nur ein Fünftel. Wiesen, Weiden und Obstwiesen nehmen ein Drittel des Land-

2 Büffelmarkt in Hermannstadt

schaftsraumes ein, und dementsprechend sind Weidewirtschaft und Viehzucht bedeutend. Große Rinder- und Schafherden, aber auch schwarze Büffel werden von Hirten durch das Land getrieben. Dieses Bild der ziehenden Herden verbindet sich in besonderer Weise mit der Landschaft Siebenbürgens und wird zu ihrem Charakteristikum. In den Flußtälern der Großen und der Kleinen Kokel (Tîrnava Mare, Tîrnava Mică) und des Mieresch liegen die Rebflächen, auf denen die bekannten und geschätzten siebenbürgischen Weine wachsen. Die klimatischen Verhältnisse sind dem Weinbau günstig, denn die Trauben finden die nötige Wärme zu ihrer Entwicklung und Reife. Allerdings müssen die Reben der kalten Winter wegen gegen den Frost geschützt werden. Ein weiteres Drittel Siebenbürgens aber ist bewaldet. Die die Beckenlandschaft umgebenden Gebirge tragen weit ausgedehnte Wälder mit alten Baumbeständen, und auch das Landesinnere selbst weist vor allem in seinem südlichen Teil bedeutendere Waldgebiete auf. Die großen Tannen-, Eichen-, Bergahorn- und Buchenwälder, die mit den Reichtum des Landes bilden, erstreckten sich in alter Zeit über ein ungleich weiteres Gebiet. Schon der römische Historiker Ammianus Marcellinus (um 332 bis um 400) beschrieb die unendlichen Wälder der Region. Als ein wahres «Bärenland» bezeichnete er sie und gibt damit einen Hinweis auf den Wildreichtum in den Waldungen, die bis heute einen bedeutenden Ruf als Jagdreviere haben. Seit jüngster Zeit stehen sie wieder dem internationalen Jagdtourismus, besonders für die Bären- und Rotwildjagd, offen (Rösler 1990, S. 88 ff.).

Das zwischen und hinter den Wäldern gelegene Land wurde von den Ungarn aus der Sicht von der Donau-Theiß-Ebene her Erdély genannt, was soviel bedeutet wie «jenseits des Waldes». In den mittelalterlichen lateinischen Quellen erscheinen die Bezeichnungen Ultrasilvana, terra Ultrasilvana, Ultra silvas, Transilvana, was auf eine Übersetzung der ungarischen Form schließen läßt. Aus ihr entwickelte sich schließlich der Landesname Transylvania. Ihn übernahmen die Rumänen als Transilvania; daneben steht in ihrer Sprache auch die Bezeichnung Ardeal aus dem ungarischen Erdély. Der seit dem Ende des 13. Jahrhunderts bezeugte deutsche Gebietsname Siebenbürgen ist bald nach der Ansiedlung der Deutschen in jener Region entstanden, und sie haben ihn auch geprägt. Mit diesem Landesnamen wurde schließlich die historische Provinz (mit ca. 62 000 km^2) umschrieben, auf die sich auch die ältere landeskundliche siebenbürgische Forschung in der Regel bezieht. Von den Rumänen wurde der Begriff Transilvania nach 1945 über das eigentliche Siebenbürgen hinaus auf die anschließenden Landschaften von der Marmarosch (Maramureş) im Nordwesten bis zum Banat im Südwesten ausgedehnt (ca. 102000 km²), und auch die ungarische Publizistik spricht in diesem Sinn von Siebenbürgen.

Das Land ist nicht nur reich an Wäldern, es verfügt auch über beträchtliche Naturschätze. An Mineralquellen, die auch für den modernen Kurbetrieb genutzt werden, wird es kaum von einem anderen übertroffen. So entsprudeln dem mittleren Hügelland allein gegen 8000 Salzquellen. In früheren Jahrhunderten war Siebenbürgen wegen seiner riesigen Steinsalzlager, seiner Kupfer- und Eisenvorräte, vor allem aber auch wegen seiner großen Goldvorkommen von Bedeutung. Heute ist die Wirtschaft neben der Gewinnung von Erzen, Steinen und Erden besonders an der Ausbeutung seiner Kohlenlager und Erdgasvorkommen für die so wichtige Energieversorgung interessiert, die in den letzten Jahren nicht gewährleistet war.

Siebenbürgen ist am Schnittpunkt zwischen Ost und West, aber auch zwischen Nord und Süd gelegen. So hat die von den Karpaten umgrenzte Großlandschaft, bedingt durch ihre besondere geopolitische Situation, eine bewegte Geschichte durchlebt und viele Herren gesehen. Siebenbürgen war dakisches Königreich, eine Provinz des Römischen Reiches, Teil des mittelalterlichen Königreiches Ungarn, schließlich praktisch unabhängiges Fürstentum. Nach der Vertreibung der Türken wurde es von den Habsburgern regiert, gehörte zwischenzeitlich wieder zu Ungarn und wurde mit dem Untergang der österreichisch-ungarischen Monarchie nach dem Ersten Weltkrieg durch den Friedensvertrag von Trianon 1920 zur Zentralprovinz Rumäniens. Als Folge dieser wechselvollen historischen Abläufe hat es viele kriegerische Auseinandersetzungen durchlitten; es war Durchzugsland und auch Heimat wechselnder Volksstämme seit frühester Zeit. Einige sind geblieben und in anderen Bevölkerungsgruppen aufgegangen, andere haben sich als ethnische Gruppe bis in die Gegenwart erhalten.

So lebten hier in einem jahrhundertealten Nebeneinander Menschen verschiedener Volkszugehörigkeit, unterschiedlicher Religion, aber auch ungleichen sozialen Status. Wenn als Bewohner Siebenbürgens Rumänen, Ungarn, Deutsche in ihrer eigenständigen siebenbürgisch-sächsischen Ausprägung, Juden, Zigeuner, Armenier, Griechen genannt werden, dann ist die Aufzählung noch nicht vollständig. Je nach den Verhältnissen konnte das Nebeneinander auch zum Mit- und Gegeneinander werden. Man war nicht frei von Vorurteilen, es gab Mißverständnisse und Spannungen, und auf der politischen Ebene kam es zu Konflikten, als mit dem Entstehungsprozeß der modernen Nationen Siebenbürgen zum Streitobjekt zwischen Ungarn und Rumänen wurde. Aber insgesamt gesehen war das Zusammenleben von Normen geregelt, durch die die «anderen» als Nachbarn akzeptiert wurden, zu

3 Rumänisches Paar aus der Umgebung von Klausenburg

denen es im Alltag besonders über Handels- und Wirtschaftsbeziehungen mancherlei Kontakte gab und darüber hinaus auch manche Verbindung freundschaftlicher Art. Diese von ökonomischen und gesellschaftlichen Faktoren bestimmte interethnische Kommunikation führte zu kulturellem Austausch auf vielen Gebieten, und die Anregungen, die die Umwelt anbot, wurden dem eigenen Traditionsbesitz eingefügt. In vielen Bereichen sind die Verflechtungen der Volkskulturen als Folge des Zusammenlebens mit anderen ethnischen Gruppen zu erkennen.

Die Einwohnerzahl Siebenbürgens hat sich in den letzten 250 Jahren etwa vervierfacht. 1974 lebten in den neun Großkreisen, die sich unge-

4 Noch unverheiratetes ungarisches Paar aus Vişțea (1987)

fähr mit dem historischen Siebenbürgen decken, fast vier Millionen Menschen. Die Volkszählung von 1966 hatte noch rund 3 635 000 Einwohner für dieses Gebiet ermittelt. Danach waren zwei Drittel der Bevölkerung Rumänen. Die zweitstärkste ethnische Gruppe stellten die Ungarn (26,9 Prozent), an dritter Stelle standen damals mit 5,1 Prozent – das waren 186 212 Personen – die deutschen Volkszugehörigen. Ihr Anteil, der 1930 bei 8,3 Prozent lag, während er im 19. Jahrhundert noch 10 Prozent betragen hatte, ist durch die Umsiedlungen 1940/41, durch Krieg und die Kriegsfolgen, schließlich durch die kontinuierliche Aussiedlung der letzten Jahre und vor allem durch die Abwanderung nach dem Sturz des Ceauşescu-Regimes stark gesunken. In der Erhebung 1966 hatten sich knapp 1 Prozent der Bevölkerung Siebenbürgens

5 Kesselzigeuner aus Talmesch

als Angehörige der Gruppe der Zigeuner, 0,2 Prozent als Juden bekannt. Die meisten Juden sind inzwischen ausgewandert (zu den statistischen Angaben auch im folgenden vgl. Wagner 1976, S. 415 ff.).

Nicht nur ethnisch, sondern auch konfessionell zeigt sich Siebenbürgen als eine vielfältige Region, und die Zugehörigkeit zu einer Religionsgemeinschaft erwies sich als ein wichtiger Faktor im sozialen Leben der Ethnien. Die Rumänen sind griechisch-orthodoxe Christen. Nachdem aber 1698 das Oberhaupt der Orthodoxen in Siebenbürgen mit der Mehrheit des Klerus dem Abschluß einer Union mit Rom zugestimmt hatte, entwickelte sich mit der griechisch-katholischen, der unierten Kirche eine weitere Glaubensgemeinschaft. Sie umfaßte in Siebenbürgen schließlich ungefähr gleich viele Gläubige wie die griechisch-orthodoxe. Die unierte Kirche wurde 1948 im Zuge der sozialistischen «Umgestaltung» des Landes aufgehoben und Klerus und Gläubige zum Übertritt in die griechisch-orthodoxe Kirche gezwungen.

Sämtliche Bischöfe und viele Geistliche blieben aber ihrem Glauben treu. Sie wurden inhaftiert, und viele starben in der Gefangenschaft. Dennoch wurde die griechisch-katholische Kirche nicht gänzlich vernichtet. Aus dem Untergrund ins legale Leben zurückgekehrt, versucht sie, ihre Gotteshäuser und andere Besitztümer zurückzuerhalten, die ihr der Staat weggenommen und der griechisch-orthodoxen Kirche übergeben hatte. Die Ungarn sind teils Kalvinisten, teils Katholiken, und eine Minderheit hängt den Unitariern an. Bei den Siebenbürger Sachsen hingegen decken sich weitgehend Konfession und Volkszugehörigkeit, denn im wesentlichen sind sie Mitglieder der evangelischen Kirche Augsburgischen Bekenntnisses.

Die historische Entwicklung hat dazu geführt, daß sich Siedlungsschwerpunkte für Ungarn und Siebenbürger Sachsen herausgebildet haben. Die geschlossenen Wohngebiete der Ungarn liegen im mittleren Teil Siebenbürgens um Neumarkt (Tîrgu Mureş, ungarisch Marosvásárhely), vor allem aber im sogenannten Szeklerland im Südosten und Osten des Landes. Sie siedeln aber auch in anderen Gegenden; kleinere Städte wie Thorenburg (Turda, ungarisch Torda), Deesch (Dej, ungarisch Dés), Bistritz (Bistriţa, ungarisch Beszterce) und die Großstädte Kronstadt (Braşov, ungarisch Brassó) und Klausenburg (Cluj-Napoca, ungarisch Kolozsvár) haben viele ungarische Einwohner. Die Volkszählung von 1941 ermittelte für Klausenburg einen Bevölkerungsstand von ca. 111 000 Personen, von denen sich sogar rund 86 Prozent als Ungarn registrieren ließen. Die deutschen Siedlungen liegen gleichfalls in verhältnismäßig geschlossenen Gebieten. Jenes im südlichen Siebenbürgen wird von einer Linie grob umschrieben, die von Mühlbach (Sebeş) über Hermannstadt (Sibiu) bis nach Fogarasch (Făgăraş) führt, bei Reps (Rupea) ihren östlichsten Punkt erreicht und schließlich in weitem Bogen die Gegend nördlich von Schäßburg (Sighişoara) und Mediasch (Mediaş) umgreifend bei Hermannstadt endet. Getrennt von diesem großen sächsischen Siedlungsraum ist das im Südosten Siebenbürgens gelegene Burzenland mit Kronstadt und das Nösner Land mit dem sich anschließenden Reener Ländchen in Nordsiebenbürgen. Städtische Mittelpunkte dieser sächsischen Siedlungslandschaft sind Bistritz und Sächsisch-Regen (Reghin). Hier leben jedoch schon seit den letzten Tagen des Zweiten Weltkrieges nur noch wenige Sachsen. Bliebe noch zu sagen, daß auch im Kernbereich des sächsischen Siedlungsgebietes nach der Bevölkerungsstatistik von 1930 selbst in den Dörfern nur 53 Prozent der Gesamtbevölkerung Deutsche waren, die meist mit Rumänen in räumlicher Nachbarschaft lebten.

Bis zum Zweiten Weltkrieg war Siebenbürgen ein Bauernland. Im Jahre 1930 gab es 2264 Landgemeinden gegenüber 31 Städten; in 321

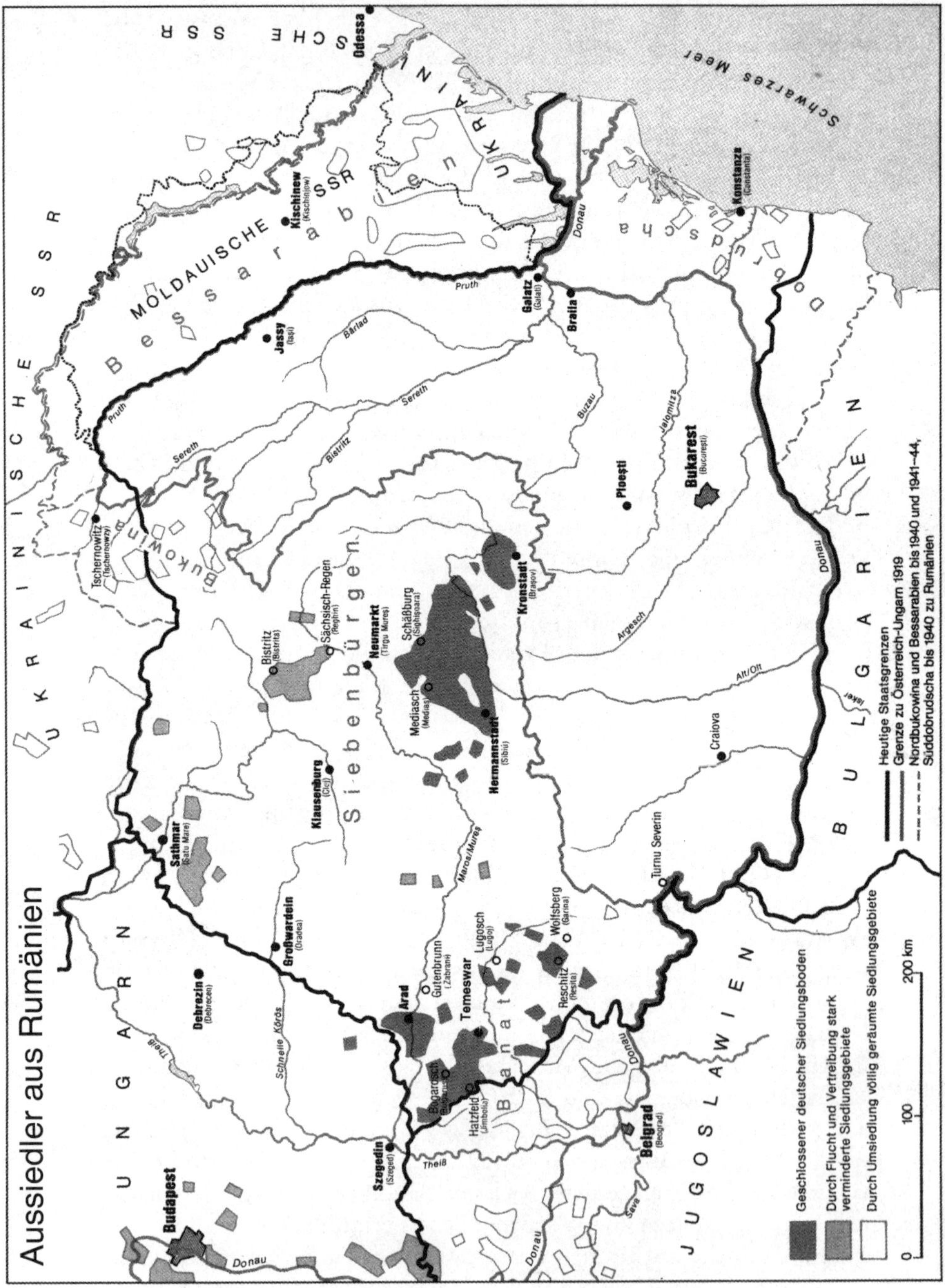

6 Siedlungsgebiete der Deutschen in Rumänien

Dörfern und in zehn Städten – Kronstadt, Hermannstadt, Mediasch, Bistritz, Schäßburg, Mühlbach, Broos (Orăştie), Sächsisch-Regen, Fogarasch und Elisabethstadt (Dumbrăveni) – lebten mehr als 10 Prozent Deutsche. In der Nachkriegszeit wurde verstärkt die industrielle Entwicklung Rumäniens betrieben, und der Anteil der in der Land- und Forstwirtschaft Tätigen, der für das Land insgesamt 1950 noch 74 Prozent betragen hatte, war stark rückläufig. Es wird angenommen, daß er für Siebenbürgen heute deutlich unter 25 Prozent liegt. Für die Sachsen dürfte er in den letzten Jahren sogar unter 10 Prozent betragen haben, nachdem schon durch die Enteignung der deutschen Bauern im März 1945 eine Änderung in ihrer ehemals vorwiegend bäuerlich bestimmten Berufs- und Sozialstruktur eingeleitet worden war. Die Abwanderung der Landbevölkerung in die Städte mit ihren besseren Verdienstmöglichkeiten steigerte sich mancherorts zur Landflucht. Hatte schon in früheren Jahren die städtische Bevölkerung stark zugenommen, so verstärkte sich durch die Zuwanderungen, aber auch durch Eingemeindungen und Stadterhebungen der Verstädterungsvorgang noch, so daß 1974 fast die Hälfte der Bewohner Siebenbürgens in Städten lebten.

Das sprunghafte Ansteigen der Bevölkerung in den städtischen Zentren infolge der Industrialisierung hat deren starke Ausweitung mit sich gebracht. 1941 zählte z. B. Hermannstadt 64000 Einwohner. Bis 1974 hatte sich die Stadtbevölkerung, die damals rund 130000 Personen umfaßte, also verdoppelt. In fast gleichem Maße wuchs Klausenburg von 111 000 auf 219000 Bewohner, und Kronstadt gar weist für die angegebene Zeitspanne eine Zunahme von 84000 auf 199000 Einwohner auf. In ähnlichem Verhältnis entwickelten sich die Zuwachsraten auch in den kleinen Städten. Um den notwendigen Wohnraum für die sich vergrößernde Bevölkerung zu schaffen, wurden Neubauviertel angelegt. Meist entstanden Siedlungen mit Wohnblocks in Fertigbauweise, denen es an Einkaufsmöglichkeiten und Einrichtungen, die ein urbanes Leben ermöglichen, weithin mangelt. So ist der alte Stadtkern mit seinen Geschäftsstraßen wie früher Mittelpunkt. Lange war Siebenbürgen österreichisch, und die meisten seiner Städte sind von dieser Vergangenheit geprägt. Zu ihrem Bild gehören aber auch die anderen Zeugen ihrer langen Geschichte an der Scheidelinie zwischen Ost und West: die Reste der Stadtmauern, der Wall- und Wehranlagen, die gotischen Kirchen. Mit der Kronstädter Schwarzen Kirche wird die geographische Grenze dieses Stils im Südosten erreicht. Mag auch die Physiognomie der siebenbürgischen Städte mitteleuropäische Züge tragen, ihr Lebensrhythmus ist südosteuropäisch bestimmt. Das wird dem fremden Besucher spätestens dann bewußt, wenn er die Flut der flanierenden Fußgänger beobachtet, die sich etwa in Hermannstadt oder Kronstadt

7 Kronstadt – Schwarze Kirche

an schönen Sommerabenden zum Korso auf der Hauptgeschäftsstraße zusammenfindet.

Die Veränderungen beschränken sich aber nicht auf die Städte. Zunehmend wandelte sich auch das Gesicht der Dörfer. Durch die Kollektivierung wurden mit der Errichtung neuer Anlagen für die Landwirtschaftlichen Produktionsgenossenschaften die Wirtschaftsgebäude auf den Bauernhöfen überflüssig. Die Hofbesitzer rissen sie ab, bauten sie um, nahmen auch andere bauliche Veränderungen an ihren Anwesen vor. In den 70er Jahren wandte sich die Direktion für Denkmalpflege gegen die, wie sie sagte, überhandnehmende Modernisierung in den Landgemeinden. Sie appellierte an die Dorfbewohner, die organisch gewachsene, repräsentative bäuerliche Architektur in den Dorfzentren nicht weiter zu zerstören. Im Gegensatz zu diesen Aufrufen standen allerdings schon damals die staatlichen «Maßnahmen zur Systematisierung und Urbanisierung des Landes», mit denen für die «Hebung des Zivilisationsstandes der Bevölkerung» und für die «Erhöhung des Komfortgrades ihrer Lebensbedingungen» gesorgt werden sollte. Wie 1974 bekannt wurde, war vorgesehen, das Land bis 1990 gleichmäßig mit einem Netz von Städten und urbanen Zentren zu überziehen, die den umliegenden ländlichen Ortschaften als «Gravitationszentren» dienen sollten. Hinter dieser Umschreibung verbarg sich der gigantische, ja gespenstische Plan, Tausende von Dörfern abzureißen und deren Bewohner zwangsweise in die zwei- und dreistöckigen Apartmenthäuser von neugeschaffenen Agrarindustrie-Komplexen umzusiedeln. Die offenbar schon 1967 und 1971 auf Parteikonferenzen entwickelte Idee wurde erst 1983 wieder von Ceauşescu aufgenommen. Man hat geschätzt, daß 3,8 Millionen Dorfhäuser hätten abgerissen werden sollen. Auch die in Jahrhunderten gewachsenen siebenbürgischen Bautraditionen wären damit zerstört worden. Scharfe Proteste der internationalen Öffentlichkeit hatten offenbar zur Folge, daß der Plan zur «Systematisierung» der Dörfer nicht sofort in die Tat umgesetzt wurde. So gelangte die Dorfzerstörung bis zum Sturz des Diktators Ende Dezember 1989 über ihre Anfänge nicht hinaus. Das Problem, das die Denkmalschützer schon früher bewegte, steht nun erneut zur Diskussion: wie der Eingriff in das architektonische Gefüge des siebenbürgischen Dorfes gesteuert und lokale Bautraditionen erhalten werden können angesichts der Notwendigkeit, es zu modernisieren. Durch die Aussiedlung der Siebenbürger Sachsen hat es zudem eine neue Dimension erreicht, indem in den Gemeinden mit sächsischer Bevölkerung die Häuser in kurzer Zeit reihenweise die Besitzer wechselten. Es bleibt abzuwarten, ob und wie die neuen Hauseigentümer – Rumänen, aber auch Zigeuner, die in Rumänien zu den Roma gehören – bauliche Veränderungen vornehmen werden und welche Auswirkungen diese auf das Dorfbild jener ehemals sächsisch geprägten Regionen haben werden. Nicht zuletzt davon hängt es ab, ob die Kulturlandschaft Siebenbürgen wenigstens wesentliche äußere Züge wird bewahren können.

II. Zur Geschichte der Besiedlung Siebenbürgens

Die Daker, das römische Dakien und die Ethnogenese der Rumänen

Die Ansiedlung von Menschen in Siebenbürgen ist bis in die ältere Steinzeit nachzuweisen, und die Bodenschätze des Landes, Gold und Salz, wurden bereits seit dem 2. Jahrtausend v. Chr. ausgebeutet. Das Vorkommen an Salz übertraf an Bedeutung jenes an Gold, denn weder in der Theißebene noch im Osten der Balkanhalbinsel gibt es Salz, und sein Abbau in Siebenbürgen war für diese Regionen lebensnotwendig. Als erste gaben griechische Geschichtsschreiber Kunde vom Land. So hat Herodot im ausgehenden 5. Jahrhundert v. Chr. Kenntnis vom Verlauf des Mieresch. Die erste schriftlich tradierte Bezeichnung, die sich mit Sicherheit auf den Raum des heutigen Rumänien bezieht, ist Dakien. Die Daker siedelten wohl spätestens um 200 v. Chr. in der nördlichen Donauebene und in Südsiebenbürgen, sind aber nicht die alleinigen Landesbewohner. Zeit und Authentizität der frühesten Angaben über das Volk der Daker sind umstritten. Man weiß, daß sic in zahlreiche Stämme zerfielen, wohl auch vermischt mit anderen Völkerschaften lebten, so daß die Vorstellung von einem rein dakischen Siebenbürgen in der Antike, wie sie in Rumänien gern verbreitet wurde, als zu undifferenziert anzusehen ist. Um 100 v. Chr. beginnt das Reich der Daker sich herauszubilden, das Burebista, der große Dakerkönig, ausbauen kann. Während seiner Herrschaft, die wahrscheinlich vier Jahrzehnte dauerte, dehnte er sein Königreich durch riesige Eroberungen weit bis an die Schwarzmeerküste aus, auf die Balkanhalbinsel und in die Slowakei. 44 v. Chr. wurde Burebista Opfer eines Aufruhrs, für den mit dem Erstarken der Zentralgewalt unzufriedene Stammesfürsten verantwortlich waren. Mit seinem Tod zerfiel die dakische Macht. Später, um 85 n. Chr., gelang es Decebal, die dakischen Stämme zwischen Theiß, Donau und Dnjestr erneut zu einen.

Hatte schon die Veränderung der Machtverhältnisse an der unteren und mittleren Donau durch Burebistas Reich die Römer beunruhigt, so kam es unter Decebal zu neuen Konflikten. Die Unterwerfung der Daker wurde deshalb als vorrangige politische Aufgabe betrachtet. Die Sicherheit der Besitzungen des Reiches im Südosten Europas und wirtschaftliche Interessen bestimmten Rom, die dakische Macht zu beseitigen. In zwei Feldzügen besiegte Kaiser Trajan (98 bis 117 n. Chr.) seinen dakischen Gegner, an dessen Niederwerfung die Trajanssäule in Rom erinnert. Im Jahre 106 besetzte und zerstörte er das Herrschaftszentrum Decebals, das mit einer Kette von Festungen umgebene Sarmizegetusa, dessen Überreste im Bergland südlich von Broos bei Gradiştea Muncelului noch zu sehen sind. Der Dakerkönig flüchtete und entzog sich der drohenden Gefangenschaft durch Selbstmord. Dakien wurde zum Teil der römischen Provinz eingegliedert, die Siebenbürgen, Oltenien und das Banat umfaßte. In der neu gegründeten Colonia Ulpia Traiana residierte der höchste Beamte der kaiserlichen Provinz. Die neue Stadt übernahm zu ihrer lateinischen Benennung den Namen des Herrschaftssitzes von Decebal, Sarmizegetusa, und ihre Ausgrabungen sind bei jener Gemeinde im Hatzeger Land zu besichtigen, die diesen Namen heute wieder trägt. Der Statthalter nahm alle Maßnahmen vor, um das eroberte Gebiet in eine römische Provinz umzuwandeln. Städte wurden gegründet, es wurde mit dem Bau eines Straßennetzes begonnen, und bald betrieben die Römer Bergwerke, um neben Eisenerzen vor allem das siebenbürgische Gold und Salz zu fördern. Dem durch den Krieg verursachten Bevölkerungsverlust, der natürlich auch einen Mangel an Arbeitskräften zur Folge hatte, wurde durch einen großen Zustrom von Veteranen und Kolonisten aus anderen Gebieten des Imperiums entgegengewirkt, und die Provinz blühte wirtschaftlich auf.

Bald aber hatte die Provinz Dacia unter den sich im 3. Jahrhundert in bedrohlicher Weise verstärkenden Einfällen verschiedener Wandervölker zu leiden. Die Römer sahen sich gezwungen, diese ihre späteste Erwerbung wieder aufzugeben. Sie begannen unter Kaiser Aurelian (270 bis 275) um das Jahr 271 mit ihrer Räumung und zogen sich auf die Donaulinie zurück. Ein schwerer Einschnitt vollzog sich damit im Leben der Bewohner. Die Militärlager und die Städte verödeten, und auch auf dem Land wurden Siedlungen aufgegeben. Aber entgegen der Annahme, daß neben den Beamten, dem Militär und der Oberschicht auch die anderen Bewohner der Provinz Dacia vollständig evakuiert wurden, haben noch nach dem Rückzug der Römer dörfliche Gemeinschaften weiterbestanden, in denen ein Teil der Latein sprechenden Bevölkerung, nämlich die romanisierten Daker und Nachkommen der Kolonisten, zurückgeblieben sind. Selbst die Städte wurden nicht ganz verlassen. Das Leben setzte sich, allerdings auf einem wesentlich niedrigeren Zivilisationsniveau, im Land fort (zu Dakien und seiner Romanisierung vgl. Römer in Rumänien 1969).

Um die Kontinuität des Romanentums nördlich der Donau und die Ethnogenese des rumänischen Volkes kam es in der Geschichtsschreibung zu Auseinandersetzungen, die nicht vorrangig von wissenschaftlichen Motiven bestimmt waren. Vor dem Hintergrund des umstrittenen Besitzes von Siebenbürgen zwischen Ungarn und Rumänen ging es um die Frage, wer von beiden Völkern zuerst in Siebenbürgen lebte, um dadurch seine Ansprüche auf das Land zu begründen. Die polemische Auseinandersetzung von politischer Brisanz setzte sich bis in unsere Tage fort. Sie hat ein Schrifttum hervorgebracht, das kaum mehr überschaubar ist. Ausgangspunkt der Kontroverse war die unterschiedliche Deutung der historischen Quelle zur Räumung der Provinz Dakien. Während ungarische Historiker den vollständigen Abzug der Bevölkerung in das Gebiet südlich der Donau behaupten, der Siebenbürgen zu einem Niemandsland machte, beharren die Rumänen auf einer Kontinuität der dakischen, sodann dakoromanischen Besiedlung, die eine ungebrochene Entwicklung des Rumänentums im Land gewährleistet habe. Durch die archäologischen Forschungen steht heute fest, daß ein Teil der romanischen Bevölkerung in der aufgegebenen Provinz Dacia blieb. Von ihr nimmt die rumänische Forschung an, daß ihre Romanisierung so weit fortgeschritten war, daß sie weiterhin eine Ausstrahlungskraft im Donau-Karpatenraum darstellte. Diese als protorumänisch bezeichnete Bevölkerung, die den Donau-Karpatenraum und die nördliche Hälfte der Balkanhalbinsel bewohnte, sprach eine provinziallateinische Sprache. Im 7. bis 8. Jahrhundert waren, wie weiterhin angenommen wird, deren eigene Züge so weit herausgebildet, daß sie als rumänische Sprache betrachtet werden kann.

Wenn auch nach der Räumung Dakiens viele Wandervölker wie die Goten, die Hunnen und Awaren in die einstige römische Provinz eindrangen, so waren ihre Besetzungen doch nur eine vorübergehende Erscheinung. Als nach 600 dann die Slawen in den protorumänischen Raum strömten, entstand eine neue Situation. Die Ankömmlinge setzten sich für längere Zeit fest, und sie trennten Dakien von der Nachbarschaft mit der romanischen Bevölkerung im Süden der Donau. Während diese bis auf kleine Teile von den Slawen assimiliert wurde, widerstanden die Protorumänen nördlich der Donau nicht nur der Slawisierung, sondern sie assimilierten sogar die slawischen Bevölkerungsgruppen. Im 10. Jahrhundert war die Entstehung des rumänischen Volkes abgeschlossen, und die Nachbarvölker gaben dem neuen Volk, das sich selbst immer nur als Români bezeichnet hat, den Namen Vlachen, Walachen, der nicht anders als ihre eigene Benennung Bezug nimmt auf ihre romanische Sprache.

Dieser Darstellung der historischen Abläufe wird nun allerdings entgegengehalten, daß sich nach dem gegenwärtigen Forschungsstand in

Siebenbürgen kein kontinuierlicher Bestand einer Bevölkerungsgruppe zweifelsfrei nachweisen läßt, die über die Slawen zurückreicht. In Anbetracht dieser Beweislage sind viele Historiker der Ansicht, daß romanisierte Daker aus dem Gebiet südlich der Donau nach dem 7. Jahrhundert in Siebenbürgen einwanderten, und diese romanisch/rumänisch sprechenden Hirten die dakisch-römische, inzwischen stark slawisierte Restbevölkerung verstärkt haben. Nach dieser Meinung hat sich die Ethnogenese des rumänischen Volkes schon auf dem Balkan vollzogen. Diese Ansicht wird auch von verschiedenen Sprachwissenschaftlern geteilt. Welcher Meinung man auch zuneigen mag: Im 9. bis 10. Jahrhundert dürfte es zu den ersten slawisch-vlachischen lokalen politischen Zusammenschlüssen gekommen sein. Bei ihrem Vordringen nach Siebenbürgen stießen die Ungarn dort auf Rumänen, so wie es der anonyme Notar des Königs Béla von Ungarn – welcher der vier Könige dieses Namens gemeint ist, ist nicht geklärt – in seiner Chronik beschreibt, deren Beweiskraft in diesem Zusammenhang ungarischerseits allerdings bestritten wird.

Die Landnahme der Ungarn

Das Erscheinen der Ungarn, dieses ursprünglich finnisch-ugrischen Volkes, das aber während seiner langen Westwanderung starke türkische Beimischungen erfahren hatte, war für Siebenbürgen ein Ereignis, das nachhaltige Wirkungen entfaltete, denn es veränderte grundlegend die Machtverhältnisse im Karpatenbecken. Durch kriegerische Ereignisse gezwungen, hatten die Ungarn das Etelköz, die Ukraine, verlassen müssen und besetzten bis 896 die pannonische Tiefebene. Zwar war sie weder menschenleer noch herrenlos – über die große Ebene östlich der Donau sowie Siebenbürgen geboten der Bulgarenfürst, im Westen und Nordwesten die Herrscher des Ostfränkischen und des Großmährischen Reichs –, jedoch bereitete ihnen die Eroberung dieses Territoriums in der sogenannten Landnahme keine allzu großen Schwierigkeiten unter den damaligen politischen Verhältnissen. Einzelheiten der Besetzung des Landes sind nicht bekannt. Von ihrem neuerworbenen Gebiet aus unternahmen sie weite Beutezüge. Nachdem sie 955 von Otto dem Großen in der Schlacht auf dem Lechfeld bei Augsburg besiegt worden waren, wurden sie seßhaft. Ihre Niederlage bildete zugleich die Voraussetzung für den Aufbau eines christlichen Staatsgebildes. Großfürst Géza (971 bis 997) leitete die Missionierung der Ungarn ein, die sein Sohn Stephan I., der Heilige (997 bis 1038), der wahrscheinlich zu Weihnachten des Jahres 1000 zum ersten König von Ungarn gekrönt wurde, vollendete.

Nach Siebenbürgen waren die Ungarn schon zu Beginn des 10. Jahrhunderts vorgestoßen, aber es kam noch nicht zu einer länger andauernden Besetzung des Landes. Erst im Laufe des 10. Jahrhunderts fingen sie an, Siebenbürgen etappenweise in Besitz zu nehmen, wobei die Landnahme und die Besiedlung von Westen her einsetzte, Siebenbürgen damit in West-Ost-Richtung erobert wurde. Diese Darstellung wurde allerdings bestritten. Die ungarischen Historiker sind sich nämlich nicht einig über den Verlauf der Landnahme in Siebenbürgen. So wird auch die Meinung vertreten, daß die ungarische Eroberung des Karpatenbeckens von Siebenbürgen ihren Ausgang nahm und dieses Land gleich zu Anfang von Ost nach West von den ungarischen Stämmen in Besitz genommen wurde.

Um 1000 faßten die Ungarn am Mittellauf des Mieresch Fuß, und um die Wende zum 13. Jahrhundert dehnte sich ihr Reich bis an die Süd- und Ostkarpaten aus. Bei dieser Ausweitung sicherten sie die jeweilige Grenze durch Grenzsperren, die der Abwehr feindlicher Einfälle dienten. Breite, mit Gestrüpp bewachsene Ödlandstreifen, die man unbewohnt hielt, wurden an Schwachstellen durch Verteidigungswälle verstärkt, in Schutzwäldern Verhaue aus gefällten Bäumen errichtet. Wo die Verkehrswege ins Landesinnere führten, die von Beobachtungsstellen aus überwacht wurden, waren die Durchgänge durch Tore geschützt. Um die Grenzen der neuen Besitzungen besser zu sichern, siedelten die Ungarn Hilfsvölker als Vorhut und Grenzwächter am Rande der Grenzsperrzonen an wie Petschenegen und Kumanen, Angehörige türkischer Reiternomadenvölker. Vor allem aber die Szekler nahmen die Aufgabe des Grenzschutzes wahr. Die Frage nach ihrer Herkunft konnte die Forschung bislang noch nicht eindeutig beantworten. Es gibt dazu nur wenige Nachrichten, die zudem Widersprüche enthalten. Ihrer Herkunftssage nach sind die Szekler Hunnen, die sich nach dem Tode Attilas nach Siebenbürgen zurückzogen. Gewisse Anzeichen sprechen für ihre türkische Abstammung. Sicher scheint zu sein, daß sie aus den östlichen Steppen Europas kamen. Wahrscheinlich schlossen sich die Szekler den Ungarn an, als diese sich noch in ihren Wohngebieten im Osten aufhielten. Früh müssen sie magyarisiert worden sein, denn seit Angaben zu ihrem Sprachgebrauch überliefert sind, sprachen sie ungarisch (Kurze Geschichte Siebenbürgens, S. 175).

Im Zuge des Landesausbaues in Siebenbürgen wurden die Grenzverhaue mehrfach verlegt. Die Grenzwächter erhielten neue Wohnplätze, damit das ehemalige Grenzland besiedelt werden konnte. Als sich um die Wende zum 13. Jahrhundert das ungarische Reich bis zu den Süd- und Ostkarpaten ausgedehnt hatte, wurde die Grenzsicherung durch Verhauzonen aufgegeben und durch eine Kette von Grenzburgen er-

8 Szekler Ehepaar aus der Umgebung von Oderhellen (1991)

setzt. Die Eingliederung Siebenbürgens in das ungarische Herrschaftsgebiet hatte damit seinen Abschluß gefunden.

Die Ansiedlung der Deutschen

Schon bevor Siebenbürgen dem ungarischen Reich ganz eingegliedert war, rief König Géza II. (1141 bis 1162) um die Mitte des 12. Jahrhunderts westliche Siedler in sein Land. Damals hatte eine innere Krise das ungarische Reich geschwächt, so daß sich der König gezwungen sah, seine Autorität in dessen Randgebiet durch ihm ergebene Landesbewohner zu festigen. Diese Rolle war den westlichen Siedlern zugedacht, die zugleich die wirtschaftliche Entwicklung seines Reiches befördern sollten. Dafür wurden ihnen weitreichende Privilegien gewährt.

Um diese Zeit war die Verhauzone vom Mieresch an den Alt und auf die Karpatenkämme vorverlegt worden. Die als Grenzwächter in diesem Gebiet ansässigen Szekler wurden bald nach der Ankunft der ersten Siedler nach Osten zum Einsatz gegen die Kumanen in eine Region umgesiedelt, die bis heute das Land der Szekler geblieben ist. Ihrer Stammesorganisation entsprechend galt das Land, in dem sie sich niederließen, als Gemeinbesitz des ganzen Szeklervolkes. Feudale Abhängigkeitsverhältnisse gab es bei ihnen zunächst nicht. Alle waren Freie mit dem Recht auf einen Anteil am Gemeingrund. Mit dem Recht ging die persönliche Verpflichtung zum Kriegsdienst einher (Kurze Geschichte Siebenbürgens, S. 175 f.).

Die ältere siebenbürgisch-sächsische Geschichtsschreibung war der Meinung, daß die westlichen Ansiedler in einen menschenleeren Raum gekommen seien, erscheint doch der Ausdruck «terra deserta» – ödes, wüstes, menschenleeres Land – in verschiedenen Urkunden in Zusammenhang mit dem Territorium, das den Einwanderern zur Verfügung gestellt wurde. Heute nimmt man, den Erkenntnissen der Forschung Rechnung tragend, an, daß hier der Bezug zu den Szeklern hergestellt ist, die das Siedlungsgebiet «verlassen» hatten, denn diese Übersetzung des lateinischen Begriffes «desertus» ist ebenfalls möglich (Nägler 1979, S. 119). Sicher war dem ungarischen König daran gelegen, das Land den Kolonisten unbewohnt zu übergeben. Denn er mußte freien Boden zur Bebauung bieten, wenn er Auswanderungswillige aus den Territorien des deutschen Reiches in sein Land ziehen wollte. Für diese gab es Mitte des 12. Jahrhunderts durchaus auch andere Möglichkeiten, z. B. die Auswanderung in die Gebiete östlich der Elbe. Wie die Anwerbung vonstatten ging, ist nicht überliefert. Es ist anzunehmen, daß Boten ausgesandt wurden, die die nötigen Vollmachten hatten, um das Siedlungsrecht wenigstens in groben Zügen auszuhandeln. Nicht nur der Bodenbesitz lockte die Siedler, sondern vor allem die Zusicherung, daß der Adel von ihrem Siedlungsgebiet ausgeschlossen sein sollte.

Die Zahl der ersten Ansiedler wird 2000 bis 3000 Personen nicht überschritten haben. Man schätzte, daß sich etwa 500 Familien im sogenannten Altland um Hermannstadt auf dem von König Géza II. verliehenen Siedlungsgebiet niedergelassen haben. Nach neueren Forschungen könnten es auch deutlich weniger gewesen sein. Schon um 1224 war die Ansiedlung in der Hermannstädter Provinz vermutlich abgeschlossen. Durch eine von Zuzügen verstärkte Binnenkolonisation entstanden im mittleren Siebenbürgen und darüber hinaus weitere Siedlungen. Denn außer den Siedlern der Hermannstädter Provinz kamen noch andere Siedlergruppen zu unterschiedlichen Zeiten ins Land. Für die Siedlungsbewegung wurde folgender Ablauf angenommen: Das seit Mitte des 12. Jahrhunderts in Südsiebenbürgen erschlossene Gebiet wird in der zweiten Hälfte des 13. Jahrhunderts bis an die Große Kokel ausgeweitet. Am Ende des 13. und zu Beginn des 14. Jahrhunderts erfolgt die Besiedlung des Raumes zwischen den beiden Kokeln, während jene in Nordsiebenbürgen, also im Nösnerland und im Reener Ländchen, früher angesetzt ist, nämlich schon im 12. bis 13. Jahrhundert. Einige Forscher halten die nordsiebenbürgischen Siedlungen sogar für älter als die der Hermannstädter Provinz, allerdings ohne eindeutige Beweise erbringen zu können. Nach 1211 kommt es im Südosten Siebenbürgens gelegenen, nach dem Burzenbach benannten Burzenland zu Dorfgründungen. Sie gehen auf die Initiative des Deutschen Ritterordens zurück, dem König Andreas II. (1205 bis 1235) nach dessen Vertreibung aus dem Heiligen Land das Burzenland durch eine Schenkungsurkunde übereignet hatte, nachdem auch dieser Landesteil durch eine Verlegung der Grenzverhaulinie für die Besiedlung zur Verfügung stand. Bei dieser Schenkung ging es dem König vorrangig um die Festigung der Landesgrenzen, die von den Kumanen bedroht wurden, und um die Vergrößerung seines Einflußgebietes bis nach Kumanien, der heutigen Südmoldau und östlichen Walachei.

Zum Schutz des Burzenlandes errichteten die Ordensritter Burgen. Ihr Ordenssitz wurde die nach ihrer Patronin benannte Marienburg. Bald kam es jedoch zu Unstimmigkeiten zwischen dem König und den Ordensherren. Schließlich führte ihr Versuch, einen eigenen Staat unter der Oberhoheit des Papstes errichten zu wollen, zu ihrer Vertreibung im Jahre 1225 durch den König. Nach ihrem Abzug aus dem Burzenland wurden sie in Preußen belehnt und erbauten dort ihre zweite Marienburg, jene große Ordensanlage an der Nogat. Die Siedlungen, die während des Aufenthaltes der Ordensritter gegründet worden waren, hatten Bestand, und die Siedlungstätigkeit in dieser Region wurde fortgesetzt.

Neben den erwähnten Kolonisten waren noch andere Ansiedler nach Siebenbürgen gekommen, deren Niederlassungen vielleicht sogar noch älter sind als die Gemeinden in der Hermannstädter Provinz. Bergleute aus Mitteleuropa – nicht alle waren Deutsche – sind vermutlich die ersten Einwanderer. Sie folgten dem Angebot, die Salzgruben und die Gold- und Silberminen wieder in Gang zu bringen und neue einzurichten. In Thorenburg und Deesch förderten sie Salz, Gold und Silber in Rodna und Groß- und Kleinschlatten (Abrud, Zlatna), um nur diese Bergwerkssiedlungen zu nennen. Die deutschen Bewohner jener Orte,

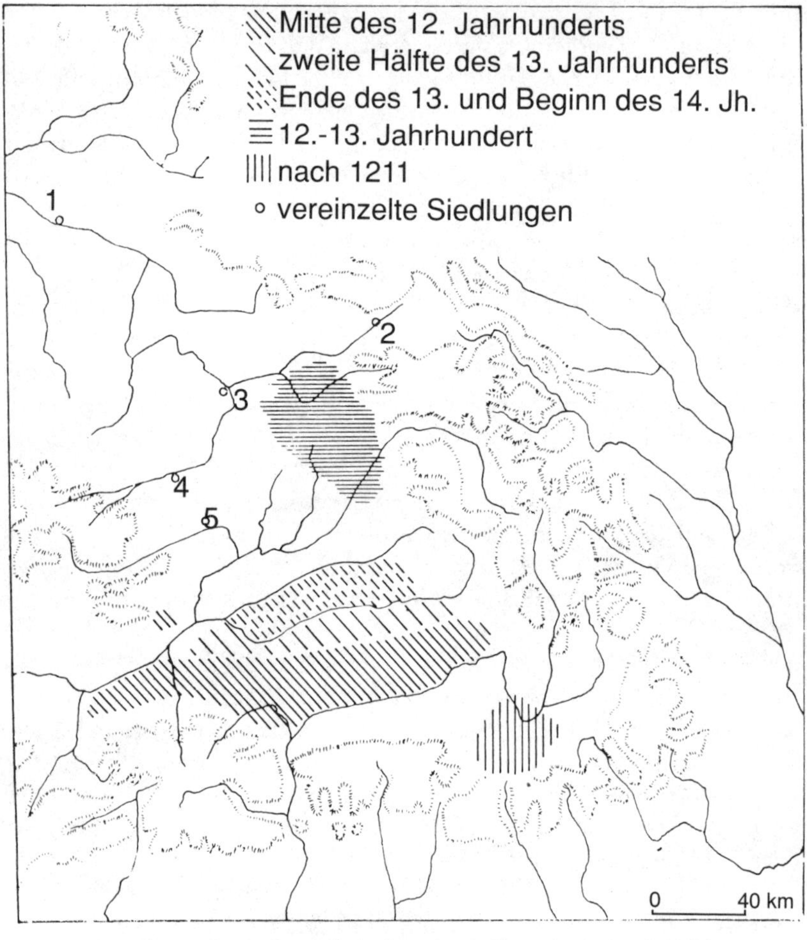

9 Chronologie der sächsischen Ansiedlung in Siebenbürgen
1 Sathmar, 2 Rodna, 3 Deesch, 4 Klausenburg, 5 Thorenburg

die kaum Verbindung mit den anderen deutschen Ansiedlern hatten, gingen im Laufe der Zeit in der ungarischen oder rumänischen Bevölkerung ihres Umfeldes auf.

Die Rechtsgrundlage der Ansiedlung

Wenn der ungarische König Siedler aus den deutschen Reichsterritorien für Siebenbürgen gewinnen und dort auch halten wollte, mußte er besondere Privilegien gewähren. Zwar sind Rechtsverleihungen nicht überliefert, wohl aber ihre Bestätigung und Erweiterung. 1224 erteilte Andreas II. den Ansiedlern in der Hermannstädter Provinz den Goldenen Freibrief, der nach seinem Aussteller auch als Andreanum bezeichnet wird (Abdruck bei Wagner 1976, S. 15ff.). Es ist die für die Siebenbürger Sachsen wichtigste mittelalterliche Urkunde, weil sie von größter Tragweite in ihrer Geschichte war. Den Siedlern sicherte der Goldene Freibrief uneingeschränkte wirtschaftliche und soziale Freiheit zu. Über den ihnen vom König zugeteilten Boden, den sogenannten Königsboden, wurde ihnen das alleinige Verfügungsrecht eingeräumt. In diesem Gebiet waren die Siedler königsfrei, also keinem Grundherrn untertan. Nur dem König waren sie Rechenschaft schuldig, konnten ihre Richter, die nach dem Gewohnheitsrecht urteilen durften, und ihre Pfarrer wählen, freien Handel treiben und erhielten eigenes Marktrecht, wie auch die Wald- und Wassergerechtigkeit. Die Freiheiten, die Andreas II. den Ansiedlern verlieh, hatten im ost- und südosteuropäischen Raum keine Entsprechung in einem Siedlerrecht, das anderen Gruppen zugestanden wurde. Es ist offensichtlich, daß sich die Interessen des ungarischen Königs mit denen der Siedler trafen. Durch ihre Privilegierung schuf er sich ein Gegengewicht gegen die mächtigen Adelsgeschlechter, die im Laufe der Geschichte immer wieder versuchten, die Königsgewalt einzuschränken. Spätere Könige bestätigten den Goldenen Freibrief.

Aber nicht nur auf Königsboden wurden westliche Kolonisten ansässig. Außerhalb dieses Bereichs, auf Komitatsboden, ließen sich ebenfalls Siedler in neu gegründeten Dörfern nieder. Auf Komitatsboden galt die in Ungarn allgemeine Komitatsverfassung mit ihrer adligen Selbstverwaltung und der klaren sozial-rechtlichen Gliederung in Adel, Bürger der königlichen Freistädte und Untertanen der Grundherrschaft, sei es Adel, Geistlichkeit oder auch Krone. Die weltlichen oder auch geistlichen Grundherren hatten sich gleichfalls um Siedler bemüht, um durch sie ihre Einkünfte zu vermehren. Bis zum 14. Jahrhundert glich die wirtschaftliche und soziale Lage der Siedler in den grundhörigen Gebieten im wesentlichen jener auf Königsboden. Es gab zunächst keinen direkten Anlaß, den Komitatsboden zu meiden. Später jedoch verschlechterte sich die Situation für die dort ansässige Bevölkerung, da der Adel sie in seine Abhängigkeit bringen konnte. Sie verloren ihren Rechtsstatus als freie Bauern und wurden zu Hörigen. Auf dem Königsboden hingegen konnten sich Städte und Dörfer frei entwickeln. Wenn auch nicht zu übersehen ist, daß die Kolonisten nicht von den Abgaben an Staat und Kirche befreit waren, die Feudallasten nur dem Grad nach verschieden waren, so trug das erteilte günstige Recht doch wesentlich zur wirtschaftlichen Entfaltung der Hermannstädter Provinz bei. Von hier gingen die Impulse für die Gründungen der siebenbürgischen Städte aus.

Sicher wurde von den Historikern früherer Zeit übertrieben, wenn aus der verbrieften Rechtsgleichheit eine soziale abgeleitet wurde. Schon der Göttinger Historiker und Publizist der Aufklärungszeit August Ludwig Schlözer schwärmte von der «Constitution» der Sachsen, «die sichtbar auf wahre Freiheit und mögliche Gleichheit gegründet» sei. Diese Bemerkung Schlözers wurde aufgegriffen und in der Überspitzung «da keiner Herr und keiner Knecht» bei den Sachsen gängige Münze (Gündisch 1990, S. 63). Soziale Unterschiede gab es auch bei den Sachsen, und an Spannungen zwischen den Schichten fehlte es im Ablauf der Geschichte nicht. So waren bei der Ansiedlung auch Angehörige des niederen Adels, die Gräfen, als Anführer der Kolonisten mit ins Land gekommen, die sich als Vertreter der Interessen ihrer Gemeinden Verdienste um diese erworben haben. Erst als sie danach trachteten, sich über die Gemeinschaft zu erheben und ihre Dorfgenossen zu Hörigen zu machen, mußten sie auf ihre Vorrechte als Adlige verzichten oder den Königsboden verlassen. Diese vertriebenen Gräfengeschlechter gingen in der ungarischen Adelsschicht auf. Um ihre Freiheiten erst gar nicht in Gefahr zu bringen, schlossen sich die sächsischen Städte und Dörfer des Königsbodens gegen die Zuwanderung Adliger ab. Der Erwerb von Besitz war für sie hier nur möglich, wenn sie ihren bevorrechteten Status aufgaben.

10 Kelling – Gräfenburg

Als die Sachsen in Siebenbürgen angesiedelt wurden, trafen sie neben den Szeklern auf die rumänische Bevölkerung des Landes. Im Goldenen Freibrief übertrug Andreas II. den Sachsen «den Wlachen- und Bissenenwald und seine Gewässer zur gemeinsamen Nutzung mit den erwähnten Wlachen und Bissenen (= Petschenegen)» (Wagner 1976, S. 18). Der den Sachsen verliehene Landstrich reichte in Südsiebenbürgen an rumänisch besiedelte Gebiete, und auch auf Königsboden dürften Rumänen verblieben sein. Das Recht auf Boden in ihrem vom König verliehenen Territorium beschränkte sich zwar auf den Siedlerverband der Sachsen, es wurden aber auch Rumänen an der siebenbürgischen Binnenkolonisation beteiligt. So sind sie schon für das Jahr 1288 auf Kronstädter und Hermannstädter Gebiet bezeugt (Müller 1912, S. 92). Die Ansiedlung der Rumänen auf Königsboden erfolgte auf sehr verschiedener Rechtsgrundlage. Wo sie ganze Ortschaften bildeten, waren sie zu gewissen Leistungen verpflichtet, im Dorf auch mit politischen Rechten ausgestattet. Sonst waren sie – anders als die Rumänen auf Komitatsboden, die schließlich zu an die Scholle gebundenen Leibeigenen wurden – persönlich frei.

Die Frage nach der «Urheimat» der Ansiedler

In der siebenbürgisch-sächsischen Geschichtsforschung hat kein Problem ein solch anhaltendes Interesse gefunden wie Ansiedlung und Herkunft der deutschen Kolonisten (vgl. Nägler 1979, S. 73 ff.). Denn anhand der wenigen Urkunden aus der Ansiedlungszeit läßt sich nicht nachweisen, aus welchen Reichsgebieten sie nach Siebenbürgen kamen. In den Quellen werden sie «hospites» – Gastsiedler, Teutonen, Flandrer und Sachsen genannt, und die zuletzt erwähnte Bezeichnung wurde schließlich zu ihrem Namen. Nach Ergebnissen der Geschichts-, vor allem aber der vergleichenden Sprachforschung stammen sie im wesentlichen aus den Gebieten der Erzbistümer Köln und Trier und aus Luxemburg. Aber auch Ansiedler aus dem mitteldeutschen und bayerischen Raum sind zu belegen. Bei objektiver Bewertung all der wissenschaftlichen Kontroversen um die Lösung der Herkunftsfrage sind ihre Resultate nur als dürftig einzustufen. Bis heute scheint so viel festzustehen: Auf die Annahme einer eng umgrenzten «Urheimat» und eines einmaligen Kolonisationsaktes muß verzichtet werden. Die Siedler kamen aus vielen Gebieten des deutschen Reiches mit Ausnahme der nördlichen Randzone. In ihrer Mehrheit sind sie den Franken zuzurechnen. Aber die «hospites» waren zumindest in der Anfangsphase nicht alle Deutsche. Eine größere Anzahl von Romanen, wahrscheinlich Wallonen, muß sich unter ihnen befunden haben.

Die Ansiedlung von Auswanderern aus den westlichen Reichsterritorien ist ein Vorgang, der sich in die große Bewegung der deutschen Ostsiedlung einfügt. Die Gründung von Ortschaften erfolgte durch verschiedene Siedlergruppen, ja auch die Wanderung nach Siebenbürgen verlief in verschiedenen organisierten Einzelzügen. Fragt man nach den Ursachen der Auswanderung, so ist die Bereitschaft zum Verlassen des heimatlichen Raumes einem gewissen Druck zuzuschreiben, der durch die Zunahme der Bevölkerung erzeugt wurde. Der Landesausbau war um diese Zeit im Westen beendet, endlose Rodungen konnten nicht im Interesse der bestehenden Dörfer liegen. Es fehlte an Boden, der den nachwachsenden Bauernsöhnen als Existenzgrundlage hätte dienen können. Die landwirtschaftliche Produktion war zudem kaum zu steigern. So gerieten die Bauern in eine Zwangslage, aber auch Handwerker und Kaufleute, denen in den Städten die zu ihrem Fortkommen notwendigen Freiheitsrechte vorenthalten wurden. Der kleine Adel hingegen war durch das Aufkommen der Geldwirtschaft ruiniert. All dies förderte den Willen zur Auswanderung. Die ungarischen Könige indessen konnten mit der Aufnahme von Fremden neben der angestrebten Stabilisierung in den politischen Verhältnissen den Ausbau ihres Landes beschleunigen, seine Wirtschaft beleben und damit eine wesentliche Erhöhung des Steueraufkommens erzielen. Die erwünschte Bevölkerungsvermehrung des nur sehr dünn besiedelten Landes – auch eine Folge der vorangegangenen Heerzüge mit dem Verlust eines Teils der vorhandenen Landesbewohner, die bei der Landnahme von den Ungarn niedergemacht worden waren – war so am schnellsten zu erreichen. In der Tat blieb den eingeleiteten Maßnahmen sowohl in politischer als auch wirtschaftlicher Hinsicht der Erfolg nicht versagt.

Die Namen Sachsen und Siebenbürgen

Die Forschung zur Herkunft der Kolonisten in Siebenbürgen hat ergeben, daß sich unter den Einwanderern kaum eigentliche Sachsen befanden. Deshalb mutet es seltsam an, daß die deutschen Ansiedler den Namen Sachsen erhielten, ja sich schließlich selbst so nannten. Bald nach Abschluß der Ansiedlung muß die Bezeichnung Verbreitung gefunden haben, und seit dem 14. Jahrhundert hat sie sich allgemein durchgesetzt. Anscheinend war es die Kanzlei des ungarischen Königs, die die deutschen Kolonisten Siebenbürgens mit dem Namen Sachsen kennzeichnete. Sie verwendete bei der Ausstellung von Urkunden von den drei schon erwähnten Bezeichnungen für die Ansiedler von Anfang an und vorwiegend Saxones. Warum sie diesen Namen wählte, hat sich trotz mancher Versuche bis heute nicht schlüssig aufklären lassen. Der Name Sachsen wurde von allen siebenbürgischen Völkern als Bezeichnung für die deutschen Siedler übernommen. Dem ungarischen *szász* steht das rumänische *sas* zur Seite, während die Rumänen außerhalb Siebenbürgens vor allem die Bezeichnung *neamţ* gebrauchen, jenen Ausdruck, der in ihrer Sprache den Deutschen allgemein benennt.

Nicht weniger als über den Namen Sachsen wurde über den Landesnamen Siebenbürgen diskutiert. Zuerst erscheint er in der lateinischen Form Septem castra und anderen Spielarten. Um 1296 ist Siebenbuergen belegt, und nach dieser Zeit wird die deutschsprachige Form immer häufiger überliefert. Schon im 15. Jahrhundert bemühte man sich um eine Erklärung für den Namen. Der Humanist Enea Silvio Piccolomini etwa, der sich als Papst Pius II. nannte, war der Meinung, er leite sich von sieben Städten her. Wie er versuchten sich noch andere Autoren in ähnlicher Weise an einer Deutung. Aber die historischen Realitäten sprechen gegen sie. Der schon erwähnte Notar König Bélas, der die Anfänge der Ungarn in Siebenbürgen schildert, beschreibt, daß sie noch vor ihrer Ankunft dort in sieben Stämme gegliedert waren, an deren Spitze ein Stammesführer stand. Bei den Ungarn, die sich in Siebenbürgen niederließen, entstanden sieben Komitate, wie auch später das Land der Szekler und die Hermannstädter Provinz der Sachsen in Sieben Stühle als untere Verwaltungseinheiten eingeteilt wurden. Der Name ist von Gerichtsstuhl abzuleiten; denn bei den öffentlichen Gerichtssitzungen war es üblich, daß nur der Vorsitzende, der sogenannte Stuhlrichter, saß, während alle übrigen Teilnehmer der Sitzung stehend beiwohnten. Die Sieben-Gliederung ist längere Zeit in Gebrauch gewesen, wenn sie auch später von der historischen Entwicklung überholt wurde. Jene Siebenzahl haben die Sachsen offensichtlich von den Ungarn übernommen. Die ursprünglich sieben ungarischen Komitate, die Sieben Stühle und der Name Siebenbürgen dürften auf einem gemeinsamen Element aus der Zeit der Landnahme basieren, von dem man keine Kenntnis hat (Nägler 1979, S. 183 ff.). So muß letztlich trotz der vielen Deutungsversuche offenbleiben, wie der Name Siebenbürgen, der der Volkssprache entstammt, entstanden ist. In Gebrauch dürfte er schon in der zweiten Hälfte des 12. Jahrhunderts gekommen sein. Ursprünglich bezeichnete er nur die Hermannstädter Provinz, also einen kleinen Teil des Gebietes, das heute unter Siebenbürgen verstanden wird. Die räumliche Erweiterung des Begriffes läßt sich als Vorgang kaum mit Daten fest umreißen, doch kann er im 16. Jahrhundert als abgeschlossen gelten.

Kaum hatten die Siedler richtig Fuß gefaßt und der Landesausbau war erfolgreich angelaufen, da brach eine Katastrophe über die jungen Gemeinden herein. Im Osten war plötzlich ein Feind erschienen, der das ganze Abendland bedrohte, und dem keine Macht gewachsen schien. Die Mongolen unter der Führung von Dschingis Khan, der sich – und so auch seine Nachfolger – vom Himmel berufen fühlte, alle Länder der Erde zu unterwerfen, waren aufgebrochen, um den Anspruch auf Weltherrschaft durchzusetzen. Die Vorbereitungen des Feldzuges gegen das ungarische Königreich verraten eine sorgfältige strategische Planung. Leicht wurde das Grenzschutzsystem von den Mongolen überwunden. 1241 schlugen sie das ungarische Ritterheer in der Schlacht bei Mohi am Sajó; viele Würdenträger des Reiches fielen. König Béla IV. (1235 bis 1270) kam wie ein Wunder mit dem Leben davon. Die Tataren hatten sich auf ein langes Verweilen in Ungarn eingestellt, aber der Tod ihres Großkhans Ende des Jahres 1241 nötigte sie zum Abbruch des Kriegszuges. Bei ihrem Abzug aus Ungarn hinterließen die Mongolen ein in weiten Regionen ausgeplündertes und zerstörtes Land. Große Landstriche Siebenbürgens wurden besonders in Mitleidenschaft gezogen. Die Tataren zerstörten die Bergwerksstadt Rodna, Bistritz und Klausenburg und überfielen Kronstadt, Hermannstadt und Weißenburg (auch Karlsburg, Alba Iulia) mit den benachbarten Dörfern. Auf ihrem Rückweg verwüsteten sie die noch übriggebliebenen Siedlungen und verschleppten viele ihrer Einwohner. Der Mongolensturm über Ost- und Südosteuropa hat wie kein anderes Ereignis des 13. Jahrhunderts die Gemüter bewegt. Wenn auch die zeitgenössischen Quellen ausführlich über den Tatareneinfall berichten, so begnügen sie sich doch zumeist mit allgemeinen, wenn auch dramatischen Schilderungen der Vorgänge (Augenzeugenberichte in Der Mongolensturm 1985). Deshalb ist das ganze Ausmaß der Zerstörungen und der Bevölkerungsverluste nur annähernd zu erfassen. König Béla machte sich sogleich nach dem Abzug der Eindringlinge an den Wiederaufbau seines Landes und berief erneut Kolonisten, um die erlittenen Verluste auszugleichen. Mehr noch als die wirtschaftliche Entwicklung betrieb er die militärische Stärkung seines Landes, als er Städte gründen und Burgen bauen ließ. Hatten doch nur die wenigen befestigten Plätze, die es 1241 in seinem Reich gab, den Angreifern widerstehen können.

Die Ansiedlung der Deutschen in Siebenbürgen war insgesamt betrachtet ein Prozeß, der gebietsweise und in mehreren Etappen verlaufen ist und bis Anfang des 14. Jahrhunderts andauerte, wenn auch die sächsischen Gemeinden auf Königsboden fast alle bis um 1300 gegründet worden waren. Es bedurfte einer Zeit der Angleichung, um die Siedler zu einer ethnisch geschlossenen Gemeinschaft zu formen. So wuchs allmählich eine deutsche Bevölkerungsgruppe mit eigenen, ethnisch-sprachlichen Merkmalen heran, die sich von den Binnendeutschen nicht zuletzt durch das Erleben einer anderen politischen Geschichte und die Erfahrungen in einem multiethnischen Raum unterscheidet.

III. Vom Siedlerverband zum Landstand

Die drei Nationen Siebenbürgens

Durch die Verleihung des Goldenen Freibriefs hatten die Sachsen der Hermannstädter Provinz eine Vorrangstellung vor den anderen sächsischen Bewohnern des Königsbodens. In einem lang andauernden Prozeß (vgl. Gündisch 1990, S. 65 ff.) konnte jedoch erreicht werden, daß die Rechte des Andreanums in allen königsfreien Gebieten Siebenbürgens Gültigkeit erlangten, da die ungarischen Könige die Sachsen und ihre Städte besonders förderten. Seit 1486 galt Hermannstädter Recht mit ausdrücklicher Bestätigung durch König Mathias Corvinus (1458 bis 1490) für die Gesamtheit des Königsbodens. Ein einheitliches Rechts- und Verwaltungsgebiet war so entstanden. Die Sachsen waren zu einer Einheit, zur natio saxonica, zusammengewachsen, die auch von den anderen Bewohnern Siebenbürgens anerkannt wurde. Etwa zu dieser Zeit prägte man für die Vertretung der freien Sachsen dieses Rechtsgebietes den Begriff Universitas Saxonum, also Gesamtheit der Sachsen, oder auch Sächsische Nationsuniversität. Es ist anzumerken, daß ihre Privilegien grundsätzlich unverändert Geltung durch die Zeiten hatten, sie aber den jeweils veränderten politischen und sozialen Verhältnissen angepaßt wurden. Die Nationsuniversität war auf politischem, administrativem und rechtlichem Gebiet die oberste Instanz der sächsischen Siedler. Der höchste Würdenträger der Nationsuniversität war der Comes Saxonum, der Sachsengraf, der seit 1477 gewählt wurde, nachdem Mathias Corvinus auf seine Einsetzung verzichtet hatte. Zur Regelung allgemeiner Angelegenheiten, der Beziehungen zu anderen politischen Gremien und schwieriger Rechtsfälle hielt die Sächsische Nationsuniversität jährlich mindestens eine Versammlung ab, zu der die gewählten Abgeordneten einberufen wurden. In einer bei einer solchen Zusammenkunft ausgestellten Urkunde heißt es: «Wir Bürgermeister, Richter, übrige Schöffen und Altbürger von Hermannstadt, Schäßburg, Kronstadt, Mühlbach und Bistritz halten zum Gedächtnisse fest, indem wir allgemein beurkunden, daß uns am Feste der hl. Jungfrau Katharina (25. November), das heißt an unserem Gerichtstage, an welchem alle Rechtsstritte der appellationsfähigen sächsischen Herren abgehandelt zu werden pflegen, und wo wir in der Stadt Hermannstadt zur Schöpfung des Rechtes nach alter Gewohnheit zusammenkommen und Beisitzer des Gerichtes sind ...» (Sluka 1990, S. 62). Recht wurde nach Gesetzen gesprochen, denen das Gewohnheitsrecht der Sachsen im wesentlichen zugrunde lag. 1583 wurden die Gesetze, die zuvor in einer Rechtssammlung zusammengefaßt worden waren, im Eigen-Landrecht kodifiziert. Das Eigen-Landrecht behielt bis zur Einführung des österreichischen Allgemeinen Bürgerlichen Gesetzbuches 1853 Gesetzeskraft (Das Eigen-Landrecht, Nachdruck 1973). Waren nach der Einwanderung hauptsächlich Gräfen an die Spitze der sächsischen Verwaltung gelangt, so begann im 15. Jahrhundert die Führung der politischen Geschäfte mehr und mehr in die Hände des sächsi-

11 Hermannstadt – Grabstein des Sachsengrafen Matthias Semriger von Sigismund Möß in der Evangelischen Stadtpfarrkirche

schen Patriziats überzugehen, das sich in den Städten zum Teil aus Familien des Gräfenadels herausgebildet hatte. Die Nationsuniversität wurde schließlich von den Sachsen von Hermannstadt dominiert, d. h. von einigen Patriziergeschlechtern, die eine erhebliche Machtfülle bei sich konzentrieren konnten.

Neben den Jurisdiktionsbereichen des Königsbodens, des Selbstverwaltungsgebietes der Siebenbürger Sachsen, und des Komitatsbodens des ungarischen Adels gab es den Szeklerboden, denn die Szekler waren als Grenzwächter mit eigenen Privilegien und eigenem Territorium ausgestattet. Trotz der ursprünglich korporativen Privilegierung setzte sich auch bei ihnen gegen erhebliche Widerstände die auf dem Komitatsboden herrschende Differenzierung in verschiedenen Übergangsschichten von den Hochadligen bis zu den Leibeigenen durch. Allerdings konnten in einigen Teilen des Szeklerlandes die verbrieften Selbstverwaltungsrechte wiederhergestellt werden.

Die privilegierten Körperschaften waren bestrebt, die ihnen verliehenen Rechte zu wahren. Die Form der gemeinhin als Stände bezeichneten Interessenvertretungen, die die Gewalt des Herrschers einschränkten, konnten sich in Ungarn erst zu Beginn des 15. Jahrhunderts ausprägen, wenn auch seit 1289 an den Landtagen des Adels Vertreter der Szekler und der Sachsen teilnahmen. Die ständischen Repräsentationen der Sachsen, der Szekler und des Adels wurden Nationen genannt, wiewohl nur die sächsische Nation eine ethnische Basis hatte, jedoch nicht alle Deutschen, nämlich jene auf Komitatsboden, der natio saxonica angehörten. 1437 schlossen sich angesichts der wachsenden Türkengefahr und eines drohenden Aufstandes rumänischer, ungarischer und sächsischer Bauern gegen die immer stärkere Unterdrückung durch den Adel die drei Nationen Siebenbürgens zu einer politischen Union gegen innere und äußere Feinde zusammen. Sie war der erste Schritt zur späteren ständischen Verfassung des Fürstentums Siebenbürgen, in dem die drei Nationen den siebenbürgischen Landtag bildeten.

In der Ständevertretung und auch im Landtag fehlte eine siebenbürgische Bevölkerungsgruppe: die Rumänen. Noch im 14. Jahrhundert war die gruppenrechtliche Ausgangslage der siebenbürgischen Rumänen mit der der Sachsen durchaus vergleichbar. In zeitgenössischen Quellen werden die vier Völker Siebenbürgens stets gemeinsam genannt. Die Rumänen treten sogar neben den Sachsen, den Szeklern und dem Adel gleichberechtigt als Körperschaft auf. Während die Sachsen ihre Rechtsstellung behalten und staatsrechtlich ausbauen konnten, gingen die Rumänen der ihren verlustig. Schon in der zweiten Hälfte des 14. Jahrhunderts sind sie bei den Zusammenkünften in einer Art Frühform des späteren Landtags ausgeschlossen (Armbruster 1990, S. 88).

Wie vermutet wurde, könnte die Entwicklung zur rechtlichen Schlechterstellung der Rumänen mit der Adelsgesetzgebung von 1351 in Gang gesetzt worden sein, mit der die Zentralmacht sich ein gleichartiges Adelskorps schuf. Sie verfügte, daß alle Adligen in Ungarn dem gleichen Recht unterworfen wurden. Diese Maßnahme hatte die Einschmelzung der fremdbürtigen Adligen in den ungarischen Geschlechteradel zur Folge. Für die vlachischen Adligen hieß dies aber auch, katholisch zu werden oder ihre Adelsrechte aufzugeben. Unter diesem Druck assimilierte sich die rumänische Führungsschicht der Knesen an den ungarischen Adel. Die Rumänen Siebenbürgens aber verloren damit ihre politischen Repräsentanten (Philippi 1990, S. 131). Sie wurden zu einem nur «geduldeten» Volk, das über keinerlei Rechte auf Mitwirkung in der späteren Ständeversammlung verfügte.

Von Süden her näherte sich dem Königreich Ungarn eine Gefahr, wie sie das Land seit dem Mongolensturm nicht mehr erlebt hatte. 1350 waren die Türken nach Europa übergesetzt, und in einem knappen halben Jahrhundert hatten sie die Völker auf dem Balkan überrannt. Schon 1395 fielen sie zum ersten Mal ins Burzenland ein. Eine Zeitlang gelang es, die Walachei als militärisches Vorfeld Siebenbürgens zu halten. Die Siebenbürger Sachsen beteiligten sich am Kampf gegen die Türken, und ihre Städte wurden zu wichtigen Waffenschmieden für die Abwehr. Man baute die Stadtbefestigungen aus und verstärkte sie. Hermannstadt, das wegen seiner ziegelgedeckten Dächer und hohen Ringmauern aus Ziegelsteinen von den Türken den Namen «rote Stadt» erhielt, konnte von ihnen nie erobert werden. Noch 1699 erhoben sich über den Festungsmauern 39 Verteidigungstürme, und die Befestigungen waren mit fünf Basteien, zwei Rondellen und vier befestigten Stadttoren versehen. Auch Kronstadt widerstand nach einer ersten Einnahme allen weiteren Angriffen. 1420 zerstörten türkische Truppen Broos, und von diesem Zeitpunkt bis 1493 sind nicht weniger als fünfzehn Einfälle in Siebenbürgen urkundlich nachzuweisen. Die Zahl der kleineren Überfälle, bei denen es den Türken um Plünderungen und den Raub von Mensch und Vieh ging, dürfte erheblich größer gewesen sein. Bei einem Kriegszug verschleppten die Türken die Einwohner Mühlbachs in die Sklaverei. Unter ihnen befand sich ein Junge von etwa sechzehn Jahren, der lange Zeit in der Türkei in Gefangenschaft verbringen mußte, bis er wieder seine Freiheit erlangte. Er ist unter dem Namen der Ungenannte Mühlbächer oder als Rumeser Student bekanntgeworden, denn sein richtiger Name ist bis heute umstritten. Nach seiner Rückkehr verfaßte er eine 1480 erschienene und vielfach neu aufgelegte Beschreibung der Lebensweise der Türken, die als die erste zuverlässige gilt. Zugleich ist sie das erste gedruckte Buch eines Siebenbürgers überhaupt.

12 Hermannstadt – Harteneckgasse

In der Schlacht bei Mohács 1526 erlitt Ungarn eine entscheidende Niederlage durch die Osmanen. Sein Heer wurde vernichtet, der junge König Ludwig II. kam um. Ungarn war den Türken schutzlos preisgegeben, und seine Hauptstadt Ofen wurde erobert und geplündert. Als Folge der Niederlage kam es zu einer Teilung Ungarns in einen westlichen Teil unter den Habsburgern und einen östlichen, während das mittlere Ungarn durch die Osmanen besetzt war, die dort länger als anderthalb Jahrhunderte die Herrschaft ausübten. Nach den bestehenden Verträgen war Ferdinand von Habsburg der rechtmäßige Nachfolger des ungarischen Königs. Es gelang ihm aber nicht, seinen Anspruch auf Siebenbürgen durchzusetzen. Die Habsburger gaben ihn jedoch nie auf. Anders als Mittelungarn wurde Ostungarn von den Türken nicht ihrem Reich einverleibt. Auf diesem Territorium konstituierte sich das Fürstentum Siebenbürgen, größer im Vergleich zum Siebenbürgen des

Mittelalters. Es war dem Sultan tributpflichtig; 1542 erkannte der Siebenbürger Landtag die türkische Oberhoheit über das Land an. Solange die regierenden Fürsten sie nicht in Frage stellten und die Tributzahlungen leisteten, griffen die Türken nicht ein. Da sich aber die Geschichte Siebenbürgens in dieser Zeit als die ständige Wiederholung von Versuchen zur Union mit Ungarn darstellt, waren kriegerische Auseinandersetzungen und türkische Strafaktionen unausbleiblich. Die dauernden Unruhen hatten Hungersnöte und Epidemien im Gefolge, und viele Dörfer verödeten. Von den Steuern, die ständig erhöht wurden, mußte der Königsboden die Hauptlast tragen. Die wirtschaftlichen und kulturellen Verhältnisse hatten gegen Ende des 17. Jahrhunderts, als die Periode der Fürstenherrschaft ihrem Ende zuging, ihren Tiefpunkt erreicht.

Im Fürstentum Siebenbürgen verfügten die drei Nationen in den von ihnen repräsentierten Territorien über weitgehende Autonomie. Die gegenseitige Sicherung der Privilegien war über den Zusammenbruch des ungarischen Königreiches hinaus nicht nur gelungen, die Vorrechte der drei ständischen Nationen konnten sogar gefestigt und ausgebaut werden. Sie wurden nun quasi zur verfassungsmäßigen Grundlage des Fürstentums. Eine Form der Ständestaatlichkeit konnte hier nach Mohács entwickelt werden, die im Königreich Ungarn sich zuvor nicht abgezeichnet hatte. Mit dem Adel und den Szeklern bildeten die Sachsen die drei Landstände, die zum entscheidenden politischen Faktor wurden. Mit dem Landtag besaßen sie ein Repräsentativorgan, das über das Recht zur Bewilligung von Steuern und Kontributionen verfügte, sie hatten Mitspracherecht im Fürstenrat, der als Regierung und oberster Gerichtshof fungierte, sie nahmen an der Wahl des Fürsten teil (Daugsch 1990, S. 192f.). Von einer ständischen Interessenvertretung war die Sächsische Nationsuniversität zur staatstragenden Institution aufgestiegen.

Die Reformation und der Grundsatz der religiösen Toleranz

Schon früh erreichten die ersten Nachrichten von Luthers Auftreten Siebenbürgen. Vermittler waren deutsche Kaufleute, die die Schriften des Reformators von der Leipziger Messe mitgebracht hatten. Der Ruf nach Erneuerung des bestehenden Kirchenwesens fand großen Widerhall im Land. Längere Zeit wurde an dem ursprünglichen Reformationsverständnis bei den Sachsen festgehalten, indem man zwar die Anstöße der lutherischen Reformation aufnehmen, aber in der Kirche bleiben wollte (Philippi 1985, S. 72f.). Der entscheidende Schritt zur

Reformation wurde in Kronstadt 1542 getan, als im Oktober diesen Jahres die Messe in reformatorischem Sinn verändert wurde. Ratsherren und Geistliche nahmen Anfang Dezember gemeinsam die erste Kirchenvisitation im Burzenland vor. Zum Abschluß der reformatorischen Maßnahmen betraute man den Humanisten Johannes Honterus damit, die durchgeführten Reformen schriftlich zu fixieren, und 1543 erschien sein Reformationsbüchlein (Nussbächer 1973, S. 52).

Der Überlieferung nach wurde Honterus 1498 in Kronstadt geboren. Über seinen Bildungsgang weiß man nur, daß er in Wien studierte und schließlich den Grad eines Magisters erwarb. In Krakau publizierte er 1530 eine Weltbeschreibung, seine berühmte Cosmographie. An seinem nächsten bekannten Aufenthaltsort in Basel erschien 1532 seine Siebenbürgenkarte, die älteste kartographische Darstellung des Landes. 1533 kam Honterus nach Kronstadt zurück, 1536 wurde er Kronstädter Ratsherr. In seiner Heimatstadt richtete er eine Druckerei ein, deren Tätigkeit für 1539 spätestens bezeugt ist. In ihr erscheinen in der Folge wichtige Bücher, auch solche in rumänischer Sprache.

Die Kirchenerneuerung in Kronstadt blieb natürlich nicht unbemerkt von der Regierung. Jedoch begünstigten die inneren Auseinandersetzungen im Fürstentum die Einführung der Reformation. 1543 wurde ein Landtag nach Weißenburg einberufen, vor dem Honterus sich des Reformationsbüchleins wegen verantworten sollte. Aus politischen und finanziellen Gründen – Kronstadt war besonders steuerkräftig – mußte der eigenständige Akt der Reformation einer Stadtgemeinde hingenommen werden, wie auch nicht zu verhindern war, daß andere Städte sich der Kronstädter Kirchenerneuerung anschlossen. Schon Ende 1543 folgte Hermannstadt dem Vorbild Kronstadts. 1544 faßte die Nationsuniversität den Beschluß, innerhalb ihres Wirkungsbereiches die Reformation einheitlich durchzuführen. Aber erst 1547 wurde die Absicht in die Tat umgesetzt, indem es in Hermannstadt zur Festlegung der Kirchenordnung kam, die in den sächsischen Gemeinden als «Kirchenordnung aller Deutschen in Sybembürgen» mit der offiziellen Einführung der neuen Lehre auf Königsboden im Jahre 1550 Gültigkeit erlangte. Zur neuen Kirche gehörten auch die Landkapitel, die auf Komitatsboden lagen. Zunächst bekleideten die Stadtpfarrer von Hermannstadt das Amt des Bischofs. Von 1572 bis 1867 war dann Birthälm (Biertan) Sitz der evangelischen Bischöfe.

Die Kirchenordnung enthält ein Kapitel, das sich mit der Einrichtung von Schulen befaßt. Die Verbesserung des Schulunterrichts war ein besonderes Anliegen von Honterus und den führenden Männern seiner Zeit. Nachdem nun in der Kirchenordnung der Verfall der Schulen getadelt worden war, heißt es: «Daß aber solches Übel nicht weiter

13 Birthälm – Kirchenburg

zunehme, hat man nach ziemlichem Vermögen die Jugend also versorget, daß in Städten nach Zahl der Haufen (Schulklassen) verordnete Schulmeister und Lehrer gehalten, und dieselbigen mit gemeiner (öffentlicher) Besoldung also versorget werden, daß kein Knabe seiner Armut halben von der Schule ausgeschlossen (sei), sondern ohne Geld daselbst möge lernen ...» (Nussbächer 1973, S. 70). Das Erwerben von Wissen und Bildung sollte also allen möglich sein. Gefördert durch die Verwendung der Vermögenswerte der aufgelassenen Klöster erlebte das Schulwesen damals eine Blütezeit. Allerdings war auch schon zuvor der Ausbildung der Jugend eine große Bedeutung zuerkannt worden. Gibt es auch nur wenige Zeugnisse über das Schulwesen der vorreformatorischen Zeit, so kann die große Zahl der aus den Schulen hervorgegangenen Studenten an europäischen Universitäten als Beweis für ihr Niveau gelten (vgl. M. Philippi 1986, S. 236ff.). Die Stadtschule von Kronstadt wandelte Honterus in ein humanistisches Gymnasium um, das die erste Bildungsstätte dieser Art in ganz Südosteuropa war. Durch die Neuordnung und die institutionelle Verankerung des sächsischen Schulwesens waren sein Fortbestand und seine Entwicklung durch die Jahrhunderte hin gesichert.

Waren schon zu Beginn der Reformation Studenten aus Ungarn an die protestantischen Universitäten Deutschlands gezogen, so besuchten nach ihrer Einführung erst recht die zukünftigen Pfarrer und Lehrer deren Zentren in Deutschland und in der Schweiz. Die Hochschulen von Wien und Krakau, zuvor die Hauptziele der Jugendlichen, die eine akademische Bildung erwerben wollten, verloren ihre Anziehungskraft. Da auch in späteren Jahren in Ungarn und in Siebenbürgen keine Universität eingerichtet wurde, absolvierten die Studenten ihr Studium an den mitteleuropäischen Hochschulen. Auch als dies nicht mehr notwendig war, blieb es für die Siebenbürger Sachsen im wesentlichen bei dieser Gewohnheit bis 1944, weshalb sie nie den Kontakt zu dem wissenschaftlichen und kulturellen Leben Deutschlands verloren haben.

Der sächsischen Reformation folgten nur einige Jahre später die Ungarn, indem sie zunächst die Lehren Luthers annahmen. Aber 1564 entschieden sich die reformatorisch gesinnten Gläubigen für das kalvinische (reformierte) Bekenntnis. Von Klausenburg, das zu einem bedeutenden humanistischen Geisteszentrum der Ungarn geworden war, nahm schließlich die neue Konfession der Unitarier ihren Ausgang. Sie gewann Anhänger unter den Ungarn und Szeklern, aber viele ihrer Gemeinden blieben auch ihrem angestammten katholischen Bekenntnis treu.

Nach der Mitte des 16. Jahrhunderts hatte sich in den siebenbürgischen Religionsverhältnissen eine ungewöhnliche Situation ergeben: Drei protestantische Konfessionen konnten sich etablieren, aber neben ihnen bestand der Katholizismus weiter fort. Bis auf Ausnahmen – im Knesenadel einiger weniger Komitate und bei der rumänischen Stadtbevölkerung jener Gebiete – waren die Rumänen nicht geneigt, sich den neuen Lehren anzuschließen. Sie blieben bei ihrer orthodoxen Religion, obwohl sie sich dadurch der Möglichkeit begaben, über ihre reformierte Kirche gewisse ständische Rechte erringen zu können.

Es gilt als ein besonderes und immer wieder hervorgehobenes Kennzeichen Siebenbürgens, daß es hier praktisch nie zu einer organisierten Religionsverfolgung gekommen ist. 1557 beschloß der Landtag zu Thorenburg schon grundsätzlich eine religiöse Duldung, bis dann 1568 ein Gesetz die völlige Freiheit der Verkündigung und Erklärung des Evangeliums verfügte. Erstmals wurde in Europa der Grundsatz der religiösen Toleranz formuliert und eine bis dahin beispiellose geistige Freiheit gewährt. In Siebenbürgen lebten gleichzeitig vier anerkannte Konfessionen nebeneinander: Neben der katholischen galten auch die evangelische, reformierte und unitarische Kirche als «rezipiert». Die orthodoxe hingegen wurde nicht als gleichrangig erachtet, sie wurde nur geduldet, «toleriert». Sekten erkannte man allerdings nicht an. Der

Grundsatz der religiösen Duldung wurde von nun an in Siebenbürgen nicht mehr aufgegeben, wenn auch die verbriefte Religionsfreiheit wiederholt gegen Angriffe verteidigt werden mußte. Den multi-ethnischen Strukturen des Landes hatte die Reformationszeit die konfessionellen hinzugefügt.

Die Stadt und ihre Bewohner

Die Entwicklung der Stadt

Die Niederlassungen, aus denen sich die Städte entwickeln sollten, waren anfänglich sehr klein und unterschieden sich nicht von den Dörfern. Die Bewohner beschäftigten sich vor allem mit Ackerbau und Viehzucht. Es gibt aber Anzeichen dafür, daß schon damals beabsichtigt war, die Siedlungen, die durch ihre Lage am Schnittpunkt von Fernstraßen begünstigt waren, zu Zentren auszubauen (Niedermaier 1979, S. 75). Entscheidende Bedeutung beim Ausbau der dörflichen Siedlungen zu Städten und Marktflecken kam der Entwicklung des Handwerks zu. Zwar waren die meisten sächsischen Siedler Bauern, jedoch muß die Zahl der eingewanderten Handwerker beachtlich gewesen sein. Daß sich die Sachsen von allem Anfang an in einem fortgeschrittenen Stadium der Arbeitsteilung zwischen Gewerbe und Landbau befanden, wird auch durch die den Sachsen im 13. Jahrhundert erteilten Freibriefe bewiesen, die Gewerbe- und Marktrecht erwähnen. Der entscheidende Prozeß der Absonderung der Handwerker von den Bauern fand in der zweiten Hälfte des 13. Jahrhunderts statt, wenn auch die Handwerker ihre agrar-gewerbliche Wirtschaft wohl bis zur Mitte des 14. Jahrhunderts weiterführten. Die günstige wirtschaftliche Situation in Siebenbürgen hatte zur Folge, daß das Gewerbe eine immer größere Rolle spielen konnte. Die Bevölkerung in den städtischen Siedlungen gab zum großen Teil die Landwirtschaft auf und ging im wesentlichen zu den typisch städtischen Beschäftigungen, zu Handwerk und Handel, über. Als Folge davon schlossen sich die Handwerker enger zusammen, und der Handel wurde besser organisiert. Nach der Mitte des 14. Jahrhunderts sind erstmals Zünfte erwähnt – 1367 in Hermannstadt – und von 1376 datiert die erste erhaltene Satzung für die Zünfte im Gebiet der Sieben Stühle, die deren Tätigkeit einheitlich regelte. Zu jener Zeit wurde verschiedenen Orten auch das Jahrmarktsrecht verliehen, und zwar zunächst Bistritz und Kronstadt.

Hatten vor dem Jahr 1200 die zukünftigen Städte wie Bistritz und Mühlbach etwas über 100 bzw. 150 Einwohner, so lebten zu Beginn des 13. Jahrhunderts in Kronstadt und seinen Vorstädten schon 300 bis 400

Menschen. In der folgenden Zeit wuchsen die städtischen Siedlungen trotz der Verluste durch den Mongoleneinfall schnell an. Etwa um die Mitte des 14. Jahrhunderts zählten Klausenburg und Kronstadt über 3000, Hermannstadt, Mühlbach und Broos über 2000, Bistritz über 1500, Mediasch und Schäßburg ungefähr 1000 Einwohner. Aber immer noch unterschieden sich in der Größe Städte und Dörfer nicht wesentlich voneinander. Erst nach der Mitte des 14. Jahrhunderts trat eine Differenzierung in der Bevölkerungszahl zwischen Stadt und Dorf ein. Die wichtigsten Städte wuchsen im allgemeinen bis ins 16. Jahrhundert, und bis zu jener Periode hatte sich auch ihr unterschiedliches Größenverhältnis zueinander herausgebildet (Niedermaier 1979, S. 81 ff.).

Wie sich die Größe der Handwerksorte mit der der Ansiedlerdörfer vergleichen läßt, so waren zunächst auch Anlage und Bauten gleichartig, weshalb sich die Ortschaften vom Gesamtgepräge her ähnelten. Im 14. Jahrhundert jedoch begann sich ein Wandel im Ortsbild der städtischen Siedlungen abzuzeichnen. Sie strebten zu einer geschlossenen und befestigten Anlage. Dabei gewann «der Marktplatz als kennzeichnende Mitte seine komplexe Funktion für das gesamte öffentliche Leben der Bürgergemeinde». Das Gesamtbild des Siedlungsgebietes differenzierte sich, indem sich von den Kolonistensiedlungen die Städte in Größe und Gestalt klarer abzuheben begannen (Stoob 1977, S. 216). Finanziell befanden sich die Städte in einer günstigen Lage, und diese Konjunktur hielt bis ins 16. Jahrhundert an. Die Existenzbedingungen der Bauern hingegen verschlechterten sich in jener Zeit. Lebhafter Handel, gute Erträge bei der Produktion von handwerklichen Waren, steigende Reallöhne stimulierten die Bautätigkeit in den Städten. Zudem wurde größer und besser als in der vorhergehenden Periode gebaut. Es war mehr Geld vorhanden, das auch in den Bau von größeren Kirchen, öffentlichen Gebäuden und von Wehranlagen fließen konnte. Im 16. Jahrhundert ebbte die allgemeine Bautätigkeit ab, weil sich die wirtschaftliche Lage der Stadtbevölkerung – von den Patriziern abgesehen – verschlechtert hatte. An der Verstärkung der Befestigungen arbeitete man jedoch weiter, war dies doch angesichts der Bedrohung durch die Türken und die dauernden kriegerischen Auseinandersetzungen eine Lebensnotwendigkeit.

Die frühen Wohnhäuser und die Wehranlagen hatten Zimmerleute aus Holz errichtet. Vertraten in der Vergangenheit Forscher die Ansicht, daß in den ersten fünf bis sieben Jahrzehnten auch die Kirchen provisorisch aus Holz aufgeführt wurden, so ist sie durch die neueren archäologischen Untersuchungen widerlegt. Der Grabungsbefund läßt auf eine gezielte und planmäßige Gründung von Ortschaften schließen, in denen bald steinerne Kultbauten in romanischem Stil entstanden.

14 Kronstadt – Rathaus

Über die romanischen Kirchenbauten in den späteren Städten kann kaum etwas gesagt werden, da fast alle abgetragen worden sind. Aber auch sie wurden sicher so früh wie die Dorfkirchen errichtet. Nach der Mitte des 14. Jahrhunderts wurden dann in den sächsischen Städten prächtige gotische Stadtpfarrkirchen gebaut, die erheblich größer waren als ihre romanischen Vorgängerbauten. Über ihre Bauhütten gelangten die neuesten baulichen Tendenzen aus Süddeutschland, Österreich, Böhmen und Ungarn nach Siebenbürgen. Zugleich wurden die Arbeiten an den Stadtmauern und den städtischen Wehrbauten vorangetrieben. Die großen Bauvorhaben, mit deren Realisierung man damals begann, bezeugen in besonderer Weise den wirtschaftlichen Aufschwung in dieser Zeit. Wohnhäuser errichteten aber immer noch die

15 Hermannstadt – Evangelische Stadtpfarrkirche

Zimmerleute aus Holz. Dies änderte sich erst im 15. und spätestens zu Beginn des 16. Jahrhunderts, als sich begüterte Bürger Steinhäuser oder Holzbauten mit gemauertem Keller bzw. Sockel aufführen ließen (Niedermaier 1979, S. 215 ff.). Bauliche Untersuchungen, die für Hermannstadt durchgeführt wurden (Fabini 1989), ergaben, daß die meisten Wohnhäuser aus dem 13. und 14. Jahrhundert einen einfachen Grundriß hatten, der die Form eines länglichen Rechtecks aufwies. Neben dem Giebelhaus trat auch schon früh das parallel zur Straße stehende Traufenhaus in Erscheinung. Die meisten Gebäude waren eingeschossig, doch sind für das 14. Jahrhundert auch schon Häuser mit zwei Geschossen belegt. Durch die günstige wirtschaftliche Entwicklung bedingt konnte sich in der zweiten Hälfte des 14. Jahrhunderts der Typ des Kaufmannshauses herausbilden. Hatte das Haus eines Handwerkers oder eines Landwirts zwei bis fünf Räume, so war das Kaufmannshaus auf acht bis fünfzehn Räume ausgelegt, die sich auf zwei bis drei Stockwerke verteilten, auf Keller, Erdgeschoß und Stock. Das Patrizierhaus erscheint in Hermannstadt Ende des 15. Jahrhunderts. Es ist sehr viel aufwendiger gestaltet als das Kaufmannshaus durch den Gebrauch verschiedener architektonischer Formen, und es verfügt über Repräsentationsräume, Ausdruck der sozialen Veränderungen, die inzwischen eingetreten waren. In einigen Fällen ließen sich Hermannstädter Patrizier auch Wohntürme errichten, wie sie in den mittelalterlichen Städten West- und Mitteleuropas vielfach belegt sind.

Von allen sächsischen Siedlungen stand Hermannstadt in der Entwicklung zur Stadt an erster Stelle. Durch die günstige Lage am Schnittpunkt der südsiebenbürgischen Straße von Ost nach West mit der von Nord nach Süd, die in die Walachei führte, wurde Hermannstadt ein wichtiger Ort für die Handelsbeziehungen Siebenbürgens mit dem südlichen Nachbarland. Im 14. Jahrhundert ist er, gemessen an seinen wirtschaftlichen Aktivitäten, als Stadt zu bezeichnen. Schon zu Anfang des 15. Jahrhunderts erreichte Hermannstadt den Umfang, der in den folgenden vier Jahrhunderten charakteristisch für die Stadt gewesen ist. Die Anzahl ihrer Häuser war 1475 nur wenig kleiner als die von 1875 (Fabini 1989, S. 41).

Trotz der baulichen Veränderungen seit dem 19. Jahrhundert und dem Abbruch eines Großteils der Befestigungsanlagen gibt das alte Zentrum von Hermannstadt auch heute noch dem Betrachter einen Begriff von der Bedeutung der Stadt, als sie auf dem Höhepunkt ihrer Entwicklung stand. Ihre Wirkung auf den zeitgenössischen Beschauer war ungleich größer, wie sich den Beschreibungen entnehmen läßt. Hermannstadts Ausdehnung und Wehrhaftigkeit beeindruckte die Besucher in hohem Maße. Seinem Umfang nach und wegen seiner Befestigung und seiner Bauweise wird es häufig mit Wien verglichen. 1565 heißt es in einer Beschreibung Siebenbürgens über Cibinium, wie Hermannstadt wegen seiner Lage am Fluß Zibin auch genannt wird: «Viele Meilen östlich von dort (Alba Iulia) kommt man nach Cibinium, der Hauptstadt der Sachsen; einer großen ansehnlichen, sehr festen und mit allem, was ein anständiges Leben erheischt, reichlich versehenen Stadt, welche auf einer etwas erhabenen Ebene liegt, so daß man vom großen Rathaus die ganze umliegende Gegend überschauen kann; sie ist von tiefen Teichen umgeben, welche sich vom Fuße der Mauer auf drei Seiten beiläufig auf eine Meile erstrecken. Die Mauern sind dick und hoch, nach alter Art mit Zinnen und gedeckten Gängen versehen, können von Seite der Teiche auf keine Weise angegriffen werden, haben in den

Ecken Türme und sind ... mit zwei sehr ansehnlichen Bollwerken nach jetziger Art versehen worden, welche gegenwärtig mit dicken Steinmauern umgeben sind, und dasselbe ist mit noch größerer Kunst und Kosten auf der westlichen Seite, gegen das flache Land geschehen. Drinnen in der Stadt sind die Häuser von Stein, geräumig hübsch und bequem, doch sind es keine Paläste. Bäche von fließendem Wasser durchfließen alle die breiten und geraden, sauber und reinlichen Straßen, mit vier Haupttoren, eines gegen jede der vier Haupt-Weltgegenden (...). Man prägt dort beständig Münzen von Gold und Silber und man findet soviel Geschütze allda, daß selbe für drei Festungen ausreichen würde; und fortwährend werden noch mehrere gegossen. Es walten dort bedeutende Männer mit großem Ansehen und der dortige Magistrat besitzt die größte Gewalt außer dem Landesfürsten. Man treibt daselbst großen Handel mit Leinwand, verschiedenen Putzwaren und mit Wachs ... Diese Stadt behauptet den ersten Rang unter den übrigen sächsischen Städten.» (Fabini 1983, S. 8)

Ein anderer Reisender, der Siebenbürgen am Ende des 16. Jahrhunderts kennenlernte, beschrieb Hermannstadt als die größte, Bistritz als die schönste und Klausenburg als die bevölkerungsreichste Stadt des

16 Hermannstadt – Aus Johannes Trösters
Das Alt- und Neu-Teutsche Dacia, Nürnberg 1666

Landes (Fabini 1989, S. 43). Mit dieser Einschätzung hat sich der Berichterstatter allerdings geirrt, denn schon am Ende des 15. Jahrhunderts war Kronstadt mit rund 11 000 bis 12 000 Einwohnern die größte und volkreichste Stadt Siebenbürgens, die in harter wirtschaftlicher Konkurrenz zu Hermannstadt stand. Kronstadt übertraf Hermannstadt und Klausenburg, die damals 8500 bzw. 6500 Einwohner zählten, sowohl an Größe als auch an Wirtschaftskraft. In Siebenbürgen war Kronstadt zur bedeutendsten Handelsstadt aufgestiegen und neben Ofen zu einem der wichtigsten Handelsplätze Ungarns geworden. Im Vergleich zu den damaligen Städten Deutschlands kann Kronstadt als eine mittelgroße Stadt eingestuft werden, hatten doch Hamburg, Lübeck, Nürnberg, Augsburg zu jener Zeit 20 000, Köln sogar 40 000 Einwohner. Dabei ist jedoch zu berücksichtigen, daß auch die meisten deutschen Städte, wie z. B. Frankfurt am Main und Leipzig, unter 10 000 Einwohner blieben (M. Philippi 1986, S. 92 f.). Sind auch die Aussagen über die Städte in Siebenbürgen in den zeitgenössischen Reisebeschreibungen in ihrem Quellenwert kritisch zu beurteilen – die erwähnte Sauberkeit der Hermannstädter Straßen ist sicher nicht als bare Münze zu nehmen –, so belegen sie doch, daß die sächsischen Stadtanlagen von den Reisenden mit jenen in Mitteleuropa in eine Reihe gestellt wurden, und dieser Vergleich hält der Nachprüfung heute stand.

Die soziale Schichtung der Stadtbevölkerung

Zur Sozialstruktur der Bevölkerung in den sächsischen Städten liegen bislang kaum Untersuchungen vor. Für Kronstadt jedoch wurde diese Lücke in der Forschung von der Kronstädter Historikerin Maja Philippi mit einer Studie geschlossen, die die vorhandenen Quellen bis zum Jahre 1500 auswertet (M. Philippi 1986). Nun änderten sich aber die sozialen Verhältnisse in diesem städtischen Gemeinwesen erst allmählich im ausgehenden 17. Jahrhundert, so daß die Sozialstruktur bis zu dieser Zeit und selbst darüber hinaus im wesentlichen in gleicher Weise fortbestanden hat. Trotz aller lokalen Spezifika hat die für Kronstadt aufgezeigte Situation in ihren Grundzügen, wie in Umrissen schon erkennbar (G. Gündisch 1987, S. 211 ff.), auch für die soziale Wirklichkeit der anderen sächsischen Städte Gültigkeit, und so ist es statthaft, am Beispiel Kronstadts ihre sozialen Zustände zu beleuchten.

In den Kronstädter Urkunden des untersuchten Zeitraumes treten in erster Linie die «cives» in Erscheinung. Damit ist nicht die gesamte Stadtbevölkerung gemeint, sondern nur die ratsfähige Oberschicht wird angesprochen, die die Leitung des städtischen Gemeinwesens in der Hand hatte. Ihr stehen die «incolae», auch «habitatores», also die Einwohner gegenüber. Mit diesen Begriffen der Urkundensprache werden immer die sozial niederen Schichten der städtischen Bevölkerung gekennzeichnet. Die Unterscheidung zwischen den «cives» und den anderen Kategorien der Einwohnerschaft markiert auch der deutsche Sprachgebrauch, wenn in der gleichzeitigen Übersetzung einer Urkunde von «burgern» und «inwanern» die Rede ist. In späteren Jahrhunderten erfährt der Begriff «burger» allerdings eine Verengung, so daß das Wort Borger nur mehr die Ratsherren bezeichnet. Die Begriffsverschiebung zu Bürger als dem Einwohner einer Stadt im Gegensatz zum Bauern und Edelmann setzte in Siebenbürgen frühestens seit dem 17. Jahrhundert ein, aber noch im 18. Jahrhundert wird die Ratsherrenwürde in Kronstadt das Borgeramt genannt. Gelegentlich sprechen die Urkunden auch von «incolae plebesani» oder von «populus». Dies ist als ein Hinweis dafür zu werten, daß von einer Differenzierung der Kronstädter Bevölkerung in drei Schichten ausgegangen werden kann. Die soziale Situation präsentiert sich in Siebenbürgen also nicht anders als in den Städten West- und Mitteleuropas jener Zeit: Die Stadtbevölkerung ist unterteilt in die ratsfähige Oberschicht, die große Masse der Hausbesitzer und Steuerzahler und die sogenannte Stadtarmut, die besitzlos war. In der sächsischen Gesetzessammlung des Eigen-Landrechts spiegelt sich diese Schichtung in den Begriffen Bürgers-Mann, Haus-Mann und Sedler (Nichthausbesitzer) wider.

Die Kronstädter Führungsschicht in ihrer ältesten Form gehört kleinadligen, grundbesitzenden Kreisen an, und gleiches läßt sich auch für die Städte Klausenburg, Hermannstadt und Bistritz konstatieren. Als aber in der zweiten Hälfte des 14. Jahrhunderts die wachsenden Handelsgeschäfte in den aufblühenden Städten hohe Profite abwarfen, während die Einnahmen der Landbevölkerung und des grundbesitzenden Kleinadels stark absanken, bahnte sich ein Strukturwandel in den Führungsschichten der Städte an, indem nun die Großkaufleute die führenden Positionen besetzten. Dieser Machtwechsel zeitigte zwar in Kronstadt keine Auseinandersetzungen, aber für Bistritz ist bekannt, daß der gleiche Vorgang von inneren Kämpfen begleitet war. Die alten Geschlechter zogen sich auf ihre ländlichen Besitzungen zurück, oder sie engagierten sich in Handelsgeschäften und wurden ebenfalls zu Großkaufleuten und erhielten sich auf diese Weise ihre bisherige Stellung im Machtgefüge Kronstadts.

Die führende Oberschicht setzte sich aus einer nur begrenzten Anzahl von Geschlechtern zusammen. In der Inneren Stadt sind im Jahre 1489 von insgesamt 806 Hausbesitzern 128 in den Steuerregistern als wohlhabend verzeichnet, was einen Anteil von fast 16 Prozent ergibt. Ähnliche Ergebnisse liegen für andere siebenbürgische Städte, aber auch für mitteleuropäische vor. Diese Hausbesitzer, die die Oberschicht darstellten, wohnten in den vornehmen Straßen der Inneren Stadt, wo wahrscheinlich schon im 15. Jahrhundert aus Stein erbaute Wohnhäuser zu finden waren. Die Kronstädter Oberschicht kapselte sich aber nicht ab, wie dies z. B. für das Patriziat der oberitalienischen Städte kennzeichnend gewesen ist. Die andauernden Kämpfe, die die Bevölkerung der siebenbürgischen Städte zu bestehen hatte, und die vielen Seuchen im Gefolge der Kriege dezimierten die Einwohner. Deshalb mußte sich auch die Oberschicht ständig ergänzen. In diesem Zusammenhang steht die Beobachtung, daß viele Geschlechter ausstarben. Zum einen wurde die Führungsschicht durch Zuwanderung von außen verstärkt, zum anderen erhielt sie Zuwachs durch sozialen Aufstieg aus niederen Bevölkerungsschichten, was aber insgesamt betrachtet seltener blieb. Die aufstrebenden siebenbürgischen Städte übten eine große Anziehungskraft innerhalb des Landes aus, aber auch aus entfernten Gegenden banden sie tüchtige Zuwanderer an sich. Sicher spielten die regen Wirtschaftsbeziehungen zu Mitteleuropa hier eine gewisse Rolle. Es mutet erstaunlich an, daß es damals offensichtlich relativ leicht war, zu Rang und Ansehen in Kronstadt zu gelangen. Als Voraussetzung für den Zugang zu den führenden Geschlechtern scheint jedoch die Zugehörigkeit der Zuwanderer zu den oberen Gesellschaftsschichten ihrer Heimatländer unabdingbar gewesen zu sein. Schwerer war demgegenüber der Aufstieg von unten. Aber persönliche Leistung und vor allem der wirtschaftliche Erfolg ermöglichten dennoch einigen Kronstädter Handwerkern den Zugang zur gesellschaftlichen Schicht, die den Rat der Stadt stellte. Obwohl die mit der Leitung der Verwaltung und der öffentlichen Angelegenheiten sowie der Ausübung der obersten Gerichtsbarkeit betraute Führung des Gemeinwesens in einem engen Kreis von Privilegierten konzentriert war, handelte diese Gruppe im Gegensatz zu späteren Zeiten nicht nur im eigenen Interesse, sondern trug Sorge für die Prosperität der ganzen Stadt.

Die Hausbesitzer und Steuerzahler, die die Masse der Kronstädter Einwohnerschaft stellten, hatten zwar im wirtschaftlichen Leben nicht die Führung, sie bildeten aber sein tragendes Element, indem sie durch ihre Arbeit für die täglichen Bedürfnisse der Stadtbevölkerung sorgten. Nach den Steuerregistern für das Jahr 1489 gehörten rund 53 Prozent der Stadtbewohner zu den mittleren und kleinen Steuerzahlern. Sie lebten nicht nur in den Vorstädten, sondern auch in den weniger vornehmen Gassen der Inneren Stadt, zum Teil auch in Nachbarschaft zu den Reichen, da selbst in den vornehmen Gassen nicht nur große Häuser standen. Die steuerzahlenden mittleren Schichten des mittelalterlichen Kronstadt rekrutierten sich aus verschiedenen Teilen der Bevölkerung. Kleine Kaufleute und Handwerker waren darunter die wichtigsten.

Die Kleinhandelskaufleute belieferten die Stadt mit den Waren, die die unmittelbare Versorgung der Bevölkerung sicherstellten. Sie besorgten sich ihre Handelsgüter wie Lebensmittel, Wachs und einfaches Gewebe aus dem bäuerlichen Umfeld der Stadt und verkauften sie auf dem Markt weiter. Aber die kleinen Kaufleute bereisten auch andere siebenbürgische Städte, und selbst auf Ungarn und die Walachei dehnten sie ihren Handel aus. Trotz der nicht unbeträchtlichen Anzahl an Kleinkaufleuten in Kronstadt waren die Handwerker für die Entwicklung der Stadt von größerem Gewicht, wenn es ihnen auch erst seit dem 15. Jahrhundert zukam, als sie begannen, sich wirtschaftlich und sozial zu emanzipieren und ihre Interessen wahrzunehmen. In dieser Hinsicht unterscheidet sich Kronstadt von den anderen sächsischen Städten, in denen die Handwerker schon viel früher als in Zünften organisierte Berufsgruppen auftraten. Es sei an die Zunftordnung für das Gebiet der Sieben Stühle von 1376 erinnert, während die meisten Kronstädter Zünfte ihre Statuten erst im späten 15. und zu Anfang des 16. Jahrhunderts erhielten.

Der Prozeß der Emanzipation der Handwerker hatte vor allem wirtschaftliche Hintergründe. Nachdem im 14. Jahrhundert die beiden rumänischen Fürstentümer außerhalb der Karpaten, die Moldau und die Walachei, entstanden waren, trat der Handel mit diesen benachbarten Regionen in den Vordergrund. Als Agrarländer entwickelten sie sich im 15. Jahrhundert zunehmend zu einem Absatzmarkt für handwerkliche Produkte, deren Abnehmer aus den herrschenden Schichten kamen, die das Bedürfnis nach Waren des gehobenen Konsums hatten und zugleich über die notwendige Kaufkraft verfügten. Hier lag die Chance nicht nur des Kronstädter Handwerks, sich auf diesen Markt einzustellen und für den Export zu produzieren. Ein später Reflex dieser Ausfuhr von Handwerkserzeugnissen ist in der sogenannten Kronstädter Truhe zu sehen. Ursprünglich von sächsischen Tischlern hergestellt und bemalt und entlang der wichtigsten Handelswege vertrieben, entwickelte sie sich im Laufe der Zeit zu einem Serienprodukt, das schließlich sogar außerhalb Siebenbürgens von Rumänen nachgearbeitet wurde. Daß die Kronstädter Gewerbetreibenden die Möglichkeiten nutzten, die sich ihnen eröffneten, beweist ihre wachsende Bedeutung im Leben der Gesamtgemeinde und ihr steigendes Ansehen.

Es ist jedoch festzuhalten, daß zwischen den einzelnen Zünften Unterschiede in den Besitzverhältnissen und dementsprechend im gesellschaftlichen Rang bestanden. Goldschmiede und Kürschner führten die Rangskala an. Dazu gab es neben den Zunfthandwerkern die nichtzünftigen Handwerker, die damals noch Gewerbefreiheit genossen, da die Nachfrage nach Handwerkserzeugnissen sehr groß war. Sie hinwiederum erreichten nicht das Einkommen und die soziale Stellung der Zunftmitglieder. So präsentierte sich der Handwerkerstand nicht als ein homogenes Gebilde, sondern wies gesellschaftliche Differenzierungen auf.

Die wirtschaftliche Bedeutung der Handwerker und die wachsende Zahl der Gewerbetreibenden mußte notwendigerweise Rückwirkungen auf das Stadtregiment haben. Die Handwerker konnten nicht mehr vollständig von der Führung der Stadt ferngehalten werden. So kam es zu dem schon erwähnten Aufstieg einiger wohlhabender Handwerker in die ratsfähigen Geschlechter. Aber die Schlüsselpositionen in der Stadt hielten weiterhin die Vertreter der alten Oberschicht besetzt, die es verstanden hatten, die wirtschaftlichen und politischen Verhältnisse zu nutzen und zu Unternehmern frühkapitalistischer Prägung zu werden. Zu Ende des 17. Jahrhunderts zeigte ihre Herrschaft nicht nur in Kronstadt Zersetzungserscheinungen. Die Handwerker riefen zum Widerstand gegen den Rat der Städte auf, denn aus den Inhabern der Macht waren Nutznießer der Macht auf Kosten des Gemeinwesens geworden. Diese revolutionären Bewegungen wurden jedoch mit Hilfe der kaiserlichen Truppen – Siebenbürgen war gerade an die Habsburger gefallen – niedergeschlagen, so daß die alte Geschlechterherrschaft und die herkömmlichen Machtverhältnisse erhalten blieben und damit die Handwerker weiterhin auf eine untergeordnete politische Rolle verwiesen waren.

Neben der kleinen Oberschicht und den Mittelschichten stand die Stadtarmut, zu der jene Menschen gehörten, die an der unteren Grenze der städtischen bürgerlichen Gesellschaft und jenseits dieser lebten. Dieser Teil der Bevölkerung stellte keine einheitliche Schicht dar, vielmehr war sie durch Heterogenität gekennzeichnet und ihre Übergänge zu den bemittelten Bevölkerungsschichten waren fließend. Ihr Anteil betrug, wie für mitteleuropäische Städte nachgewiesen wurde, zwischen 40 und 60 Prozent. Für Kronstadt ergibt sich ein gleiches Bild, sind doch selbst von den Steuerzahlern fast 43 Prozent als arm einzustufen.

Die so uneinheitliche Unterschicht umfaßte diejenigen, die sich zwar durch ihre eigene Arbeit erhalten konnten und steuerpflichtig waren, aber am Rande des Existenzminimums lebten. Ein Teil von ihnen wurde als Hausbesitzer geführt, doch dürfte es sich bei ihren Anwesen eher um Hütten gehandelt haben. Die armen Steuerzahler waren Hirten, Fischer, Holzfäller und Fuhrleute, aber auch kleine Handwerker und in den noch ländlich geprägten Vorstädten Kronstadts Ackerbauern, die durch ihre Wirtschaft wenigstens über Nahrungsmittel verfügten. Wer dem Steuereinnehmer nicht die geschuldete Summe entrichten konnte, mußte ihm ein Pfand überlassen. In den Registern werden ein Frauenmantel, ein Handtuch, aus Metall gearbeitete Knöpfe als gepfändet erwähnt. Hier enthüllt sich ganz die wirtschaftliche Misere der armen Leute. Am häufigsten wurden dem Steuereinnehmer einfache Schmuckstücke überlassen, die zur Kleidung gehörten. Vor allem handelte es sich dabei um das Heftel, den runden Brustschmuck für Frauen und Mädchen, der noch heute Bestandteil der Festtagstracht der Sächsinnen ist. Daß man über keine kostbaren Stücke verfügte, beweisen Eintragungen im Register, die über ihren Wert Auskunft geben.

Zur armen steuerpflichtigen Bevölkerung gehörten auch jene Erwerbstätigen, die als Mieter in den Häusern der Wohlhabenden wohnten. Für manche Anwesen sind neben dem Besitzer noch drei und vier Mieter belegt. Häufig handelte es sich bei ihnen um nichtzünftige Handwerker, die vorübergehend in der Stadt Wohnung und Verdienstmöglichkeit gefunden hatten. Arme Steuerzahler waren auch die vielen alleinstehenden Frauen, die ihr Brot in Berufen wie Näherin, Schleierwirkerin, Filzmacherin verdienten und in äußerst dürftigen Verhältnissen ihr Leben fristen mußten.

Einen weiteren Teil der Unterschicht stellten Handelsgehilfen, Handwerksgesellen, Lehrjungen, Kutscher, Knechte und Mägde. Von diesen beruflich Unselbständigen, die in den Haushalten der mittleren und reichen Bevölkerungsschicht lebten, standen die Knechte und Mägde auf einer tieferen sozialen Stufe als die Handelsgehilfen und Handwerksgesellen, weil sie keine qualifizierte Arbeit verrichteten. Ihr Verhältnis zu ihren Arbeitgebern wurde vom Stadtrat geregelt, der auch den Lohn festsetzte, und weder war es der Herrschaft freigestellt, einen höheren Lohn als den vorgeschriebenen zu geben, noch durften die Dienstboten die bessere Entlohnung annehmen. Bei Zuwiderhandlung drohten beiden Parteien Strafen. Im Gegensatz zu den Handwerksgesellen fehlte den Bediensteten noch vollkommen das Selbstverständnis, zu einer sozialen Gruppe zu gehören, und der Rat der Stadt sorgte nach Kräften durch Reglementierung dafür, daß es dabei blieb.

Alle genannten Gruppen der armen Stadtbevölkerung erhielten sich durch eigene Arbeit, mochte ihre wirtschaftliche Lage auch noch so bedrückend sein. Neben ihnen gab es aber jenen Teil der Stadtarmut, der zum Betteln gezwungen war, wenn das Gemeinwesen sich nicht seiner annahm: die gebrechlichen Alten, die Waisen, die Krüppel, die Blinden und Kranken. Für das 15. Jahrhundert ist eine organisierte Armen- und Krankenpflege in zwei Spitälern nachzuweisen. Im nachreformatorischen Kronstadt wurden diese Sozialmaßnahmen anscheinend verstärkt. In der «Kirchenordnung aller Deutschen in Sybembürgen» wird in einem Artikel ausdrücklich auf die Armen Bezug genommen, indem sie von ihnen sagt: «Überdies schärft uns auch Christus im Evangelium so oft die Barmherzigkeit ein, ... daß wir ihn ohne Zweifel in dem Maße an uns also erfahren werden, wie wir uns den Armen gegenüber, die er uns an seiner Statt auf Erden gelassen hat, verhalten haben. ... Darum erscheint es unserm Amt zuwider, daß nach Gewohnheit der Väter unmenschlich verachtet werden kranke, alte oder arme Leute, die in Kälte, Regen und Hitze in den Gassen liegen und mit jämmerlichen Klagen Almosen begehren, sondern außer der gewohnten Erhaltung anderer Armen soll in drei Spitälern auf öffentliche Kosten in der Stadt dafür gesorgt werden, daß sie alle ihre leidliche Nahrung haben.» (Wagner 1976, S. 109)

Obwohl es in den Unterschichten zu Unzufriedenheit und Unmut wegen ihrer schlechten wirtschaftlichen Situation und sozialen Stellung kam, entlud sich die Spannung nicht in einem offenen Konflikt. Für Kronstadt fehlen Nachrichten über Unruhen, wie sie für einige andere siebenbürgische Städte überliefert sind, wenn auch die Gefahr des Aufruhrs zu gewissen Momenten latent vorhanden war.

Die Kaufleute

Kaum begannen sich die Städte in Siebenbürgen zu entwickeln, setzte ein außerordentlich rascher Aufschwung vor allem von Hermannstadt, Kronstadt und Bistritz als bedeutende Handelsmittelpunkte ein. Kaufmännische und handwerkliche Aktivitäten, die Freiheit der Städte, Handels-, Steuer- und Zollprivilegien schufen gute Voraussetzungen für die Intensivierung des Warenaustauschs, der nun die Ebene des reinen Binnenhandels verließ. Den sächsischen Handelszentren gelang es, sich in den blühenden Schwarzmeerhandel einzuschalten. Hermannstadt und Bistritz waren durch ihre Lage an der Paßstraße in die Walachei bzw. die Moldau begünstigt, Kronstadt gar lag im Schnittpunkt mehrerer Paßübergänge, was ihm die Vorrangstellung im siebenbürgischen Fernhandel garantierte. Der Handel der sächsischen Kaufleute mit den beiden Fürstentümern war zunächst, bevor die Moldau und die Walachei das Nachbarland Siebenbürgen als Wirtschaftsraum ergänzten, vor allem ein Transithandel. Vor der Entdeckung des Seeweges nach Indien beherrschten Venedig und Genua den Orienthandel, und italienische Fernhändler hatten am Schwarzen Meer Handelsniederlassungen gegründet, die nicht zuletzt Menschenhandel betrieben. Der Sklavenimport war unter der Bedingung in Venedig und Genua zugelassen, daß es sich um Ungläubige handle, und es dauerte nicht lange, bis alle reichen Toskaner Sklaven hielten, die allen möglichen Völkerschaften zugehörten wie Tataren, Tscherkessen, aber auch Griechen, Russen und Georgiern aus dem Kaukasus, die oft von tatarischen Räubern entführt und auf den Sklavenmärkten verkauft worden waren (Origo 1985, S. 86f.).

Zu den Handelszentren am Schwarzen Meer konnten die sächsischen Kaufleute auf verschiedenen Wegen fahren (Mittelstraß 1961, Anhang, Karten IV und V zum Verkehrsnetz). 1365 erhielten die sächsischen Städte das Recht des freien Handels nach Wien und die Befreiung vom Ofener Stapelrecht. Aus den verschiedenen Urkunden geht hervor, daß sie Anschluß an das weitverzweigte Netz der Handelswege gefunden hatten und in Verbindung mit Nürnberg und Regensburg, mit Venedig, Ragusa (Dubrovnik) und Zara (Zadar) in Dalmatien, mit Ofen, Krakau und Wien, mit böhmischen und mährischen Städten standen. Es waren bald Handelsunternehmen größeren Zuschnitts, für die beladene Wagen in weiten Fahrten über die Fernhandelswege rollten. Daß die Handelsreisen mit Gefahren verbunden waren, zeigen die überlieferten Geleitbriefe, die die Handelsherren und die in ihren Diensten stehenden Kaufleute und Fuhrmänner sowie die Handelsgüter vor Übergriffen und räuberischen Überfällen schützen sollten. Meist schlossen sich die beladenen Planwagen zu Zügen zusammen, die von bewaffneten Reitern begleitet wurden. Die sächsischen Fernhändler bezogen aus dem Orienthandel Gewürze, Rosinen und Feigen, Reis, Baumwolle, Kamelhaar, Seide, feine Gewebe, orientalische Teppiche, Farbstoffe, Weihrauch, Olivenöl, selbst Schuhwerk und Kaftane. Diese Waren wurden von der Kundschaft in Siebenbürgen selbst verlangt, oder sie nahmen ihren Weg auf ausländische Märkte. Aus West- und Mitteleuropa importierten die Kaufherren vor allem Leinwand, wertvolle Tuche und Samt. Einem Zollregister ist zu entnehmen, daß Tuche aus 21 verschiedenen Herkunftsorten eingeführt wurden, darunter aus Ypern, Brügge, Köln, Speyer, Breslau, Verona, um nur einige der Städte zu nennen. Trotz der Türkeneinfälle konnte sich der siebenbürgische Handel ausweiten, und vom Umfang der Handelsgeschäfte vermitteln die Nachrichten einen Eindruck, daß im Jahre 1503 in Kronstadt 707 Zentner Pfeffer verzollt und fast zweieinhalb Millionen Messer aus dem für seine Messerproduktion berühmten Steyr in die Walachei gebracht wurden (M. Philippi 1986, S. 124).

Zunehmend aber fanden die Moldau und die Walachei selbst als Absatzmärkte Interesse bei den sächsischen Kaufleuten. Die rumänischen Fürsten förderten die wechselseitigen Handelsbeziehungen, was in den von ihnen ausgestellten Handelsprivilegien seinen Niederschlag findet. So beschränkte sich die Bedeutung der Nachbarländer nicht mehr auf die Vermittlung orientalischer oder, wie es hieß, türkischer Waren, vielmehr wurden sie zu Abnehmern der handwerklichen Erzeugnisse der sächsischen Meister sowie für die Importwaren aus dem westlichen

Europa. Für die sächsischen Kaufleute hatte sich ein Handelsgebiet erschlossen, in dem sie sich voll entfalten konnten. Die Handelsgeschäfte waren außerordentlich lebhaft. 1554 trafen sich in Kronstadt 1070 Handelsleute aus 171 Orten der Walachei, der Moldau und Siebenbürgens. Sowohl waren zahlreiche sächsische Kaufleute in den beiden rumänischen Ländern tätig, als auch walachische und moldauische in Siebenbürgen, die aber meist Ausländer und keine Rumänen waren, was erzählenden Quellen wie Reisebeschreibungen zu entnehmen ist. Der Hermannstädter Handel erreichte in 17 Jahren allein mit den Einfuhren aus der Walachei ein Volumen von fast 600000 Gulden. Hochgerechnet auf das ganze 16. Jahrhundert und in Goldwert umgesetzt würde das bedeuten, daß der Wert der aus dem südlichen Nachbarland nach Hermannstadt eingeführten Waren über zehn Tonnen Gold betragen hätte (Goldenberg 1975, S. 13 f.). Die Reisenden, denen der lebhafte Handel zwischen Siebenbürgen und der Moldau und der Walachei bemerkenswert erscheint, berichten aber auch von abenteuerlichen Wegen, auf denen die Zollstationen mit ihren Gebühren umgangen und die Waren über die Grenze geschmuggelt wurden (Armbruster 1990, S. 192).

Neben den orientalischen Waren kamen aus der Walachei und der Moldau große Mengen an Fisch, Häuten, Pelzen, Honig, Talg, Wachs und Wein nach Siebenbürgen, ebenso Vieh, das nach dem Westen weiterverkauft wurde. Die siebenbürgischen Städte hingegen exportierten Metalle wie Gold und Silber, aber auch Eisen, Kupfer und Schwefel, landwirtschaftliche Geräte, die aus Deutschland und Österreich stammten, Tuche, sowie ihre handwerklichen Erzeugnisse, die von den Goldschmiedearbeiten über feines Pelzwerk und Feuerwaffen zu Kleidungsstücken, Schuhen, Gürteln, Möbeln, Zaumzeug, Kutschen, Werkzeug, Leuchtern, Zinngeschirr, Gläsern, Seife, Arzneien, Papier, Büchern, ja selbst Fensterverglasungen reichten. Das importierte Tuch war in den rumänischen Fürstentümern besonders gefragt. Oft wurde es Würdenträgern zum Geschenk gereicht. Einige fremde Tuche hatten sogar Tauschwert und dienten den Bojaren zum Erwerb von Dörfern und Land (Goldenberg 1975, S. 15). Im 17. Jahrhundert wurden Modeartikel aus Deutschland und Österreich, vorwiegend aus Wien, eingeführt oder im Transit in andere Länder weiterbefördert.

Mit dem orientalischen Einfluß, dem seit dem 14. Jahrhundert Südosteuropa ausgesetzt war, und dem regen Handel mit einer Fülle von Waren verschiedenster Art und Provenienz konnte ein kultureller Austausch nicht ausbleiben. So wirkte Ende des 16. Jahrhunderts das orientalische Kostüm auf die Kleidung der vornehmen Damen in der Moldau und Walachei ein. Der ungarische Adel und die Oberschicht übernahmen den Leibrock der türkisch-islamischen Tracht, den

Dolman, einen fußlangen Kaftan mit langen Ärmeln, zu dem eine Gürtelbinde gehörte. Über den Dolman wurde das Mente, ein Mantel, getragen. Diese Kleidung glich der türkischen fast vollkommen, und die Quellen berichten häufig, daß sich Ungarn und Türken nur durch die Kopfbedeckungen unterschieden, galt doch nach der Einverleibung Mittelungarns in das türkische Reich auch hier die Reglementierung, die den nichtmuslimischen Untertanen bei Todesstrafe untersagte, den weißen Turban anzulegen. Aber diese Männermode blieb nicht auf die Ungarn beschränkt, sondern sie fand auch bei den sächsischen Bürgern Anklang. Kostümbilder aus dem 17. und 18. Jahrhundert, wie z. B. im Grazer «Kostümbilder-Buch» überliefert, die die Kleidung der siebenbürgischen Landesbewohner schildern, dokumentieren in vielen Beispielen die sächsische Bürgertracht (vgl. K. Niedermaier 1984). Abgewandelt und verkürzt, mit Schnürbesatz und Knöpfen versehen werden Dolman und Mente später Bestandteil des ungarischen Nationalkostüms.

Wahrscheinlich beeinflußten auch die in Siebenbürgen in großer Zahl vorhandenen Orientteppiche die einheimische Kunst und das Kunsthandwerk. Erwiesen ist, daß die Ornamentik der orientalischen Gewebe das Formenrepertoire des siebenbürgischen Kunstgewerbes im 17. Jahrhundert bereichert hat. Schmuckelemente eindeutig orientalischen Ursprungs traten auch im siebenbürgischen Frühbarock in Erscheinung. Aber solche kulturellen Austauschprozesse sind bislang noch zu wenig untersucht. Daß die orientalische Kunst auch die sächsische Volkskunst beeinflußt hat, darauf verweist schon 1907 Emil Sigerus, der Hermannstädter Forscher und Sammler, indem er bemerkt: «Es ist aber auch natürlich, daß in die Stickereien sich Ornamente anderer, die Sachsen umwohnenden Volksstämme einmischten und forterbten; so entstand allmählich in Verbindung mit den deutschen Motiven ein siebenbürgisch-sächsischer Stil. Doch nicht bloß ungarische und rumänische Muster sind in den sächsischen Stickereien nachweisbar, sondern auch orientalische Motive finden sich vor. Die orientalischen Knüpfteppiche waren in vergangenen Jahrhunderten ein beliebter Schmuck des Kirchengestühls und wurden häufig als Ehrengaben dargebracht. So fanden sie im ganzen Sachsenland ihren Weg bis in die entlegensten Dörfer und ihre Musterung mag manche kunstsinnige Frau zur Nachbildung angeregt haben. Doch sind neben den Teppichen gewiß auch orientalische Gewebe und Stickereien nach Siebenbürgen gekommen. Ein bei unseren Bäuerinnen auch in neuester Zeit noch allgemein beliebtes Stickmuster orientalischer Herkunft findet sich auch auf einem Abendmahlstuch aus dem Jahre 1615 im Besitz der Hermannstädter evang. Pfarrkirche.» (Sigerus 1977, S. 57) Leider wurde die Anregung von Sigerus nicht in einer Untersuchung aufgenommen. Im Unterschied zu anderen Gebieten, wo Teppiche ausschließlich im Besitz enger Kreise waren, hatten sie in Siebenbürgen eine stärkere Verbreitung gefunden, und es ist anzunehmen, daß sie in gewissem Maß den Geschmack beeinflußten. Schon im 15. Jahrhundert hatte die Teppicheinfuhr nach Siebenbürgen begonnen, und im 16. Jahrhundert erreichte sie ihren Höhepunkt. 1503 wurden nicht weniger als 509 nach Kronstadt importierte Teppiche beim Zoll registriert. In Nachlaßinventaren der sächsischen Patrizier wie auch in jenen einfacher Bürger sind Teppiche häufig erwähnt. Stücke, die von Kaufleuten nach glücklicher Beendigung einer Handelsreise oder von wohlhabenden Gemeindemitgliedern den Kirchen gespendet wurden, haben nicht selten die Zeiten überdauert. Die reichhaltigste und bekannteste Teppichsammlung Siebenbürgens – sie umfaßt 152 Exemplare – befindet sich im Besitz der Kronstädter Schwarzen Kirche. Beim großen Brand Kronstadts 1689, durch den die Kirche der Brandspuren wegen ihren Namen erhielt, wurden alle in der Kirche aufbewahrten Teppiche ein Raub der Flammen. Sie konnten später durch andere ersetzt werden (vgl. Kertesz-Badrus 1985).

Neben dem Großhandel, von dem insgesamt betrachtet der fehlenden Quellen wegen nur ein Bild in Umrissen bekannt ist, betrieben die Kaufleute auch den Kleinhandel im eigenen Haus oder als Pächter eines städtischen Gewölbes. Zur Lagerung der Waren konnten sich die Händler Lagerraum in den städtischen Kaufhallen mieten, aber auch die Privathäuser hatten großzügig bemessene Stapelräume im Keller, im Erdgeschoß und auf dem Dachboden. Typisch für die Häuser der Kaufmannsschicht in Hermannstadt ist die breite überwölbte Einfahrt, wo das Verladen der Waren auf Wagen unabhängig von der Witterung vor sich gehen konnte. Von dort waren die Warenballen und Fässer auch leicht zum Dachboden, zu den Lagerräumen im Hof und im Keller zu bringen, denn der Zutritt zum Keller erfolgte meist aus der Einfahrt. Manche Keller scheinen auch direkt als Warenumschlagplätze benutzt worden zu sein, wie ihr sorgfältiger Ausbau vermuten läßt. An der Hoffront vieler Häuser sind über der Einfahrt bis heute Dachaufbauten mit den Vorrichtungen zum Heben von Stapelgut erhalten. Die überdeckten Zugänge zu den Kaufmannshäusern benutzte man zugleich zum Unterstellen der Fuhrwerke, die über Nacht im Haus blieben. Die neben dem Eingang gelegenen Zimmer dienten gleichfalls Handelszwecken; sie waren möglicherweise an der Straßenfront schon mit einer Art Schaufenster zum Auslegen der Waren versehen. Die eigentlichen Wohn- und Präsentationsräume befanden sich im Obergeschoß. Dort lag auch die Küche auf der dem Hof zugewandten Seite (Fabini 1989, S. 145ff.).

17 Kronstadt – Schwarze Kirche

Die Herrschaft der Türken in Ungarn und ihre Oberhoheit über die Moldau und die Walachei brachte eine anfangs weniger spürbare, später doch tiefgreifende Veränderung der Bedingungen für das Geschäftsleben der siebenbürgischen Städte. Der Handel konnte nicht mehr ungehindert den alten Handelsstraßen nach Westen folgen und mußte sich

18 Hermannstadt – Hof eines Kaufmannshauses um 1910

neue Verbindungswege suchen, die jedoch für die sächsischen Städte ungünstiger, weil weiter, waren. Schon zuvor war der direkte Handel mit dem Orient unterbrochen worden, als die Türken die Schwarzmeerhäfen erobert hatten, von denen vor allem Chilia, das 1484 fiel, für die Kronstädter Kaufleute wichtig gewesen war. Jetzt mußten die Orientwaren in den Donauhäfen wie Brăila, Giurgiu, Nikopol von levantinischen Händlern bezogen werden (M. Philippi 1986, S. 128). Sie dominierten den türkischen Handel und wurden von den Türken unterstützt. Nun dehnten sie ihren Tätigkeitsbereich auch auf Siebenbürgen aus, und das Stapelrecht der Städte Kronstadt, Hermannstadt und Bistritz konnte das Eindringen der gefürchteten Konkurrenz, die schwere Folgen für die Handelstätigkeit der sächsischen Kaufleute hatte, nicht verhindern. Die Einfuhr rumänischer Güter nach Kronstadt wurde am Ende des 15. Jahrhunderts zu fast 90 % des Warenwertes durch siebenbürgische Kaufleute getätigt, 1503 zu knapp 65 % und 1554 immerhin noch zu beinahe 45 %. Am Export von Waren aus Kronstadt in die rumänischen Fürstentümer waren die Siebenbürger nicht so stark beteiligt. 1503 wickelten sie 48,4 % der Handelsgeschäfte ab, 1554 aber nur noch 5,6 % (Weczerka 1977, S. 253). In späteren Jahren versuchten die konkurrierenden Händler, das Geschäft gänzlich zu übernehmen durch die Errichtung von Handelskompagnien. Aufgrund eines 1636 verliehenen Privilegs gründeten «griechische Kaufleute» in Hermannstadt eine Kompagnie, und zu solchen Zusammenschlüssen kam es auch andernorts. Wie aus den Quellen hervorgeht, ist die Bezeichnung «griechische Kaufleute» und «griechische Compagnie» ein Sammelbegriff für die fremden Händler wie Griechen, Serben, Armenier, Bulgaren, Rumänen. Ihre Bedeutung stieg im 17. Jahrhundert mit der Menge der von ihnen beförderten Waren. In den Jahren 1654 und 1674 fanden armenische Fernhandelskaufleute, die ihres christlichen Glaubens wegen verfolgt wurden, Aufnahme in Siebenbürgen. Die Armeniersiedlungen Neuschloß (Gherla) und Elisabethstadt (Dumbrăveni) erhielten 1791 sogar den Status von Freistädten. Im 19. und 20. Jahrhundert gingen die meisten Armenier im Ungarntum auf. Nur noch knapp 300 Personen bezeichneten sich 1960 als armenische Volksangehörige. Im Vergleich zu den anderen Kaufleuten spielten die Juden vor 1848 nur eine geringe Rolle, wenn es auch Belege für Handels- und Finanzgeschäfte gibt, die sie in Hermannstadt, Klausenburg und Kronstadt getätigt haben. Nur in Weißenburg hatten sie das Niederlassungsrecht in Siebenbürgen. Sie wurden nach «türkischen» und «deutschen», d. h. jiddisch sprechenden Juden unterschieden (Wagner, München 1981, S. 165). Wenn auch der Höhepunkt der wirtschaftlichen Entwicklung der sächsischen Städte überschritten war, so setzten sie doch ihren Handel auch unter erschwerten Bedingungen fort. Aber die ständigen Kämpfe des 17. Jahrhunderts, verbunden mit einem Bevölkerungsrückgang und wirtschaftlicher Rezession, schränkten die Tätigkeit der sächsischen Kaufleute ein. Die großen Handelsherren hatten die Basis für ihre ausgedehnten Geschäfte verloren. Immerhin setzten im Jahre 1852 noch 37 Kronstädter sächsische Kaufleute in der Türkei ihre Waren ab, bis sie von der wachsenden englischen Konkurrenz verdrängt wurden (Göllner 1988, S. 92).

Die Handwerker

Schon seit den Einwanderungszeiten übten bei den Sachsen Maurer, Steinmetze, Zimmerleute, Töpfer ihr Handwerk aus. Die den Sachsen im 13. Jahrhundert erteilten Freibriefe, die das Gewerberecht erwähnen, aber auch die aus jener Zeit in den Dörfern und späteren Städten bekannten Kirchen und Wehrbauten sowie die bei archäologischen Ausgrabungen zutage geförderten Funde machen diesen Schluß zwingend. Parallel zur Entwicklung der Städte zu Gewerbezentren verlief die Entfaltung des Handwerks in den Dörfern; denn trotz des gewerblichen Aufschwungs in den Städten verlor das Landhandwerk nicht seine Bedeutung.

Mit den wachsenden Bedürfnissen der Bevölkerung stiegen die Absatzmöglichkeiten für ein differenzierteres Warensortiment, was zu einer breiten Fächerung der handwerklichen Beschäftigungen führte. In den siebenbürgischen Städten des 14. Jahrhunderts waren die wichtigsten Gewerbe die der Fleischer, Bäcker, Lederer, Weber, Schneider, Schmiede, Maurer, Zimmerleute, Töpfer, Gürtler, Kürschner, Goldschmiede. Wie im deutschen Alten Reich, wo in den Städten seit dem Anfang des 12. Jahrhunderts Zünfte belegt sind, schlossen sich auch die sächsischen Meister desselben Handwerks oder verwandter Gewerbe zu Zünften oder auch Zechen genannten genossenschaftlichen Korporationen mit eigenen Handwerksordnungen zusammen. Sie waren nicht nur Träger der Preis- und Wirtschaftspolitik, sondern Lebensgemeinschaften, die den Alltag des gewerbetreibenden Stadtbürgers auch gesellschaftlich, geistig und religiös bestimmten. Die sächsischen Städte hatten seit 1545 das ihnen von der Nationsuniversität zuerkannte Recht, die Zunftsatzungen zu verleihen. Durch die Handwerksordnungen wurden die Rohstoffbeschaffung, die Herstellungsweise, der Warenabsatz, die Beziehungen zwischen den Mitgliedern der Zunft sowie jene zwischen den verschiedenen Zünften geregelt. Dabei galt es, innerhalb der Stadt die Produktionsbedingungen in einem stabilen Gleichgewicht zu halten, so daß jedem das Seine zuteil wurde, keiner größer als der andere werden konnte und jeder sein ehrliches Auskommen hatte. Um dieses System zu sichern, mußte man die Qualität der Erzeugnisse überwachen, damit sich niemand durch schlechte Waren einen Vorteil verschaffte. Das Bestreben, die Zunftmitglieder untereinander gleich zu machen, erzeugte zahlreiche Spannungen unter den eigenen Zunftbrüdern, und auch mit den verwandten Zünften kam es wegen der Auslegung der Zunftvorschriften oft zu langwierigen Händeln. Um das Einkommen zu sichern, begrenzten die Zünfte den Wettbewerb. Hatte es, wie für Kronstadt im 15. Jahrhundert erwähnt, auch viele nichtzünftige Handwerker gegeben, setzte sich später der Zunftzwang durch, der alle in der Stadt oder ihrer Bannmeile ansässigen Handwerker zum Beitritt verpflichtete. Aber auch in den ländlichen Marktgemeinden und selbst in Dörfern hatten sich Zünfte gebildet, die von den städtischen Meistern kontrolliert wurden. Während anfangs die Zünfte allen Gewerbetreibenden ohne Beschränkung ihrer Mitgliederzahl offenstanden, wurden sie später zur kartellartigen Organisation eines geschlossenen Kreises von Handwerkerfamilien. Gegen nichtzünftige Handwerker, die Störer, wurde eingeschritten. Dennoch konnte längst nicht allen «das Handwerk gelegt» werden. Mit der Ausbildung der Zünfte und ihrem Zusammenschluß um 1500 zu Landeszünften auf Sachsenboden war jene soziale Ordnung des Handwerks entstanden, die bis ins 19. Jahrhundert bestimmend blieb.

Als große innerstädtische Organisationen spielten die Zünfte nicht nur im wirtschaftlichen Leben eine bedeutende Rolle. Wie schon am Beispiel Kronstadts aufgezeigt, übernahmen ihre Vertreter auch politische Funktionen, indem Meister angesehener Zünfte dem Rat der Stadt angehörten. Die Zünfte waren durch ihre Zunftmeister auch in den vierteljährlich abgehaltenen Versammlungen ihrer jeweiligen Stühle vertreten. In Kriegszeiten kam den Berufskorporationen bei der Verteidigung neben dem Stadtrichter als Oberbefehlshaber und dem Rat die wichtigste Aufgabe zu. Sie hatten dafür zu sorgen, daß den Anweisungen des Rates und der Hauptleute Folge geleistet wurde, denn die Verteidigung der Stadt, die in Kronstadt sogar durch eine Verteidigungsordnung geregelt war, oblag allen Einwohnern. Die Überwachung der Basteien und Türme war den Zünften anvertraut. Hermannstadts vier Stadttore verteidigten die stärksten Zünfte, die Schneider, Schuster, Fleischhauer und Kürschner, während die anderen den Schutz der übrigen Türme zu gewährleisten hatten. In der Regel verfügten die Zünfte über einen Vorrat an Waffen für Verteidigungszwecke. Die Türme dienten zugleich als Waffenkammern und mußten von der jeweils verantwortlichen Zunft in Stand gehalten werden. Auch beim Feuerlöschdienst kamen sie zum Einsatz, bei dem Zimmerleuten und Maurern besondere Aufgaben zugeteilt waren.

Die Zunft bestand aus Meistern, Gesellen und Lehrlingen, und die Zunftordnungen regelten das gesamte Leben in den Korporationen. Diesen standen die Zunftmeister vor, die aus der Mitte der Meister gewählt wurden. Sie vertraten die Zunft nach außen und wahrten deren Rechte, führten in den Zunftversammlungen den Vorsitz, schlichteten Streitigkeiten innerhalb der Zunft und hatten das Zunftvermögen zu verwalten, das aus Bargeld, dem Besitz an Gerätschaften, zum Teil auch aus Haus- und Gartenbesitz und den «Zunftlauben», den geräumigen Verkaufshallen, bestand. Vor allem aber waren sie verpflichtet, auf die Einhaltung der Handwerksordnung und das ehrenhafte Verhalten der Zunftmitglieder zu achten. Sie überwachten die Größe der Handwerksbetriebe, den Werkstoffeinkauf, die Arbeitszeit und die Entlohnung der Gesellen. Am Jahresende mußten sie Rechenschaft über ihre Amtsführung ablegen. Die Satzung für die Zünfte der Sieben Stühle von 1376 hatte dazu die Bestimmung erlassen: «In jeder Zunft sollen alljährlich in der Woche nach Weihnachten zwei Meister gewählt werden, die schwören sollen, daß sie für die Stadt und die Provinz Gerechtigkeit in ihrem Handwerk einhalten werden und daß sie keine Ungerechtigkeit, die in ihrer Zunft verboten ist und von der sie wissen, weder aus Freundschaft noch aus Gunst, noch um eines Geschenkes willen gestatten oder ungestraft durchgehen lassen ...» (Wagner 1976, S. 54). Bei der Führung der Aufsicht wurden die Zunftmeister von den sogenannten Schaumeistern unterstützt, die die Werkstätten und Warenstände visitierten und streng darauf achteten, daß nur gute Ware verkauft und Maß und Gewicht ehrlich gehandhabt wurden. Schlecht gearbeitete Waren zogen sie ein und belegten die schuldigen Meister zudem mit einer Strafe, die meist durch eine Geldzahlung in die Kasse der Zunft, aber auch durch die Abgabe eines bestimmten Quantums an Wachs abzugelten war, wenn sie nicht gar in schweren Fällen die Strafbehörden der Stadt einschalteten.

Ein Junge, der mit 12 bis 14 Jahren Lehrling werden wollte, mußte von ehelicher Geburt sein, und seine Eltern durften nicht zu den «unehrlichen Leuten» gehören. Zu ihnen zählten zunächst einmal die Unfreien, aber auch die Henker, die Abdecker, die Gaukler und alle Fahrenden. Vor der ordnungsgemäßen Eindingung war meist eine vierwöchige Probezeit zu absolvieren. Danach schlossen Eltern und Meister einen Vertrag, dessen wichtigster Teil das an den Meister zu zahlende Lehrgeld und die Forderung an den Meister war, den Jungen das Handwerk zu lehren und ihn dabei freundlich zu behandeln. Die Eindingung erfolgte in der Zunftversammlung vor der «offenen Lade», d. h. vor der geöffneten Zunfttruhe. In dieser Zeremonie mußte der Lehrling geloben, daß er sich während seiner Lehrjahre redlich betragen wolle. Nach der Entrichtung der vorgeschriebenen Aufnahmegebühr in die Zunftkasse stand seinem Eintritt nichts mehr im Wege. Meist hatte er noch ein Mahl zu geben, dessen Kosten er und sein Meister je zur Hälfte trugen. Den Söhnen der Meister wurde die Lehrzeit abgekürzt und die Aufnahmegebühr ermäßigt. Alle anderen Jungen mußten je nach Gewerbe eine drei- bis siebenjährige Lehrzeit durchstehen, während der sie einer strengen Zucht unterworfen waren.

Die Lehrlinge lebten wie die Handwerksgesellen in der Familie des Meisters unter der Hausgewalt ihres Brotherrn, und in diesem gemeinsam wirtschaftenden Verband war ihnen ein fester Platz zugewiesen. Gerade dieser autoritär organisierte Sozialzusammenhang der sogenannten Haushaltsfamilie wirkte prägend auf die Vorstellung von Familie, die über Generationen ihre Gültigkeit behielt. An der Spitze eines geordneten Hauswesens dachte man sich den strengen, dennoch gütigen Hausvater und die gute, tüchtige Hausmutter, die zum Wohle aller den Hausstand leiteten und den Mitgliedern ihrer Familie ein Vorbild in der Lebensführung gaben (vgl. Weber-Kellermann 1976, S. 65 ff.). Die Realität unterschied sich jedoch von dieser vorgestellten Idylle. Nicht selten wurden die Lehrlinge für ausgedehnte häusliche Arbeiten mißbraucht, statt daß sie in ihrem Handwerk unterwiesen und beschäftigt wurden. Verletzte ein Lehrling seine Pflichten in der Werkstatt oder verhielt er sich in der Öffentlichkeit nicht wie vorgeschrieben – so waren Wirtshausbesuche verboten –, wurde ihm eine Geldbuße auferlegt oder er wurde gar mit Prügeln bestraft. Wenn der Meister ihn halb totgeschlagen hatte, stand es ihm frei, sich zu beschweren. Die von der Landeszunft 1593 abgefaßten Bestimmungen der Zinngießer sahen vor: «Sollte aber dem Jungen zu viel geschehen, so hat er auch die Freiheit, sich zu beklagen.» (Eichhorn 1990, S. 67) Daß so mancher Lehrjunge seinem Meister davonlief, ist nur allzu verständlich. Die Zunft bestrafte diese Lehrlinge in aller Regel durch den Ausschluß, und damit war eine Laufbahn als Handwerker unmöglich geworden.

Lehrling und Geselle hatten auch Grund, sich über die schlechte Küche der Meistersfrau zu beklagen, die oft an den Mahlzeiten sparte, wiewohl der Meister ein Kostgeld vom Lohn des Gesellen abzog. Da brachte der Brauch des Lichtbratens die willkommene Gelegenheit, einmal besser zu speisen. Den Lichtbraten gab es zu Michaelis, dem 29. September, wenn das Arbeiten bei Licht begann, aber auch dann, wenn endlich die Lichtarbeit zu Ende war. Denn bei der schlechten Beleuchtung durch Kerzen oder Kienspäne war die Arbeit, die im Winter in der Regel morgens um 5 Uhr begann und abends um 7 Uhr mit dem Abendläuten endete, noch anstrengender. Für den festlichen Schmaus hatte die Meisterin außer der Suppe mit dem Rindfleisch einen Braten und Kuchen aufzutragen.

Noch am Ende des 19. Jahrhunderts hatten die Lehrlingsjahre nichts von ihrer Härte verloren. Der Gymnasiallehrer und Schriftsteller Heinrich Schuster, dem in der Darstellung seiner Stoffe die «Sachlichkeit» des «stillen Beobachters und eifrigen Chronisten» bescheinigt wird (Markel 1982, S. 31), macht in seinem 1905 erschienen Roman «Martin Alzner», dessen Titelheld das Schmiedehandwerk erlernt, zur Misere der Lehrjungen die kritische Anmerkung: »Wer weiß, was ein Lehrling ist, was die Lehrlingszeit bedeutet? Die Handfertigkeiten und geistigen Begriffe des Handwerks haben erzieherischen Wert und sind für den werdenden Menschen Lust und Freude, und ihre Aneignung vollzieht sich im Zeichen des stillen, freudigen Wachstums; hart, aber bitter hart ist die Schule, die das Gemüt des Lehrlings durchzumachen hat. Wer verschiedene Lehrlingsexistenzen zu beobachten Gelegenheit gehabt hat, muß sich fragen, sind diese heranwachsenden Geschöpfe überhaupt Menschen, daß sie jahrelang einer solchen, in den meisten Werkstätten üblichen Behandlung ausgesetzt werden dürfen? ... Wer die Naturgeschichte des Lehrlings schriebe, würde die Geschichte der gequälten Menschenseele schreiben. Alles, was der Lehrling erlebt in Werkstatt, Hof und Haus, ist ein Protest gegen seine Existenzberechtigung; daß er auf der Welt wandeln darf, ist die reine Gnade des Meisters, der Gesellen, der Frau und der Kinder des Hauses; ja selbst Knecht und Magd im Hause herrschen über ihn.» (Schuster 1976, S. 137f.)

Hatte ein Lehrling seine Lehrzeit abgeschlossen, wurde er in der Zunftversammlung «freigesprochen». Der Frei- oder Lossprechung folgte die Aufnahme in die Gesellenschaft in einer halb ernsten, halb spaßhaften Feierlichkeit, weithin eine Nachahmung kirchlicher Riten, etwa der Taufe, in der der Junggeselle eine derbe, von Handwerk zu Handwerk verschiedene Prozedur über sich ergehen lassen mußte, bei der es teilweise zu regelrechten Quälereien kam. Ein Kritiker dieser Vorgänge im 18. Jahrhundert betreibt Motivforschung und meint: «Die eigentliche Absicht von allen solchen eingemischten sehr harten, ja oft grausamen und schimpflichen Proceduren, war nichts, als andere abzuschrecken, sich entweder gar nicht zu einem solchen Handwerke zu entschliessen, oder doch nicht leicht ans Meisterwerden zu gedenken, oder endlich sich zu entschliessen, daß sie solche Hudeleyen abkaufen möchten.» (Herbst des Alten Handwerks, S. 204)

Die Gesellen waren in Bruderschaften zusammengeschlossen, die innerhalb ihrer jeweiligen Zunft eine eigene Organisation mit eigenen Amtsträgern bildeten. Für Kronstadt beispielsweise ist die Gründung von Gesellenbruderschaften wie übrigens auch in Deutschland für die zweite Hälfte des 15. Jahrhunderts belegt, und alle konstituierten sich unter der Mitwirkung von Geistlichen. Auch deuten verschiedene Bestimmungen in den Statuten der Gesellenverbände auf ihre Verankerung im kirchlich-religiösen Leben der Stadt hin. So ist für die Schneidergesellen die Ordnung überliefert, in der sie zu Fronleichnam, dem Fest der Eucharistie, das 1264 Papst Urban IV. vorgeschrieben und zu dem Thomas von Aquin den Meßtext zusammengestellt hatte, an der Prozession teilnahmen. Die Fronleichnamsprozession kam übrigens später zum Fest hinzu; die erste ist im Stift St. Gereon zu Köln zwischen 1275 und 1278 überliefert. Rasch verbreitete sich diese Innovation und wurde zu einer Brauchform entwickelt, in der sich das ganze Gemeinwesen eindrucksvoll darstellte. Viermal im Jahr ließ die Bruderschaft der Kronstädter Schneidergesellen eine Messe lesen, an der alle ihre Mitglieder teilzunehmen hatten, und für das Heil der «glewbigen Selen, dy do hy vorscheiden synt aws der Bruderschaft» wurden Kerzen gestiftet. Das für die Kerzenherstellung notwendige Wachs ging der Bruderschaft über die Strafe zu, die sie über die Gesellen bei Verstößen gegen die Ordnung des Verbandes verhängte (M. Philippi 1986, S. 211).

Die selbstgestellten Aufgaben der Gesellenverbände wie die Vorsorge für die würdige Bestattung der Mitglieder – auch fremder, noch nicht eingeschriebener Gesellen –, die Feier der Seelenmessen, die gemeinsame Verehrung bestimmter Heiliger, die sich die Zünfte zu ihren Schutzpatronen erwählt hatten, die Hilfe für die zugewanderten Gesellen rücken sie in die Nähe jener Sozialbünde der Laienbruderschaften, die im Mittelalter Selbsthilfe und Nächstenliebe zugleich praktizierten und auch in Siebenbürgen z. B. für Hermannstadt nachgewiesen sind. Daß in den Gesellenbruderschaften die Sorge für das jenseitige Heil der Verstorbenen so eine hervorragende Rolle spielte, darf für jene Zeit nicht wundernehmen, in der der Gedanke an den Tod allgegenwärtig war, der Ruf des Memento mori unaufhörlich durch das Leben hallte. Trotz der kirchlich-religiösen Prägung der Gesellenbruderschaften kann aber nicht übersehen werden, daß sie Ausdruck des gesteigerten Selbstwertgefühls der Handwerksgesellen sind, die mit der Gründung ihrer Korporationen einen festen Platz in der ständisch gegliederten Gesellschaft einnahmen und damit zugleich über ein Instrument verfügten, das sich zur Verbesserung der Lebensbedingungen der Gesellen einsetzen ließ. Die Obrigkeit beobachtete sie deshalb auch voller Mißtrauen.

Die Kronstädter Schneidergesellen wählten vierteljährlich die Altgesellen in den Vorsitz, in anderen Gesellenbruderschaften war ein vierwöchiger Wechsel in der Leitung üblich. Ihren gewählten Vertretern, denen das Geld der Korporation anvertraut wurde, und die nach Ablauf ihrer Wahlperiode Rechenschaft über ihre Amtsführung abzulegen hatten, schuldeten alle Gesellen Gehorsam. Der erste Altgeselle leitete die regelmäßigen Zusammenkünfte, zu denen die Bruderschaft eingeladen wurde und in denen gemeinsame Angelegenheiten besprochen, Beschwerden gegen die Meister wegen übler Behandlung, wegen allzu langer Arbeitszeit oder zu geringen Lohnes verhandelt, auch bei unerträglichen Mißständen in heimlichen Treffen ein Arbeitsausstand beschlossen wurden. Zu Beginn des «Zugangs», wie die Versammlung auch genannt wurde, gebot der Altgeselle durch den Aufschlag mit dem Hammer Ruhe, bevor er die Bruderschaftslade mit den Bruderschaftsartikeln öffnete. Bei den Zunftzeremonien wurden wirkliche Zeremonialgeräte verwendet. Der Hammer, durch den sich der Vorsitzende der jeweiligen Zunftversammlung Gehör verschaffte, ist in diesem Zusammenhang alt und bedeutsam. Er kam auch in der abgewandelten Form des Aufschlagzepters vor wie bei der Hermannstädter Schlossergesellen-Bruderschaft. Nachdem der Altgeselle die Mitgliederliste und die Statuten verlesen hatte, hielt er die «Umfrage», indem er die Gesellen befragte, ob über einen der Ihren etwas Nachteiliges bekanntgeworden war. Er zog etwaige Strafgelder und die regelmäßigen Auflagegelder ein und legte sie in die Geldbüchse der Bruderschaft. Meist war es auch die Aufgabe des Altgesellen, den zugewanderten Gesellen «umzuschauen», d. h. Arbeit zu vermitteln. Dabei regelten genau fixierte Formen und sprachliche Formeln den Ablauf des Geschehens. Die Bruderschaft sollte vor Unwürdigen geschützt und auch dem Meister, bei dem sich der Geselle um Arbeit bewarb, die Gewißheit gegeben werden, daß es sich um einen des Handwerks Kundigen handelte. Für die Kronstädter Zinngießer sind die «Umfrage» und das «Umschauen» in einem durch einen glücklichen Zufall erhaltenen Heftchen überliefert, in dem die «Handwerks-Gewohnheiten bei den Zinngiesern wie man einem fremden Gesellen soll um Arbeit schauen», festgehalten sind (publiziert bei Eichhorn 1990, S. 67ff.). Im wesentlichen gleicht der Text der auch in Deutschland gebräuchlichen Rede.

Das Gesellenwandern, die Walz, die sich an die Lehrzeit anschloß, war im 14. Jahrhundert allmählich üblich geworden, und mit dem 16. Jahrhundert setzte sich dann die Wanderpflicht durch. Die Wanderschaft galt als Vorbedingung für die Zulassung als Meister. Wie die ältesten erhaltenen Urkunden über die Tischlerzünfte von Hermannstadt und Kronstadt beispielsweise belegen, mußten ihre Tischlergesellen mindestens seit 1520 bzw. seit 1523 auf Wanderschaft gehen. Von der Wanderpflicht gab es nur selten Dispens wegen Krankheit oder der Fortführung der väterlichen Werkstatt. Von altersher wurde sie als wichtigster Teil der Ausbildung angesehen. Der Geselle sollte sich umtun, neue Techniken und andere Märkte kennenlernen, bevor er in seine Heimatstadt zurückkehrte und selbst Meister wurde. Sogar als der Wanderzwang aufgehoben war, hielt sich das Gesellenwandern noch weit bis ins 19. Jahrhundert und vereinzelt darüber hinaus. Die Wanderschaft wird vielfach idealisiert und als Zeit der Freiheit und der Freizügigkeit verstanden. Für die Gesellen brachte sie aber meist Unsicherheit und Entbehrungen, ja oft sogar äußerste Not. Das Problem der Gesellen war, regelmäßig Arbeit zu finden und nicht in Armut und Vagabundentum abzugleiten. Die Gesellenbruderschaften schufen sich daher eigene Herbergen, in denen die ankommenden Gesellen Obdach fanden und auf eine bescheidene Wegzehrung hoffen konnten, wenn es nicht zur Vermittlung an einen Arbeitgeber kam. Man sprach von einem «geschenkten» Handwerk, wenn es über eine Gesellenorganisation verfügte, die Unterstützung gewähren konnte. Die Herberge, oft in einem Gasthof der Stadt, war auch der Ort, wo die Gesellenlade aufbewahrt wurde und sich die Bruderschaft zu ihren Versammlungen traf.

Die Gesellenherbergen waren deutlich durch das Herbergsschild gekennzeichnet, das ein markantes Zeichen für die Zunft aufwies. So hing an dem Herbergsschild der Hermannstädter Hufschmiede ein Bündel von neun vergoldeten Hufeisen verschiedener Größe. Das Schild, das die Jahreszahl 1709 trägt, wird im Brukenthalmuseum in Hermannstadt zusammen mit einer Fülle anderer Zeugnisse aus dem Leben der Zünfte aufbewahrt wie: Zunftladen, Zunftsiegel, Zunftzeichen, Geldbüchsen, Zinnschüsseln, Schenkkannen, Zinnkrüge, Silberbecher, Gläser (Beschreibung der Stücke bei Bielz 1936/37). Die Gasthäuser alten Schlags waren in stärkerem Sinn als die heutigen Gemeinschaftshäuser. Sie hatten ihre Stammtische, die gehütet wurden und gekennzeichnet waren. So bildete sich, vielleicht schon ab dem 16. Jahrhundert, der Gebrauch von Tischzeichen heraus. Über den Zunftstammtischen wurden kunstvolle Zeichen bildhafter Art aufgehängt, die Stubenzeichen oder Stubenschilder, die aber immer die Gemeinschaft bezeichneten. Beliebt waren Darstellungen arbeitender Handwerker oder Sinnbilder des betreffenden Handwerks, oft mit gestifteten Bändern verziert und zum Teil zum Schutz vor dem Wirtshausdunst mit einem Glaskasten umschlossen. Von einer sächsischen Webergesellen-Bruderschaft ist aus dem 18. Jahrhundert als Stubenschild gar die kleine Nachbildung eines Webstuhls erhalten, an dem zwei Weber arbeiten. Tischzeichen sind verhältnismäßig oft überliefert und stellen in den Museen eine gut vertretene Gruppe der gegenständlichen Zunftüberlieferung dar.

Hatte ein wandernder Geselle durch die Vermittlung der Bruderschaft Arbeit gefunden, wurde er in der Versammlung der Gesellen von einem der Altgesellen mit einer Ansprache «eingegrüßt». Für diese Zeremonie stellte man einige Maß Wein bereit und trug sie in den Schenkkannen der Bruderschaft auf. Der eingegrüßte Gesell sprach die sieben Grüße, d. h., er brachte die Trinksprüche auf das Wohl der Zunft und ihrer Mitglieder aus. Dabei tranken er und die Altgesellen aus der Zunftkanne. Beim Eingruß und sonstigen feierlichen Gelegenheiten war der «Willkomm» gebräuchlicher. Diese wertvollen Trinkgeschirre aus Zinn oder gar Silber gab es in den verschiedenartigsten Formen, manchmal als Deckelpokal, dessen Deckel eine Figur als Bekrönung aufweist, in der Art der in den Reichsstädten üblichen Willkomm-Gefäße, in denen bei zeremoniellen Anlässen der Willkommenstrunk kredenzt wurde.

Im 17. Jahrhundert kam als Ausweispapier der wandernden Gesellen die sogenannte Handwerkskundschaft auf, die bis zur Einführung des Wanderbuches zu Beginn des 19. Jahrhunderts in Gebrauch war. Wenn ein Geselle die Arbeit bei einem Meister antrat, mußte sie in der Zunftlade hinterlegt werden. Bei den Kundschaften handelt es sich um vorgedruckte Formulare, in denen die Meister, die Zünfte und die städtische Obrigkeit den Gesellen ihre Zünftigkeit, die Dauer des Arbeitsverhältnisses, ihr Betragen und das ordnungsgemäße Aufkündigen ihrer jeweiligen Arbeitsstelle attestierten. Seit der zweiten Hälfte des 18. Jahrhunderts versah man die Kundschaften mit den Stadtansichten, wodurch ihr offizieller Charakter als Dokument unterstrichen wurde. Mit ihren Eintragungen und den Veduten sind die nun auch für Siebenbürgen gesammelt vorliegenden Kundschaften (s. Stopp 1988) eine reiche Quelle zur Erforschung der Sozial- und Wirtschafts-, aber auch der Stadtgeschichte.

War die Wanderschaft, die die sächsischen Gesellen meist nach Deutschland führte, wie auch zahlreiche deutsche Gesellen auf der Walz in die sächsischen Städte kamen, nach drei bis vier Jahren beendet, so hatte sich der heimgekehrte Geselle bei einem Meister zu verdingen. Wenn er selbst Meister werden wollte, konnte er sich erst nach Ablauf eines Jahres – häufig war die Frist noch länger – zur Herstellung des Meisterstückes bei der Zunft melden. Diese Muthzeit genannten Wartejahre waren als Prüfungszeit gedacht, in der sich der Meisteranwärter moralisch zu bewähren hatte. Die Muthzeit war aber auch ein Mittel, die Zahl der Meister zu beschränken und unliebsame Konkurrenz erst gar nicht entstehen zu lassen. Dazu kam, daß hohe finanzielle Anforderungen an die Gesellen gestellt wurden, die die Meisterprüfung ablegen wollten. Die vorgeschriebenen Meisterstücke waren nicht nur kompliziert, sondern vor allem teuer, weil sie später kaum einen Käufer fanden, da sie oft in altmodischen Formen und ungewöhnlichen Techniken zu arbeiten waren. So konnte sogar das Meisterstück als ein Mittel eingesetzt werden, den Kreis der Meister eng zu halten. Nach der Annahme des Meisterstücks mußte die hohe Meisterrechtsgebühr aufgebracht und als Einstand für die Zunft ein Meistermahl ausgerichtet werden. Da Zunftmitgliedschaft und Bürgerrecht miteinander gekoppelt waren, hatte der Jungmeister auch noch die Bürgerrechtstaxe zu erlegen. Vor allem von den hohen Kosten des Meistermahls konnte sich der junge Meister oft erst nach Jahren erholen. Diese Hürden ließen sich von einem gewöhnlichen Gesellen kaum nehmen. Man mußte entweder ein Meistersohn sein, dem das Meisterwerden erleichtert wurde, oder das Glück haben, eine Meisterstochter oder -witwe heiraten zu können. Einem verheirateten Gesellen wurde nicht gestattet, Meister zu werden. Brautschaft und Eheschließung war den Gesellen verboten, bevor nicht das Meisterstück gefertigt und die Aufnahme in die Zunft vollzogen war. Eine ertrotzte oder erzwungene Ehe führte unvermeidlich zum sozialen Absturz.

Mit dem Eintritt in die Zunft erreichte der Handwerksmeister seine soziale Absicherung. Er gewann seine Kundschaft, da die Zunft durch ihre restriktiven Bestimmungen dafür sorgte, daß alle ihr Auskommen fanden. So war auch die Zahl der Gesellen, die beschäftigt werden durften, vorgeschrieben. Mehr als zwei konnte kein Meister in ein Arbeitsverhältnis aufnehmen. Erkrankte ein Meister, gewährte ihm die Zunft ihre Hilfe und sprang notfalls mit einem Darlehen bei. Auch in anderen unverschuldeten Notlagen versagte sie nicht ihre Unterstützung. Starb ein Meister, so hatte er am Ende wenigstens die beruhigende Gewißheit, daß die Zunft sich seiner Familie annehmen werde. So durfte die Meisterswitwe das Geschäft noch eine gewisse Zeit mit Hilfe des Gesellen weiterführen, der den Meister vertrat. Meist schaute sich die Witwe nach einem jungen Meister oder einem Witwer im gleichen Gewerbe um. Nahm sie aber einen Gesellen, so war der ein gemachter Mann.

Der Mittelpunkt des Zunftlebens war das Zunfthaus oder die Zunftstube. Aber eigene Zunfthäuser, die außer den Lager- und Verkaufsräumen auch über einen Fest- und Versammlungsraum verfügten, waren in den sächsischen Städten nur selten anzutreffen. Meist kamen die Zunftmitglieder beim älteren Zunftmeister zusammen. Über die Ausstattung der Zunftstuben ist kaum etwas bekannt. Es fehlen selbst Bildbelege. Die Einladung zur Zunftversammlung erging durch das Umtragen des Zunftzeichens, einer geschnitzten oder bemalten Tafel aus Holz oder aus Metall mit dem getriebenen Sinnbild des Handwerks. Diese Zunftzeichen sind der großen Gruppe der alten Ladezeichen mit einem gewissen rechtlichen Charakter zuzuordnen, mit denen zu Versammlungen aufgeboten wurde. Bei den Zusammenkünften der Zunft stand die Zunftlade, ihr wichtigster Besitz, auf dem Tisch. In ihr waren alle Dokumente und Urkunden, ihre Statuten und Mitgliederverzeichnisse, die Siegel, das Zunftzeichen, auch ihr Vermögen verwahrt. Sie stand im Zentrum des Zunftbrauchtums und des Zunftrechts. Zu Beginn der Amtshandlung wurde sie geöffnet, und jedes Schließen der Zunftlade bedeutete die Unterbrechung der rechtskräftig werdenden Handlung. Stand sie offen, mußte jeder Trunk unterbleiben, jedes unrechte Wort war streng verboten und wurde empfindlich bestraft. Vor «offener Lade» erfolgte das Eindingen der Lehrlinge, das Freisprechen der Gesellen, die Überprüfung des Meisterstücks und die Verleihung des Meisterrechts, die Aufnahme eines auswärtigen Meisters in die Zunft, die Verleihung von Kapital. Bei der Anfertigung ihrer mit den Zunftemblemen verzierten Laden hielten die Zünfte auf feine Arbeit;

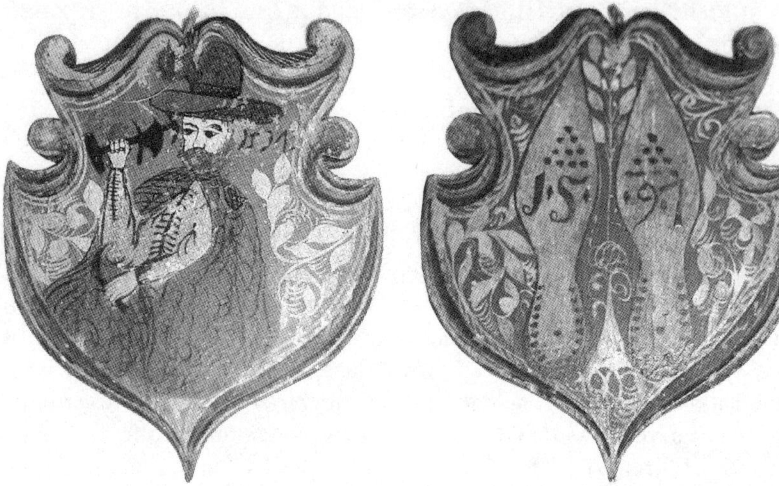

19 Alzen – Zunftzeichen der Stiefelschusterzunft von 1597 (Vorder- und Rückseite)

das beweisen die vielen qualitätvollen Stücke, die in den Museen zu bewundern sind. Stets hatten die Zunfttruhen Schlösser, die nur mit verschiedenen Schlüsseln zu öffnen waren und nie einem Zunftmeister zusammen anvertraut wurden. So verhinderte man, daß einer der Zunftmeister allein ohne Zeugen die Lade öffnete.

Die Lade befand sich meist in der Behausung des älteren Zunftmeisters. Am Hauptzunfttag, an dem der neue Zunftvorstand gewählt wurde, stellte die Zunft dessen Installierung bildhaft dar, indem die Lade in feierlichem Zug von der Wohnung des alten zu der des neugewählten Zunftmeisters getragen wurde. Die Neuwahl des Zunftvorstandes war mit einem Fest verbunden, an dem sich die Zunft bemühte, sich möglichst eindrucksvoll der Öffentlichkeit darzustellen. Ebenso deutlich trat der Wille zur Repräsentation zutage, wenn die zünftigen Handwerker an Umzügen und den allgemeinen Festen der Stadt teilnahmen. Dann durften auch die Zunft- und Bruderschaftsfahnen nicht fehlen, die mit ihren Zunftemblemen weithin auf die Korporation aufmerksam machten, und stolz repräsentierten Lehrlinge und Gesellen ihr Handwerk. Daß das städtische Festwesen stark vom Handwerk mit seinen Bräuchen geprägt war, ist für die deutschen Städte vielfach untersucht und belegt. So sind der Münchner Schäfflertanz und das Nürnberger Schembartlaufen ursprünglich Handwerkerbräuche. Verschiedene Zünfte pflegten zu besonderen Gelegenheiten Schwerttänze als Schaustellung vorzuführen. Vor allem die Messerschmiede übten diesen Brauch. Der älteren Forschung, gerade auch in der NS-Zeit, waren diese Tänze wie die Umzüge Anlaß zu mythologischen Spekulationen, die zum Teil bis heute nachwirken. Für den Schwerttanz ist gewiß richtig, daß Männertänze mit Schwertern eine alte Tradition in ganz Europa haben. Ingeborg Weber-Kellermann weist aber mit Recht darauf hin, daß für die Brauchträger etwas ganz anderes wichtig war: die Freude und der Stolz, durch eine solche Übung Gewandtheit und Geschicklichkeit unter Beweis zu stellen und dadurch bei den Zuschauern für die Zunft Ehre einzulegen (Weber-Kellermann 1985, S. 164). In den sächsischen Städten wurde der Schwerttanz von den Kürschnern gepflegt. Für Kronstadt wird von dem Brauch 1745 gesagt, daß er fast erloschen sei. Der zeitgenössische Beobachter beschreibt ihn und unterläßt auch nicht, das Motiv der Kürschnergesellen für den Schwerttanz zu nennen: «Die Kürschnergesellen haben den Schwerttanz fast jährlich getrieben, um ihren Leib geschickt zu machen ... Sie waren angezogen mit Hosen von einerlei Farbe, kurzröhrigen Schuhen und Schärpen über dem Hemd mit Fransen kreuzweise umgeben und machten mit den Schwertern allerlei geschwinde Sprünge und Bewegungen, schwangen das Schwert bald über dem Haupt, bald unter den Füßen, wobei manch ein Tölpel verletzte Hände und Füße als Lohn für seine langsamen Bewegungen davontragen mußte.» (zit. n. Göllner 1987, S. 46) Noch im 19. Jahrhundert wurde der Schwerttanz vereinzelt in Hermannstadt, Kronstadt, Mühlbach und Schäßburg aufgeführt, zum letzten Mal 1899 in Hermannstadt anläßlich der feierlichen Enthüllung des Denkmals für Georg Daniel Teutsch, des Bischofs und hervorragenden Historikers der Siebenbürger Sachsen (Göllner 1987, S. 47). Für die Schustergesellen ist bis um die Mitte des 18. Jahrhunderts der alljährlich abgehaltene Reifentanz überliefert, der ebenfalls körperliche Geschmeidigkeit und geschickten Umgang mit dem Degen verlangte, indem mit Eisenreif und Degen allerlei Bewegungen auszuführen waren. Daß Schwert- und Reifentanz bei den sächsischen Zünften offensichtlich eine so große Bedeutung zukam, ist nicht verwunderlich angesichts der ihnen bei der Verteidigung der Städte zugewiesenen Aufgabe, waren doch die Übungen ein ausgezeichnetes Mittel, sich für einen möglichen Einsatz tüchtig zu halten.

Im kleinstädtischen Agnetheln mit einem gut entwickelten Handwerkerstand hatte sich das Umtragen der Lade bei der Bruderschaft der Schustergesellen bis zur Jahrhundertwende erhalten. Dieser Umzug fand an Fastnacht statt, und so gesellten sich ihm die Maskengestalten der «Urzeln» zu. Einigen war von der Bruderschaft die Aufgabe zugeteilt, dafür zu sorgen, daß die Bruderschaftslade unbeschadet von einem Ort an den anderen gelangte. Außer diesen Ordnungshütern liefen im Zug noch andere Urzeln mit. Diese Maskenträger waren in ein Gewand gekleidet, das dem Flecklegewand der Narren am Bodensee ähnelt, und wie die Überlinger Hänsele, die mit Karbatschen ausgestattet sind, hatten sich die Urzeln mit Peitschen versehen. Nach der Jahrhundertwende organisierten die Agnethelner Handwerker einen gemeinsamen Umzug, an dem sich Schuster, Schneider, Kürschner und Faßbinder mit ihren Laden beteiligten. Die Schneider kamen mit dem Schneiderrößchen und führten den Rößchentanz auf, der um 1870 selbst noch in der Kronstädter Schneiderzunft bei Zunftversammlungen üblich war. Das Schneiderrößchen wurde von einem Gesellen dargestellt, der in Hüfthöhe eine Pferdeattrappe umgehängt hatte, unter der aber noch die Beine des Trägers zu sehen waren. Dem Rößchen war das «Mummerl» zugeordnet, eine weißgekleidete Gestalt mit Kopfputz, die Stock und Peitsche trug. Ein Schleier verhüllte die Gesichter der beiden Gestalten. Dieses Schneiderrößchen erinnert in seiner Aufmachung an das «Brieler Rößle» der Rottweiler Fastnacht, das aber von zwei Treibern begleitet ist. Zur Rößchenmelodie bewegten sich Rößchen und Mummerl in einer Reihe von Tanzschritten auseinander und wieder aufeinander zu, bis sie ihre Ausgangsposition erreicht hatten. Bei diesem Umzug in Agnetheln ging es aber nicht mehr um die Einhaltung alter Zunftvorschriften. Jetzt trug man Standesbewußtsein zur Schau, indem man einen alten Handwerksbrauch pflegte und sich zugleich als Sachse zeigte. Die Urzeln, zuvor nur ein untergeordnetes Festelement, rückten nun ins Zentrum und prägten das Fest. Auch in der Zwischenkriegszeit feierten die Agnethelner ihren «Urzelnlauf» mit dem Umzug der Zunftladen und dem lärmend-fröhlichen Maskentreiben unter großer Beteiligung der Bevölkerung. 1969 konnte das Fest wiederaufgenommen werden. Man trug die historischen Zunftfahnen und die Zunftladen durch die Stadt. Am Umzug beteiligten sich nun auch Frauen und Mädchen in sächsischer Tracht, und als Urzeln liefen auch schon kleine Kinder mit. 1986 sollen über 600 Urzeln am Umzug und dem Maskentreiben teilgenommen haben. Die Agnethelner hatten bei ihrem Fest viele Gäste, mit denen sie bis in die Nacht feierten (Göllner 1987, S. 34ff.). Aus dem ehemaligen Handwerkerbrauch war ein großes sächsisches Heimatfest hervorgegangen, das das Selbstwertgefühl der sächsischen Minderheit in schwerer Zeit stärkte und den Zusammenhalt der Gruppe festigte. Zugleich bot es aber auch die willkommene Gelegenheit, dem tristen Alltag in Ceauşescus Staat für einige Stunden zu entfliehen.

Die religiöse Bindung war ein grundlegendes Element der Zunft, und in der Zeit vor der Reformation hatten auch die sächsischen Zünfte in der Kirche ihre Altäre, die ihren jeweiligen Patronen geweiht waren.

Die vielen Wachsabgaben lieferten das Material für die Kerzen, die bei den feierlichen Zunftmessen auf den Altären brannten. Für die Schneiderzunft von Hermannstadt ist überliefert, daß sie sogar über kostbare Meßgewänder und ein Altartuch verfügte. In den Gottesdiensten, deren Besuch zu den Pflichten der Zunftangehörigen gehörte, saßen die verschiedenen Berufskorporationen in ihrem eigenen Kirchengestühl, die Meister abgesondert von den Gesellen und Lehrlingen. Dem jüngsten Gesellen fiel die Aufgabe zu, es zu reinigen und den kostbaren orientalischen Teppich aufzulegen, der an Sonn- und Feiertagen seinem Schmuck diente.

Die Aufnahme des Jungmeisters in die Zunft, die Eindingung der Lehrlinge, die Neuwahl des Zunftvorstandes, das waren den Handwerkern Anlässe, bei einem Mahl im Kreise ihrer Zunftgenossen zu feiern und Abwechslung von ihrem sonst kargen und eintönigen Leben zu suchen. Diese Männergesellschaft, nicht die Familie, war der Mittelpunkt der festlichen und geselligen Seite des Daseins. Zwar war ein Übermaß an Speisen und Getränken bei den Zunftmählern verboten, dennoch wurden sie üppig ausgestaltet. Das Zunftbuch der Heltauer Sichelschmiede z. B. enthält mehrere Bestimmungen über das Meistermahl. Danach mußten im Jahre 1639 fünf Gänge aufgetragen werden: gekochte Forellen, gekochte Hühner, viererlei Braten im Sommer und im Winter Ferkelbraten, eine Reisspeise, ein Mahl Fisch «oder sonst etwas Gutes». Für das «umgehende Mahl», das die Meister der gleichen Zunft der Reihe nach einmal im Jahr zu geben hatten, sahen die Vorschriften aus dem Jahre 1724 sogar eine Dauer von zwei Tagen vor (Nussbächer 1985, S. 50). Auch im Verhältnis von Meister zu Meister spielte die Pflicht zur Repräsentation offensichtlich eine große Rolle. Für ihre Festmähler besaßen die Zünfte Zinn-Tafelgeschirr. Sie schmückten die Tafel mit großen Zinnkannen, -schüsseln und -tellern, aber auch mit vergoldeten Silbergefäßen. 1758 verfügte die Kronstädter Fleischerzunft über 129 Teller. Neben dem normalen Gebrauchsgeschirr hatten die Zünfte reich gravierte Teller mit den Zunftemblemen in Besitz, die den Zunftmeistern als Neujahrsgaben verehrt wurden. Während diese Zunftschüsseln nicht für alle Landschaften des Alten Reiches bezeichnend waren, hegten die sächsischen Handwerker anscheinend geradezu eine Vorliebe für Zinnteller mit den Zunftzeichen.

Die festgegründete Gemeinschaft der Zunft, die für ihre Mitglieder sorgte und sie im weltlichen, wie im geistlichen Sinn umschloß, erstreckte sich auch noch auf ihre toten Genossen. War ein Zunftangehöriger gestorben, ließ die Zunft ihn aufbahren und trug ihn in feierlichem Geleit zu Grabe, denn ein ehrliches und würdiges Begräbnis erschien den in ihren überlieferten Ordnungen lebenden Menschen unabdingbar. Keiner der Zunftgenossen durfte beim Begräbnis fehlen, bei dem die Standesorganisation wiederum deutlich in Erscheinung trat und allen Abschiednehmenden von der Zugehörigkeit des Verstorbenen zu ihrer Zunft kündete.

Bereits im 16. Jahrhundert hatten sich die ersten Schatten des Niedergangs auf die Zünfte gelegt, als sie in ihren Gesetzen zu erstarren begannen. Dem eigenen Entschluß, dem selbständigen Denken blieb nur noch ein geringer Spielraum. Mit dem 18. Jahrhundert setzte dann der «Herbst des Alten Handwerks» ein, das seinen «goldenen Boden» immer mehr verlor. Je enger der Kreis für den Warenabsatz wurde, desto mehr versuchten die Zünfte, durch prohibitive Beschlüsse die alte Existenzform zu retten. Indessen war das erklärte Ziel der Gewerbepolitik des Merkantilismus, die Zunftschranken aufzubrechen, hinter denen sich die Handwerksmeister gegen die ihre Stellung bedrohenden Neuerungen der aufkommenden Marktwirtschaft verschanzten. Auf dem Regensburger Reichstag von 1731 war ein «Reichsschluß» über die Zunftordnung zustande gekommen, «die Abstellung deren im Heiligen Römischen Reich Bey denen Handwercks-Zünften Vielfältig Eingeschlichenen Mißbräuchen Betreffend». Dieses als Reichshandwerkerordnung bezeichnete Gesetz war zwar in Österreich im Gegensatz zu den deutschen Reichsstädten publiziert worden – es galt mithin auch für Siebenbürgen –, aber seine Wirksamkeit blieb gering. Man bemühte sich weiterhin um die Abstellung von Mißständen und war bestrebt, die die Produktion einschränkenden Bestimmungen der alten Zunftordnungen zu unterlaufen. So verbot 1755 Maria Theresia die Errichtung neuer Zünfte, und Joseph II. bestätigte seit 1781 keine Handwerksordnung mehr. 1780 wurde die Wanderpflicht der Gesellen abgeschafft und 1783 die Bruderschaften aufgehoben. Alle diese Maßnahmen höhlten das Zunftwesen praktisch aus. Die Gewerbefreiheit setzte sich gegen die überlebten Bestimmungen der Zunftordnungen durch, die sich schon im 18., besonders aber im 19. Jahrhundert negativ auf die Entwicklung der Wirtschaft auswirkten. Mit der endgültigen Auflösung der Zünfte in Siebenbürgen durch das Gewerbegesetz von 1872 wurde nur noch ein formaler Akt vollzogen, der einen Schlußstrich unter das Kapitel Zunftwesen setzte. Viele Handwerker konnten sich den neuen Verhältnissen, in denen der Daseinskampf vor allem durch die große Konkurrenz der Industriewaren viel härter geworden war, nur schlecht anpassen, und in so manches Haus kehrten Mangel und Entbehrung ein. Andererseits gelang es sächsischen Gewerbetreibenden, ihre Betriebe in Industrieunternehmen umzuwandeln und Anschluß an die technologischen Neuerungen zu gewinnen. Durch den Übergang vom Handwerk zur industriellen Warenproduktion begann sich eine Fabrikarbeiterschaft in Siebenbürgen zu entwickeln. Aber noch immer stellten in den von den Sachsen bewohnten Städten die handwerklichen Kleinbetriebe mit ihren Lehrlingen und Arbeitskräften die Mehrzahl der Erwerbstätigen (Göllner 1988, S. 61), und der Anteil der Sachsen am Gewerbe war auch noch 1900 überall größer als ihr Anteil an der Bevölkerung (Csallner 1989, S. 131, 138). Aber längst bildeten die Handwerker keine Sondergruppe mehr mit eigenen, von vielfältigen Bräuchen geprägten Lebensformen, die so lange bestimmend für die Städte gewesen waren.

Goldschmiede, Kürschner, Töpfer und ihre Erzeugnisse

Die Anfänge der sächsischen Goldschmiedekunst lassen sich in die erste Hälfte des 14. Jahrhunderts datieren, aber erst im 15. Jahrhundert vollzogen in einigen siebenbürgischen Städten die Goldschmiedemeister den Zusammenschluß in eine Zunft. Schon in den frühesten Satzungen wird die Kontrolle des Feingehalts von Waren geregelt, und seit Anfang des 16. Jahrhunderts mußten die Goldschmiedearbeiten mit dem Zeichen des Meisters sowie einem Beschauzeichen versehen sein. Es wurde nach einer Prüfung der vorgelegten Arbeit auf die Reinheit des verwendeten Metalls und die Makellosigkeit der Ausführung in technischer und künstlerischer Hinsicht durch den Zunftmeister und zwei Schaumeister eingeschlagen. Auf diese Weise sollten die Leistungsfähigkeit des Gewerbes aufrechterhalten und Betrug, den man schwer ahndete, ausgeschlossen werden. So verfiel ein Goldschmiedemeister, der Messing vergoldete und als Gold verkaufte, der Todesstrafe. Dank des Reichtums, über den die Goldschmiede verfügten und ihre Stellung als Kunsthandwerker, die sie vor den anderen Handwerkern auszeichnete, spielten ihre Zünfte eine bedeutende Rolle in den siebenbürgischen Städten. Goldschmiede bekleideten das Richteramt und waren führende Mitglieder im Rat der Stadt (vgl. Klusch 1988, S. 20). Im 16. Jahrhundert erreichte die Goldschmiedekunst in Siebenbürgen ihre Hochblüte. Zu jener Zeit arbeiteten die sächsischen Meister sowohl für die beiden Fürstentümer Moldau und Walachei, die auch für sie zu einem lebenswichtigen Absatzmarkt geworden waren, als für das Osmanische Reich und Mitteleuropa. Sie genossen europäischen Rang, und dementsprechend waren die siebenbürgischen Werkstätten Ziel vieler wandernder Gesellen, von denen zahlreiche aus dem deutschen Alten Reich, aber auch aus Ungarn und Polen kamen, wie andererseits sächsische Gesellen Städte wie Nürnberg, Augsburg, Wien aufsuchten. Ein besonders enger Kontakt mit regem Kulturaustausch hatte sich zwischen Bistritz und Krakau ergeben. Manch ein Geselle kehrte auch nicht mehr heim, sondern legte die Meisterprüfung in der Fremde ab. Zwei Meister, Hans Siebenbürger und Lucas Sybenbürger, hatten sich in Wien niedergelassen, Georg Siebenbürger arbeitete in Augsburg, um nur sie als Beispiele anzuführen (Klusch 1988, S. 17). In der zweiten Hälfte des 16. Jahrhunderts zählte man in Hermannstadt 33, in Kronstadt, das die regste Tätigkeit im Goldschmiedehandwerk entfaltete, gar 40 Meister (Nicolescu 1973, S. 14f.). Dieser bedeutenden Zahl an Handwerkern muß ein großer Markt entsprochen haben. Einmal bildeten die Patrizier der siebenbürgischen Städte sowie die ungarischen Adligen, die sich Silbergerät und Schmuck herstellen ließen und die Kirchen, die Bedarf an liturgischen Gegenständen hatten, eine gute Kundschaft. So enthielt der Kronstädter Kirchenschatz allein 26 Kelche samt Patenen. Als sein größter Teil bei der Durchführung der Reformation 1544 vom Magistrat übernommen wurde, reichte das Edelmetall mehrere Jahrzehnte zur Anfertigung von städtischen Ehrengaben und verschiedenen Gerätschaften aus. Noch sehr viel bessere Abnehmer waren seit dem 15. Jahrhundert die Fürstenhöfe der Moldau und der Walachei, aber auch Kunden aus städtischem Milieu, obwohl es einheimische Goldschmiede gab. Testamente, Aussteuerlisten, Inventare der von Fürsten und Bojaren hinterlassenen Vermögen, die Verzeichnisse der Zollämter geben eine Vorstellung von den zahllosen Edelmetallgegenständen, die die Innenräume der Wohnungen und Paläste schmückten (Nicolescu 1973, S. 23f.). Die vergoldeten Silbergeräte sowie Schmuckstücke waren nicht zuletzt Kapitalanlagen und Tauschobjekte. Aber auch jede Kirche, die von einem rumänischen Würdenträger gestiftet wurde, erhielt das gesamte notwendige Kultgerät und prachtvolle, meist silbergetriebene und vergoldete Einbände für die beim Gottesdienst benutzten Bücher. Einige tausend Stücke an Goldschmiedearbeiten befinden sich im Besitz von Museen und Kirchen in Rumänien. Sie stellen nur einen geringen Teil des früheren Reichtums dar. Aber sie bezeugen anschaulich den an den Höfen der Fürstentümer jeweils herrschenden künstlerischen Geschmack.

Lange Zeit wurde die sächsische Goldschmiedekunst von den wesentlichen Zügen des gotischen Stils bestimmt. Im 17. Jahrhundert begannen sich ihre Formen zu differenzieren, und der Renaissancestil setzte sich durch. Die neuen Zierformen und ikonographischen Themen, die sich die reichen Kunden für ihre Geräte wünschten, wurden durch die wandernden Gesellen, aber auch durch Musterbücher, Stiche und Vorlagen vermittelt, die gleichfalls in Siebenbürgen wohlbekannt und verbreitet waren. Nach nur kurzer Vorherrschaft der Renaissance drang die Formenwelt des Barock in die Goldschmiedekunst ein und prägte sie nachhaltig. Jene Arbeiten, die für Besteller in der Moldau und der Walachei bestimmt waren, unterschieden sich zunächst stilistisch nicht von Arbeiten für andere Kunden. Der rumänischen Kunstauffassung fremd, die einen Bezug zur byzantinischen Tradition hatte, blieben sie für die einheimische Goldschmiedekunst über einen langen Zeitraum ohne Belang. Später fanden die engen Beziehungen der sächsischen Goldschmiede zu den rumänischen Fürstentümern allerdings auch künstlerisch ihren Niederschlag, indem es zu Beeinflussungen zwischen sächsischen und rumänischen Meistern kam. Einerseits brach die Goldschmiedekunst der Walachei im 17. Jahrhundert mit ihren gebräuchlichen Darstellungsweisen unter dem Einfluß hervorragender sächsischer Künstler, andererseits paßten sich verschiedene sächsische Goldschmiede dem byzantinisch-balkanischen Stil an, oder sie gestalteten die aus der byzantinischen Kunst überlieferten Elemente in der freieren und reicheren siebenbürgischen Kunstauffassung (Nicolescu 1973, S. 48).

Gerade der Versuch einer Synthese hat den einer Kronstädter Goldschmiededynastie entstammenden Georg May II in einer Zeit, als Verfallserscheinungen in diesem Handwerk unübersehbar wurden, zu einem seiner hervorragendsten Vertreter gemacht. Neben ihm steht der in Hermannstadt tätige Sebastian Hann auf dem höchsten künstlerischen Niveau der siebenbürgischen Goldschmiedekunst an der Wende vom 17. zum 18. Jahrhundert. 1675 wurde er, vermutlich schon

20 Silbergetriebener feuervergoldeter Deckelkrug, Bistritz um 1620/40

als Meister, in die Hermannstädter Goldschmiedezunft aufgenommen und richtete sich in der Goldschmiedelaube ein, wo die Gold- und Silberschmiede ihre Erzeugnisse verkauften. Sehr bald hatte er einen großen Kreis reicher und anspruchsvoller Kunden aus dem städtischen Patriziat, aber auch vom Fürstenhof Siebenbürgens. Schließlich erhielt er Aufträge aus der Walachei. Hann wurde Zunftmeister und erreichte eines der höchsten Ehrenämter, das Hermannstadt vergeben konnte. Durch seine Beziehungen zur Walachei bereicherte er sein Repertoire an Formen und Ornamenten, die er auch in seinen Arbeiten für seine siebenbürgischen Kunden zur Wirkung brachte. Daß er sich seiner Meisterschaft und Virtuosität bewußt war, beweist eine Inschrift, in der er auf Augsburg Bezug nimmt, jene Stadt, die damals durch die Leistungen ihrer Meister zum Inbegriff vollendeter Goldschmiedekunst geworden war. Auf einer seiner Prunkkannen steht zu lesen: «Durch die Kunst dieses Meisters ist Hermannstadt Augsburg worden» (Klusch 1988, S. 21). Sebastian Hann können eindeutig 89 Arbeiten zugeschrieben werden. Sein schönster, uns überlieferter Pokal ist der «Tulpen-Prunkpokal Peters des Großen», der der Öffentlichkeit 1983 bei einer Auktion erstmals vorgestellt und von Horst Klusch in die wissenschaftliche Literatur eingeführt worden ist. Der Pokal trägt in kyrillischer Schrift die Widmung: «Zar Peter dem Fürsten Peter Prozorovskij» und des weiteren die Angabe «am 20. Tage im Juni

21 Tulpen-Prunkpokal Peters des Großen von Sebastian Hann

1697». Am Fuß, an der Cuppa und am Deckel ist Hanns Meisterzeichen eingeschlagen.

Sebastian Hann war der letzte große Künstler in der langen Reihe guter und exzellenter Goldschmiede in Siebenbürgen. Die Zeiten für die Goldschmiede waren schlecht geworden. Einerseits fehlte es wegen einer fortschreitenden Verarmung der Bevölkerung an Bestellungen, und selbst die Aufträge aus der Walachei wurden seltener und blieben schließlich ganz aus. Denn die Epoche des höfischen Prunks ging ihrem Ende entgegen; das Silbergerät verlor gegen die Mitte des 18. Jahrhunderts seine wirtschaftliche und soziale Bedeutung sowie seine Funktion als Dekorations- und Gebrauchsgegenstand. Orientalische Fayencen, Glas und Porzellan ersetzten die Gold- und Silbergeräte (Nicolescu 1973, S. 27f.). Andererseits überschwemmte in Siebenbürgen die ausländische Konkurrenz den Markt mit Goldwaren besonders aus Wien. Unter diesem Druck gaben die sächsischen Goldschmiede zum Teil ihre Produktion auf und beschränkten sich auf Reparaturen und den Verkauf importierter Waren. In Schäßburg, wo die Goldschmiedezunft 1617 noch 17 Meister umfaßte, schrieb ihr letzter Zunftgenosse Michael Roth 1819 in das Zunftbuch: »Hiemit ist die ehrsame Goldschmiedezunft abgestorben; Endesfertigter bleibt noch allein.» (Klusch 1988, S. 22) Unter der Bezeichnung «Gold- und Silberarbeiterinnung in Hermannstadt» hatten sich 1845 bis 1872 noch fünf bis zehn Meister zusammengeschlossen, die aber kaum noch Goldschmiedewaren herstellten. 1872 lösten sie ihren Verband als unnötig und unzeitgemäß auf. Das stolzeste Kunsthandwerk der Sachsen gehörte der Vergangenheit an.

Neben den vielen schönen Kelchen, Pokalen, Kannen, Schalen, Bechern, die aus den Werkstätten der sächsischen Meister hervorgegangen sind, standen ihre Schmuckstücke im Hintergrund des Interesses. Dennoch zeugen ihre Leistungen auch auf diesem Gebiet vom hohen Standard ihrer handwerklichen Kunst und ihrem Sinn für ästhetische Wirkung. Besonders jene als typisch für die Sachsen empfundenen Stücke, die sich in ihrer Volkstracht bis in die Gegenwart überliefert haben, dürfen Aufmerksamkeit beanspruchen. Als repräsentativste Schmuckstücke der Sächsinnen gelten Heftel und Gürtel. Die Herkunft und Entwicklung des Heftels sowie seine ursprüngliche Funktion sind in der Forschung bis jetzt umstritten. Auch blieb noch ungeklärt, zu welcher Zeit das Heftel als Frauenschmuck in Mode kam. Aber zahlreiche Stücke aus dem 15. Jahrhundert und Archivalien beweisen, daß es damals schon getragen wurde. Die ältesten Heftel aus vorreformatorischer Zeit, die sogenannten Marienheftel, zeigen figurale Motive zu meist biblischen oder heilsgeschichtlichen Themen. Aus dem 16. Jahrhundert datieren die ersten Bilder, die Patrizierinnen in städtischer

Tracht mit großem Heftel als Schmuckstück auf der Brust darstellen. Die barocken Heftel des 17. und 18. Jahrhunderts aus vergoldetem Silber zeigen auf der Tragplatte in Kreisen angeordnet viele gefaßte (Glas-) Steine in verschiedenen Farben, teilweise auch Perlen zwischen den Goldverzierungen. Zum Heftel trugen die Frauen einen Gürtel. Die ältesten bekannten Nachlaßinventare aus dem 16. Jahrhundert belegen, daß er in den städtischen Häusern allgemein verbreitet war. In zwei Erscheinungsformen, als Besatz- oder Spangengürtel und als Platten- oder Gliedergürtel hat er sich entwickelt. Der ältere Besatzgürtel, der besonders in der Renaissance Mode war, ist ein versteifter Samt-, Sei-

22 Heftel – 17. Jahrhundert

den- oder Brokatgürtel mit Schließe; auf dem Stoff befestigte man Buckeln aus vergoldetem Silber. Aus Flachsgewebe mit Buckeln aus Messingblech wurde er von der ärmeren Stadtbevölkerung getragen. Die Metallarbeiten aus unedlem Metall stellten allerdings die Gürtler her, die Edelmetalle nur zur Vergoldung oder Versilberung ihrer Erzeugnisse benutzen durften. Ihre Gürtel unterschieden sich aber in der Form nicht von ihren kostbaren Vorbildern. Mit der spanischen Mode in der zweiten Hälfte des 16. und zu Anfang des 17. Jahrhunderts verbreiteten sich Gürtel, die fast ausschließlich aus Metall bestanden und oft zum Hals- und Armschmuck paßten. Der Gürtel hatte nunmehr einen reinen Schmuckcharakter. Die sächsischen Plattengürtel, bei denen reich verzierte Platten durch Ketten miteinander verbunden sind, dürften hier ihren kostümgeschichtlichen Ausgangspunkt haben. Als seit den letzten Jahrzehnten des 18. Jahrhunderts die sächsische Bürgertracht immer mehr von der Kleidung nach Wiener Mode verdrängt wurde, legte man auch den dazugehörigen Schmuck ab. Die dörfliche sächsische Tracht hingegen, die Heftel und Gürtel nach städtischem Vorbild übernommen hatte, bewahrte diese alten Schmuckelemente bis in die Gegenwart.

In Siebenbürgen, einem Land, in dem Teile der Bevölkerung ihre Abgaben in Wildfellen leisten konnten, und in dem eine ausgedehnte Schafhaltung betrieben wurde, fand das Kürschnergewerbe günstigste Voraussetzungen, zumal die kalten Winter den Absatz an Pelzkleidung begünstigten und die Wohlhabenden diese gern reich ausgestal-

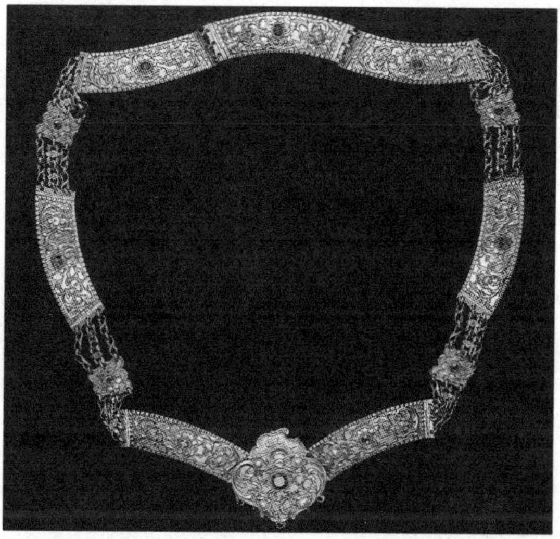

23 Gliedergürtel – 18. Jahrhundert

ten ließen. Von größter Wichtigkeit war für die Kürschner auch der Import von Fellen, und schon in den ältesten Handelsverträgen Kronstadts mit der Walachei spielt er eine Rolle. Die Kürschner dieser Stadt rangierten noch vor den Goldschmieden; ihren Reichtum dürften sie aber vor allem ihrem Fellhandel verdankt haben. Neben Schaffellen führten sie feinere Rohware wie Wildkatze, Luchs, Edelmarder, Otter nach Siebenbürgen ein, und die daraus gearbeiteten Pelze und pelzverbrämten Kleidungsstücke nahmen ihren Weg zurück in die Walachei oder wurden an die reichen sächsischen Patrizier und Adligen verkauft.

Schon 1505 hatten sich verschiedene Kürschnerzünfte zu einer Landesunion zusammengeschlossen. Ihr gehörte auch die Zunft von Klausenburg an. Die Stadt war außerhalb der Rechtssphäre des Andreanum geblieben, sie stand aber wegen ihrer zum Teil deutschsprachigen

Bevölkerung damals noch in einem gewissen inneren Zusammenhang mit den sächsischen Städten, der später, als Klausenburg vorwiegend ungarisch geworden war, verlorenging. Der sächsischen Landeszunft traten auch ungarische Zünfte bei, da es bei den siebenbürgischen Ungarn nicht zur Gründung einer ähnlichen Gesamtorganisation gekommen war, die ihre Interessen hätte wahrnehmen können. Der Erneuerung der Zunftartikel von 1640 war die Vereinbarung vorangestellt, daß die «drei Nationen (Sachsen, Ungarn, Szekler) gleich berechtigt sein.» (Schuller 1930, S. 397) Noch 1842 erschienen auf einer Versammlung der einstigen Kürschnerunion 19 Zünfte, sächsische und ungarische, die sich solidarisch fühlten und gemeinsam ihre Ziele verfolgten. Die Revolution von 1848/49 mit den nationalen, ja nationalistischen Bestrebungen der Ungarn spaltete die Zunftunion der Kürschner und entzog ihr den Boden, auf dem sie so lange gestanden und in ihrem Kreise Einvernehmen und Frieden mit den andersnationalen Berufskollegen gesucht und erhalten hatte.

Die Kürschner produzierten aber nicht allein für adlige Kunden und wohlhabende Bürger, die im Winter als «Staatskleid» ein verbrämtes und «oft mit kostbarem Pelzwerk» gefüttertes Mente trugen, dazu bei großer Kälte «den warmen mit den Haaren auswärts gekehrten Wolfspelz» (Marienburg 1813, I, S. 103), während ihre Frauen sich in einen radförmig geschnittenen Umhang, den Kürschen, hüllten, der auch in die Frauentracht auf dem Land Eingang fand. Er war aus weißgegerbtem Schaffelleder mit nach innen gewendeter Fellseite, hatte eine Fellverbrämung und einen steif aufwärts stehenden Kragen. Außer ihm trug die bäuerliche Bevölkerung noch andere Schaffellkleidung. Es scheint, daß die Verbreitung und reiche Ausgestaltung der volkstümlichen Fellkleidung in Siebenbürgen auf die Ungarn zurückzuführen ist. Bei ihnen hatte die Fellverarbeitung eine lange Tradition. Ungarische Ethnologen haben auch darauf verwiesen, welche Bedeutung in den Gebieten Pelzbekleidung und Schaffell zukam, aus denen die Ungarn in den Westen aufgebrochen sind. So wird vermutet, daß die landnehmenden Ungarn vorn zu schließende weiße Schaffelljacken mit Ärmeln trugen, deren Lederseite nach außen gekehrt und die mit Lederapplikationen verziert waren. Direkte Beweise sind dafür jedoch nicht zu liefern, da sich keine Kleidungsstücke aus jener Epoche der ungarischen Geschichte erhalten haben. Festen Boden betritt die Forschung allerdings für das Ende des 16. Jahrhunderts mit einem Beleg zu einer vermutlich mit Lederauflagearbeit verzierten Frauenjacke. Nach der Türkenzeit tauchte noch im 17. Jahrhundert eine neue Art der Verzierung auf, die bunte Blumenstickerei. Damals kam es in Westeuropa und auch in Ungarn in Mode, die Westen, Röcke und selbst die Dolmane der Herren

24 Ein sächsischer gemeiner Bürger – Anfang 19. Jahrhundert – Maler Friedrich Teütsch

mit bunter Seidenstickerei in Blumenmustern zu verzieren. Offensichtlich unter diesem Einfluß folgten die Kürschner dem modischen Trend und begannen, auch die Schaffelljacken zu besticken. Dieser Vorgang kann als ein Beispiel unter vielen in der Volkskultur gelten, das belegt, daß Tradition keine starre Größe und Mode nicht ihr Widerpart ist. Es läßt die Abhängigkeit zwischen Traditionsgut und zeitgebundenen Modestilen erkennen und zeigt die «Macht des modischen Leitbildes» in seiner Wirkung auf die Tradition (vgl. Weber-Kellermann 1966).

Eine der frühesten farbigen Abbildungen der Felljacke stammt vom Ende des 17. Jahrhunderts und zeigt einen damit bekleideten Ungarn in Siebenbürgen. Ihre Verzierung könnte durchaus schon eine Stickarbeit sein. In der Fachsprache der Kürschner wurde die Verzierung «cifra» genannt. Dieses Wort hat eine interessante Etymologie, denn ihm liegt das arabische «sifr» mit der Bedeutung null zugrunde, das im Ungari-

25 Stolzenburg – Kirchgangstracht – Frau in Kürschen (1974)

schen früh die Sonderbedeutung «etwas Rundes», «runde Verzierung» angenommen haben dürfte, woraus sich «mit Verzierung versehen», «verziert» ergeben hat (Kresz 1979, S. 17f.). In Ungarn wurde auf dem Hintergrunde der geltenden Kleiderordnungen mit ihren einschränkenden Bestimmungen die Anfertigung der reich verzierten Felljacken häufig verboten, oder sie durften nur auf Bestellung gearbeitet werden. So ist bekannt, daß ein Kürschnermeister 1698 bestraft wurde, weil er einem Schafhirten eine «übermäßig verzierte» Jacke hergestellt hatte. Kunde und Kürschner mußten eine Strafe bezahlen, der Meister obendrein im Gefängnis die Verzierung abtrennen. Danach handelte es sich bei dieser «cifra» um eine Applikation. Die Landeszunft der siebenbürgischen Kürschner machte 1666 den ungarischen Zünften das Zugeständnis, «gezifferalte» Arbeit auf Märkten in ungarischem Gebiet verkaufen zu dürfen. Das Sachsenland selbst blieb diesen Erzeugnissen verschlossen (Schuller 1930, S. 397). Die verzierte Pelzkleidung wurde also in jener Zeit von ungarischen Kürschnern auch in Siebenbürgen allgemein hergestellt und fand auf den Märkten offensichtlich ihre Käufer. Die sächsischen Kürschner scheinen die Konkurrenz, die ihnen durch den Verkauf der verzierten Ware hätte entstehen können, gefürchtet zu haben, und verhinderten deren Absatz in ihren Städten und Marktorten. Dies kann als Beweis gewertet werden, daß sie selbst keine verzierte Schaffellkleidung herstellten. Es drängt sich der Eindruck auf, daß damals die Sachsen auf dem Lande begannen, die Pelzbekleidung in der bei den Ungarn üblichen Form zu übernehmen. Die Übereinkunft mit den ungarischen Kürschnern erhielte durch einen solchen Tatbestand erst den rechten Sinn. Denn Martin Felmer, der hervorragendste sächsische Gelehrte seiner Zeit, berichtet in seiner Abhandlung vom Ursprung der sächsischen Nation 1764, daß die Pelzbekleidung bei den Sachsen allgemein verbreitet ist, weist zugleich aber darauf hin, daß man sich «vor alters» im Winter auf dem Land noch anders getragen habe, «wie die mündliche Überlieferung uns die Nachricht aufbehalten hat». Das auch auf dem Land übliche Mente war durch einen «bis an die Knie herabgehenden Peltz von Lammfellen» verdrängt worden. Bei der Frauenkleidung spricht Felmer ausdrücklich davon, daß sie «etwas von der Ungarischen Kleidung angenommen hat» und fährt fort: «Wir rechnen dahin sonderlich den großen Weiber-Peltz, und den kleineren verbrämten Brustpeltz. Beyde haben mit den gleichnamigen Kleidungs-Stücken der Ungarischen Weibs-Bilder eine vollkommene Ähnlichkeit». (Felmer 1974, S. 121, 130) Felmers «vor alters» würde dann die letzten Jahrzehnte vor 1700 bedeuten.

In dieses Bild fügt sich die Darstellung des sächsischen Bauern und der Bäuerin in dem um 1700 entstandenen Grazer «Kostümbilder-Buch» ein, die sie im schlichten weißen Lammfellmantel zeigt. Von Verzierungen an der Pelzkleidung berichtet Felmer nichts. Aber spätestens zu Anfang des 19. Jahrhunderts tragen auch die sächsischen Pelze Stickereien und Applikationen. 1816 wird von Josef Leonhardt in seiner unveröffentlicht gebliebenen Beschreibung der Bewohner Siebenbürgens vom Fellmantel der Sachsen gesagt, daß er an den Rändern ver-

26 Brustlatz aus Südsiebenbürgen (1896)

brämt und mit bunten Lederstreifen und Wollstickerei verziert, und der Brustlatz der Frauen, eine Art Leibchen aus weißgegerbtem Schaffell, mit bunten Lederapplikationen und Wollstickerei reich geschmückt sei. Die sächsischen Kürschner hatten sich dem Markt angepaßt und boten ihrerseits die so beliebte «ziffrige» Ware an, wie sie sie mit dem in ihre Fachsprache aufgenommen Ausdruck benannten.

Nachdem wohl davon ausgegangen werden darf, daß die Sachsen, aber auch die siebenbürgischen Rumänen, die Pelzkleidung von den Ungarn übernommen haben, kann die Beobachtung nicht verwundern, daß große Ähnlichkeiten in den siebenbürgischen Kürschnerarbeiten bestehen, was Schnitt und Verzierung angeht. Dazu kommt, daß die Meister auch für Kundschaft aus den anderen Volksgruppen gearbeitet haben. Von den sächsischen Kürschnern in Bistritz beispielsweise ist bekannt, daß sie viele Bestellungen von rumänischen Bauern ausführten. Natürlich hatten sie sich nach dem Geschmack der Kunden zu richten, wobei die jeweilige Dorfmode zu berücksichtigen war. Ein Handwerker, der unterschiedliche Wünsche von Auftraggebern aus zwei oder auch drei verschiedenen ethnischen Gruppen entsprechend deren Gepflogenheiten zu befriedigen hatte, bekam Routine in der Anwendung der jeweils geforderten Muster und Ornamentik. Er hatte eine andere Art zu arbeiten als jener Meister, der in einer Gegend mit homogener Bevölkerung tätig war. Von manchen sächsischen Kürschnern ist überdies überliefert, daß sie rumänische Lehrlinge ausbildeten. Es gab also die verschiedensten Berührungspunkte im Kürschnerhandwerk zwischen den Volksgruppen, die zu Austauschprozessen führten. Dennoch ist die Pelzkleidung zu einem spezifischen Bestandteil der jeweiligen Tracht geworden, die sich von Gruppe zu Gruppe und auch regional unterscheidet und durch ihre untrüglichen Merkmale dem Kenner ihre Herkunft verrät. Alles Übernommene wurde dem eigenen ästhetischen Empfinden, der eigenen Tradition eingepaßt und mit den überlieferten Formen zu einem neuen Erscheinungsbild zusammengefügt. So werden von den Sachsen der Brustlatz für Männer und Frauen, vor allem aber der Pelzmantel, der als «Kirchenpelz» von den Männern und auch Burschen beim sonntäglichen Gottesdienstbesuch in so manchem Dorf bis in die jüngste Zeit getragen worden ist, als ihnen gemäße und ihnen zugehörige Elemente ihrer Tracht empfunden. Ungeachtet der trachtengeschichtlichen Herkunft einzelner Stücke, die auch längst dem Bewußtsein entschwunden ist, erhielt die Tracht die Qualität eines ethnischen Abzeichens, durch das in einem Land, welches von verschiedenen Bevölkerungsgruppen bewohnt ist, die Zugehörigkeit zum Sachsenvolk sichtbar dargetan wurde.

Schon die ersten Nachrichten über die Zünfte bestätigen ein organi-

27 Kirtsch – Burschen in Kirchenpelz (1969)

siertes Töpferhandwerk bei den Siebenbürger Sachsen, das sich mit seiner Ordnung in den vorgegebenen Rahmen einfügte. Wiewohl der Zunftzwang auch für die Töpfer galt, war die Anzahl der nichtzünftigen Handwerker beachtlich. So wurde etwa im Harbachtal und in der Umgebung von Agnetheln, wo es reiche Tonvorkommen gibt, das Gewerbe in 25 Dörfern ausgeübt. Für dieses Gebiet konnten insgesamt 380 Töpfer nachgewiesen werden, aber nur etwas mehr als die Hälfte von ihnen waren Mitglieder der Zunft. Hier ist einmal zu belegen, daß der Zunftzwang trotz der unablässigen Bemühungen der Meister sich keineswegs mit der von ihnen angestrebten Rigorosität durchsetzen ließ. Auch ungarische und rumänische Töpfer schlossen sich in ihren Gebieten nach dem Vorbild der sächsischen Zünfte zusammen; es gibt Beispiele, daß ungarische und rumänische Töpfer gemeinsam in einer Zunft organisiert waren. Wie bei den sächsischen Töpfern arbeiteten neben den zünftigen Meistern ungarische und rumänische nichtzünftige konkurrenzfähige Handwerker. Gerade die von Rumänen hergestellte unglasierte Gebrauchskeramik in traditionellen Formen fand ihres günstigen Preises und ihrer Güte wegen überall Abnehmer, auch bei der sächsischen und ungarischen Bevölkerung. Den Töpfern in Siebenbürgen erwuchs aber auch Konkurrenz durch die Einfuhr zahlreicher Keramikerzeugnisse aus der Moldau und der Walachei, die bedeutend günstiger angeboten wurden. In diesem Zusammenhang ist die Nachricht bemerkenswert, daß der Hermannstädter Rat der Stadt, als infolge eines Blitzeinschlags das Dach der Hermannstädter Kirche 1619 zerstört worden war, die «weiß, grün, blau und rot glasierte Dachziegel» für die neue Dacheindeckung nicht bei den Töpfern der Stadt in Auftrag gab, sondern sie aus der Walachei kommen ließ (Klusch 1980, S. 18).

28 Draas – Fahne der Töpferzunft von 1786

Im Vergleich zu den sächsischen Töpferzünften lagen bei den ungarischen die Arbeitsnormen, die die Gesellen zu erfüllen hatten, noch höher. Zur gleichen Zeit, als für die sächsischen Gesellen von Hermannstadt als Tagespensum 50 Kacheln vorgeschrieben waren, hatten die Gesellen in einem nahe gelegenen ungarischen Marktort 70 Kacheln herzustellen. Diese erhöhte Arbeitsproduktivität zu Lasten der Gesellen verschaffte den ungarischen Töpfermeistern einen Wettbewerbsvorteil, der zu einem ständigen Konkurrenzkampf führte, den im 19. Jahrhundert die ungarischen Töpfer meist für sich entscheiden konnten. Dazu trug auch die andere Verkaufsstrategie der Ungarn bei. Anders als die Sachsen setzten sie nämlich ihre billigen Erzeugnisse nicht auf Jahrmärkten ab, sondern im Hausier- und Tauschhandel, den sie in den siebenbürgischen Dörfern und selbst darüber hinaus betrieben. 1878 vermerkt der Bericht der Handels- und Gewerbekammer in Kronstadt, daß Szekler Töpfer nach der Erntezeit von weither in die umliegenden sächsischen und rumänischen Dörfer kommen und ihre Waren vom Fuhrwerk aus feilbieten und sie gegen ein bestimmtes Quantum an Weizen oder Mais eintauschen.

Insgesamt gesehen brachte das 19. Jahrhundert für das Töpferhandwerk der Sachsen den Niedergang. Metall-, Glas- und Steingut- bzw. Porzellangefäße aus der industriellen Produktion verdrängten immer mehr die Irdenware. Dieser Verdrängungsprozeß wirkte sich auch in harter Weise auf die Gesellen aus, deren Verdienst immer geringer wurde. Ihr Lohn lag auf einem niedrigeren Niveau als der anderer Handwerker. Beim Vergleich des Wochenlohnes der Gesellen aus 39 verschiedenen Gewerbszweigen um 1850 rangierten die Töpfergesellen erst auf Platz 30 der Lohnskala. Der geringe Verdienst bot keinen Anreiz, als Töpfer zu arbeiten. Ein Mangel an Arbeitskräften wurde spürbar, der mit der Beschäftigung von rumänischen, ungarischen und sächsischen Wandergesellen überbrückt werden konnte. Nach der Auflösung der Zünfte vereinigten sich verschiedene sächsische Töpfer in Genossenschaften. Aber der Niedergang des Gewerbes war nicht aufzuhalten. Die veränderte Zeit mit ihren neuen Bedürfnissen ließ dem alten Töpferhandwerk wenig Überlebenschancen, und eine Werkstatt nach der anderen mußte aufgegeben werden. Im Gegensatz dazu konnten die ungarischen, vor allem aber die rumänischen Töpferzentren noch eine reiche Tätigkeit entfalten. Für diese Töpfer, die billiger als die Sachsen produzieren konnten, hatten sich die Rahmenbedingungen nicht in der Weise verschlechtert wie für ihre ehemalige Konkurrenz. Sie hatten in der rumänischen bäuerlichen Bevölkerung, die ihre traditionellen Lebensformen sehr viel länger beibehielt, noch immer einen großen Abnehmerkreis für ihre Waren.

Das in jedem Haushalt unentbehrliche Koch- und Eßgeschirr stellten die Töpfer in verschiedenen, ihrer Funktion entsprechenden Formen her. Unter den Töpfen fallen besonders die großen dickbauchigen Gefäße auf, die zehn, zwanzig und mehr Liter Inhalt aufnehmen konnten. Sie dienten als Vorratsgefäße; ihre eigentliche Verwendung fanden sie jedoch zu festlichen Anlässen, wenn für eine große Schar an Gästen das «gefüllte Kraut» zubereitet wurde, das bei Festen nicht fehlen durfte. Zur Ausstattung eines jeden Bauernhauses gehörten auch die unglasierten Wasserkrüge, die man aufs Feld zur Arbeit mitnahm. Durch den Verdunstungsvorgang blieb das Wasser darin länger kühl. Schüsseln, Teller, Kännchen, Essigkrüge, Krauttöpfe, Weinkannen und -krüge, die fast in jedem sächsischen Haus in Gebrauch waren, vervollständigten das Angebot an glasierter und unglasierter Gebrauchskeramik. Das Geschirr, das die ungarischen und die sächsischen Töpfer herstellten, wies die gleichen Formen auf, und auch zu den rumänischen Erzeugnissen waren die Unterschiede gering. Nachdem seit dem 16. Jahrhundert der Kachelofen in die Bürgerhäuser, später ebenso in die Bauernhäuser Eingang gefunden hatte, erschloß sich mit den Kacheln den Töpfern ein neuer Absatzmarkt. Die Kacheln wurden durch hölzerne Negativ-Preßformen mit Motiven versehen und seit Ende des 16. Jahrhunderts zunehmend glasiert.

Funde glasierter Gefäße aus dem 14. Jahrhundert beweisen, daß die Technik des Glasierens, wodurch die Gefäßwände undurchlässig gemacht wurden, auch in den siebenbürgischen Töpferwerkstätten bekannt war. Grüne, wie auch braun oder gelb eingefärbte Glasuren fan-

29 Draas – Ofenkachel

den Verwendung. Ins dörfliche Milieu drang die glasierte Ware zunächst nur langsam; in ihrem ganzen Formenreichtum erscheint sie hier erst im 18. Jahrhundert. Die Keramikerzeugung in Siebenbürgen sollte im 17. und 18. Jahrhundert in technischer wie auch künstlerischer Hinsicht einen Aufschwung erfahren, der sie zu einer Spätblüte der europäischen Töpferkunst werden ließ. Er stand in Zusammenhang mit der Ankunft der Habaner in Siebenbürgen. Habaner, Angehörige einer den Wiedertäufern wesensverwandten Gemeinschaft, die ihres Glaubens wegen Verfolgung zu erdulden hatten, waren von dem siebenbürgischen Fürsten Gabriel Bethlen 1621 zur Übersiedlung veranlaßt worden. Bethlen wies ihnen als Wohnsitz die unweit seiner Residenz Weißenburg gelegene Ortschaft Winz (Vinţu de Jos) an. In der Gemeinschaft der Habaner lebten vor allem Deutsche, aber auch Italiener, Rumänen und Ungarn hatten sich ihnen angeschlossen. Sie arbeiteten in verschiedenen Gewerben als Messerschmiede, Seiler, Gerber, vor allem aber waren sie gute Töpfer. Die Habaner waren dafür bekannt, daß sie mit ihren Produkten die anderen Handwerker des Landes übertrafen. So hatten ihnen die drei Nationen auf dem siebenbürgischen Landtag die Religionsfreiheit zugestanden, die Sachsen versuchten sich aber gegen die drohende Handwerkskonkurrenz zu schützen, indem den Habanern verboten wurde, ihre Erzeugnisse in sächsischem Gebiet zu verkaufen (Petri 1964, S. 182f.). In Winz entwickelten die Ankömmlinge eine reiche keramische Produktion, die besonders mit ihren Fayencen stilbildend auf die einheimischen Töpferwaren wirkte.

Seit über Handelsbeziehungen mit China das Porzellan um 840 im Vorderen Orient bekannt geworden war, begannen die Versuche, es ebenfalls herzustellen. Als Ergebnis der vergeblichen Experimente mit untauglichen Rohstoffen entstand die Fayence, eine verfeinerte Irdenware mit weißdeckender Zinnglasur, die durch Bemalung dekoriert wurde. Die Fayencetechnik gelangte über Spanien, Mallorca und Italien nach ganz Europa. Zunächst waren die Fayencen bunt bemalt; als aber die Niederländer nach 1600 in großen Mengen das begehrte blau-weiße chinesische Porzellan einführten, veränderte sich der Geschmack des Publikums. Die niederländischen Fayenciers paßten sich dieser Entwicklung an und malten blaue Verzierungen auf den weißen Zinngrund. Als sich in der Mitte des 17. Jahrhunderts die Fayenceproduktion auf Delft konzentrierte, entstand für den preisgünstigeren Porzellanersatz der Begriff «Delfter Porzellan». Diese Ware im Zeitgeschmack fand einen außerordentlich guten Absatz und war in Bürgerhäusern weit verbreitet. Den Habanern war über italienische Glaubensbrüder die Fayencetechnik bekannt geworden, und auch die siebenbürgischen Habaner beherrschten sie. So wurde die Habanerniederlassung in Winz der einzige siebenbürgische Herstellungsort für Fayencen. Ihre Produkte waren bei den Adligen und reichen Patriziern, ja selbst bei den Türken sehr gefragt. Die Entwicklung, die in Holland mit der blau-weißen Dekoration eingeleitet worden war, hatten sie beobachtet und 1665 Delfter Fayencen und die Technik der Blau-Weiß-Malerei nach Ungarn eingeführt.

Die ersten blau-weißen Gefäße aus anderen Töpferwerkstätten in Siebenbürgen datieren vom Beginn des 18. Jahrhunderts. Es sind aber keine Fayencen, sondern bleiglasierte Irdenware mit einer farblosen Glasur über weißer Engobe, d. h. einer Tonüberzugsmasse, die dem Gefäß das weiße Aussehen verleiht, und auf die die blaue Bemalung aufgetragen wird. Die Mode der blau-weißen Dekoration begann sich in Siebenbürgen bei einer breiteren Käuferschicht durchzusetzen, und die Handwerker versuchten, die Nachfrage mit ihren Mitteln zu befriedigen. Die blau-weiße Ware fand nicht nur Abnehmer bei den Bürgern, sie erreichte auch die sächsischen Bauern, die sich ihrerseits wieder an den Bürgern orientierten. Diese Erzeugnisse waren bei den Sachsen so verbreitet, daß sie geradezu zur sächsischen Keramik erklärt wurden. Die Ungarn und Rumänen übernahmen diese Keramikmode nach städtischem Vorbild in sehr viel geringerem Maß.

In der Fülle schöner Töpferwaren in den verschiedensten Formen mit vielgestaltigem Dekor und verschiedenen Farben (vgl. Klusch 1980) fällt eine kobaltblaue Keramik auf. Sie zeigt auf ihrem dunklen Grund

30 Thorenburger Birnenkrüge, weißgrundig mit farbigem Dekor

weiße Ornamente, die wie in einer Art Wachsreservierungstechnik durch Abdecken der Unterlage entstanden sind. In Siebenbürgen stehen die kobaltblauen, von hohem handwerklichen und künstlerischen Niveau zeugenden Gefäße, die vermutlich unter Habaner-Einfluß entstanden, einzig da. Die überaus reiche Entfaltung der Keramik in Siebenbürgen wurde nicht zuletzt dadurch begünstigt, daß es im Bauernhaus zur Ausbildung der «guten Stube» kam. Man stattete das nur zu festlichen Anlässen benutzte Paradezimmer repräsentativ mit bunt bemalten Möbeln aus. Zu den hervorragenden Stücken des wohlhabenden sächsischen Bauernhauses gehörte eine «Schüsselkorb» oder «Schüsselramp» genannte Anrichte. Sie und die Teller- und Krugrahmen, die sich unterhalb der Decke an den Wänden entlangzogen, dienten der Schaustellung von Tellern und Krügen, in denen bei Festen den Gästen der Wein kredenzt wurde.

Der Wettbewerb, dem die Töpfer auf dem Markt ausgesetzt waren, und das Bemühen, ihr Angebot an den Wünschen der Käufer auszurichten, mußten zur Vermittlung von Formen und dekorativen Elementen führen. So versuchten die Handwerker, Ziergeschirr für die verschiedenen ethnischen Gruppen zu erzeugen. Dies setzte voraus, daß sie das Formenrepertoire der anderen Bevölkerung beherrschten und ihre geschmacklichen Vorlieben kannten. Zur Absatzerweiterung produzierten Ungarn und Rumänen blau-weiße Ware für die Sachsen, und bis heutigentags stellen ungarische Töpfer in Corund diese Keramik besonders gern her. Dabei wandten sie teilweise ihre traditionellen Dekorationsprinzipien an. Bei Tellern sächsischer Bistritzer Meister ist rumänischer Einfluß zu bemerken, da sie zu einer bestimmten Zeit die Wünsche einer rumänischen Kundschaft zu befriedigen hatten. Die Trennung in der Ausgestaltung der Keramik nach den Vorlieben der einzelnen Bevölkerungsgruppen ist jedoch nicht allzu scharf zu denken. Die Sachsen kauften wohl gern die blau-weißen Erzeugnisse, hatten aber auch grünbraune im Haus. Gerade dieses in wärmeren Farben gehaltene Geschirr wurde indessen besonders von den Rumänen als Zimmerschmuck geschätzt, wiewohl bei ihnen blau-weiße Stücke nicht gänzlich fehlten. Ein Vermittlungsprozeß fand zudem innerhalb jener Werkstätten statt, in denen Rumänen und Ungarn, Sachsen und Rumänen miteinander arbeiteten wie im 19. Jahrhundert in den größeren Töpferwerkstätten von Thorenburg etwa oder Bistritz (Klusch 1987, S. 141 ff.). So steht neben Keramik, die als charakteristisch in Technik, Formgebung und Verzierungsstil für eine ethnische Gruppe gelten kann, jene siebenbürgische Ware, die der wechselseitigen Beeinflussungen wegen eine ethnische Zuordnung nicht erlaubt. Sie macht Verflechtungen in Volkskultur und sozialem Leben der ethnischen Gruppen in besonderer Weise anschaulich.

Das Dorf und seine Bewohner

Die Entwicklung des Dorfes

Dem raschen Aufschwung der Städte, der in einzelnen Zügen verfolgt wurde, stand der Ausbau des Landes zur Seite, waren doch die Siedler, die in verschiedenen Schüben nach Siebenbürgen kamen, in ihrer Mehrzahl Bauern. Es ist anzunehmen, daß die in Gruppen ankommenden Siedler verschiedenen schon bestehenden oder erst zu gründenden Orten zugeteilt wurden. Landsleute aus dem gleichen Dorf oder einer Gegend scheint man in eine Siedlung eingewiesen zu haben. Die Dialektforschung hat Anhaltspunkte für dieses Vorgehen erbracht. Nach der Festlegung des Standortes für das neue Dorf steckten die Siedler ihre Flur ab, indem sie dabei den Verlauf von Bächen und Bergrücken berücksichtigten, so daß die gesamte Gemarkung, sächsisch Hattert genannt, in der Regel als ein von natürlichen Grenzen eingeschlossenes Gebiet erschien. Ihr Anteil am Boden und auch die Hofstellen wurden den Bauern durch das Los zugeteilt. Erst die Hofstelle garantierte dem sächsischen Bauern, der allein als Hofbesitzer Mitglied der Gemeinde war, seine rechtliche, soziale und wirtschaftliche Stellung. Wie groß die Ackerfläche war, die einer jeden Familie übergeben wurde, blieb bislang fehlender Quellen wegen ungeklärt. Neben dem den Bauern persönlich zugewiesenen Feld verfügten sie über das Nutzungsrecht an der Allmende, der «Gemeinerde», die den Dorfgenossen, die eine Hofstelle besaßen, gemeinsam gehörte. Sie umfaßte Wiesen, Weiden und Wald, aber auch Ackerland, das bei der Aufteilung nicht benötigt worden war. An Wald und Weiden hatte anfangs jeder Bauer seinem Bedarf entsprechend Anteil. Als die Bevölkerung wuchs, mußte man dazu übergehen, jedem sein Teil zuzumessen, das für alle gleich groß war. In welchem Umfang der Hattert als Feld, Wald, Wiese und Weide genutzt wurde, darüber hatten bis ins 19. Jahrhundert die Gemeinden selbst zu befinden. Streitigkeiten blieben dabei unter den Dorfgenossen nicht aus. Mußten für die nachwachsende Generation neue Höfe eingerichtet werden, nahm man aus der Gemeinerde Boden unter den Pflug und verloste das Ackerland neu. Auch wenn die Zahl der Höfe sank, was während der häufigen Kriegszeiten mit ihren hohen Bevölkerungsverlusten und bei grassierenden Seuchen nicht selten eintrat, waren Neuverlosungen üblich. Das bedeutet, daß der Privatbesitz an Ackerflächen nicht bekannt war. Die verschiedenen Lasten, die die Gemeinde zu tragen hatte, wurden auf die Anzahl der «Wirte», d. h. die Gemeindemitglieder mit eigener Bauernwirtschaft, umgelegt. Arbeiten, die für die Gemeinde anfielen, wurden verlost. Im wesentlichen blieb der bebaubare Boden bis ins 17. Jahrhundert Gemeinbesitz. Zu jener Zeit aber griff die Umwandlung in Privatbesitz um sich. Der Umwandlungsprozeß wurde zu Ende des 18. Jahrhunderts beschleunigt, als unter Kaiser Joseph II. die Privatisierung der Agrarflächen gesetzlich verankert wurde. Bei diesem Vorgang brachten Beamte große Flächen an sich, und allerorten beschwerten sich die Bauern über die ungerechte Verteilung der Äcker. In Teilen aber konnte sich die alte Markgenossenschaft halten. Die Gemeinerde nahm noch 1880 in den Dörfern auf ehemaligem Königsboden 47% der Gesamtfläche ein.

Über die Zahl der Bewohner der sächsischen Dörfer bei der Ansiedlung sagen die Quellen nichts aus. Jedoch konnte die Siedlungsforschung ermitteln, daß die ursprünglichen Anlagen sehr klein waren. Für das Hermannstädter Kapitel dürfen im Durchschnitt 17 Hofstellen für eine Ortschaft angenommen werden, wobei von Ort zu Ort große Unterschiede bestanden. Die Gemarkungen, die diesen kleinen Dorfkernen zugemessen waren, hatten einen beträchtlichen Umfang. Ihre Grenzen gegen die Nachbarn legte man fest, indem die natürlichen Scheidelinien des Geländes der Grenzziehung dienten. Durch «Hattert-haufen», d. h. durch Erdhügel, bezeichnete man die Punkte, an denen die Grenzlinien zusammenstießen. Die Fläche zwischen den einzelnen Gemarkungen war aber nicht restlos aufgeteilt, so daß Gebietsteile, Freitümer genannt, blieben, die von mehreren Ortschaften genutzt wurden. Unter den Freitümern ist der Branisch, ein Wald, den Hermannstadt und drei Dörfer zusammen besaßen, besonders bekannt. Die Freitümer, meist schwer zugänglich oder minderes Land, konnten entstehen, weil bei der Festlegung der Gemarkungen genügend gute Böden vorhanden waren. Gemeinsamer Besitz mehrerer Dörfer führte oft zu Streitigkeiten und zu Prozessen wegen der Hattertgrenzen zwischen den benachbarten Dörfern. Das in der Nähe von Hermannstadt gelegene Stolzenburg (Slimnic) war gleich in mehrere verwickelt, die sich vom 14. bis gegen Ende des 18. Jahrhunderts hinzogen, und zuweilen artete der Zwist in blutige Fehden aus. Vor allem zwischen Gemeinden mit vielen Einwohnern, denen der Boden knapp zu werden begann, stritt man erbittert.

Als Kolonistensiedlungen basierten die sächsischen Dörfer auf der einheitlichen Planungskonzeption einer geschlossenen Dorfanlage. Dicht aneinandergerückt stehen die Gehöfte in ununterbrochener Reihe an der Dorfstraße. Auf dem Dorfanger ist die Kirche erbaut, falls sich nicht eine Anhöhe in der Nähe für den Kirchenbau anbot. Die Häuser sind in der Regel auf hohem Bruchsteinsockel errichtet, ihr Oberbau aus Ziegelsteinen aufgemauert. Meist kehren sie der Gasse die Giebelseite zu, welche durch zwei oder auch drei Fenster mit Klappläden, Luken im Giebeldreieck, daneben zuweilen durch Stuckorna-

31 Hamruden – Dorfzeile

mente, durch den Namen des Besitzers, die Angabe des Baujahres, eine Hausinschrift gegliedert wird. Ihre Ziegeldächer sind oft abgewalmt. Die häufig von einem gemauerten Bogen überwölbten Toreinfahrten schließen die Hofstellen zur Straße ab. Diese als typisch für die sächsische Siedlung angesehene Straßenfront ist allerdings eine neuere Erscheinung, die sich seit dem 18. Jahrhundert ausgebildet hat, als die ausgeschmückten Giebel und die hohen Tore in Mode kamen. An das auf der Längsseite des Hofes gelegene Wohnhaus reihen sich alle Wirtschaftsgebäude an, und meist läßt eine quer zum Haus gestellte Scheune eine geschlossene rechteckige Hofanlage entstehen, auf die der Garten folgt.

Das im ausgehenden 19. Jahrhundert aufgekommene wissenschaftliche Interesse am sächsischen Bauernhaus stand sogleich im Zeichen der Herkunftsforschung, erreichte doch in jener Zeit die «Urheimatsuche» der Sachsen einen Höhepunkt. So war auch die Bauernhausforschung auf die Herkunftsfrage fixiert und sah ihre Aufgabe darin, festzustellen, daß die Sachsen ihre Häuser ganz nach dem Muster des Wohnbaus der Urheimat in ihrem neuen Siedlungsgebiet errichteten. Nun ist nicht zu bestreiten, daß so manche Erscheinung bei den Siebenbürger Sachsen in Zusammenhang mit ihrer Herkunft zu bringen ist. In den seltensten Fällen aber dürfte eine direkte Ableitung daraus zu Arbeitsergebnissen führen, die unangreifbar bleiben. In der sächsischen Hausforschung

32 Stolzenburg – Häuserzeile (1974)

war es Victor Roth, der daran zweifelte, eine kontinuierliche Entwicklungslinie für das sächsische Bauernhaus von einem Urtypus zu den vorhandenen Bauformen ziehen zu können. Denn bei seinen Beobachtungen stieß er nirgends auf eine «alte Bauerinnerung». Er folgerte, daß die Kolonisten zwar die als fränkisch bezeichnete Bauweise mitbrachten, sie aber verschiedenen Einflüssen ausgesetzt war, die umgestaltend auf sie einwirkten (Roth 1924). In der Erhellung dieser Zusammenhänge sah er die Aufgabe der Hausforschung. Aus der bisherigen unzulänglichen Untersuchung des ländlichen sächsischen Bauwesens ergibt

33 Nadesch – Giebel eines Bauernhauses

sich, daß zunächst Holz als Baumaterial verwendet wurde. Stein- und Ziegelhäuser sind erst aus dem 16. Jahrhundert belegt, als man die Holzbauten und die aus mit Lehm beworfenem Rutengeflecht erstellten Häuser in einem langsamen, in den verschiedenen Landschaften zeitlich unterschiedlich ablaufenden Prozeß ersetzte. Diese Tatsache schließt eine ungebrochene Kontinuität in der Bautradition vom fränkischen Steinbau der Ursprungsgebiete zum neueren sächsischen Haus aus. Man baute in Anpassung an die neuen Gegebenheiten. Dennoch blieben alte Bauelemente nachweisbar. Bei der Erforschung der sächsischen Dorfarchitektur ist auch der Einfluß der Baukunst der sächsischen Städte in Rechnung zu stellen, die auf das Umland vorbildhaft wirkten. Aber auch Verwaltungsmaßnahmen zur Vereinheitlichung der ländlichen Bauweise, Modeströmungen beim Bauen, etwa die Ausstrahlung des Barocks, hinterließen ihre Spuren.

In ihren Dörfern lebten die Sachsen lange für sich allein. Als aber durch die Türkeneinfälle und die kriegerischen Auseinandersetzungen die sächsische Bevölkerung sehr geschwächt wurde, drängten die Rumänen in das Vakuum. Sie hatten in ihren entlegenen Dörfern die Kriegszeiten besser überdauert. Zum Teil wanderten Rumänen auch von jenseits der Karpaten zu. Es wird davon ausgegangen, daß die demographische Entwicklung sie im 17. Jahrhundert zur Majorität in Siebenbürgen machte. Zudem zog der Königsboden die auf Komitatsboden lebenden Rumänen wegen der besseren rechtlichen Lage an. Das Entweichen der Untertanen in die Gemeinden auf Königsboden wurde von den Adligen immer wieder beklagt und Abhilfe gefordert. Einerseits erschien der rumänische Zuzug als Erleichterung in der schwierigen Lage, in der sich so manches sächsische Dorf befand. Schließlich hatten die Gemeinden ihre Abgaben zu leisten. Andererseits mußten die Sachsen angesichts dieser Zuwanderungswellen ihre Stellung als bedroht ansehen. So erhielten die Rumänen nur beschränktes Wohnrecht in den sächsischen Gemeinden. Seit dem Ende des 18. Jahrhunderts wurden im übrigen die Rumänen von der Regierung in Wien in ihrem Bestreben unterstützt, in den sächsischen Dörfern Fuß zu fassen. Die Entwicklung führte dahin, daß schon im 19. Jahrhundert die sächsischen Gemeinden bis auf Ausnahmen, z. B. Michelsberg (Cisnădioara) bei Hermannstadt, eine starke rumänische Bevölkerung hatten. Ungarn gab es in den sächsischen Dörfern nur wenige, waren sie doch in ihren eigenen Siedlungsgebieten konzentriert. Da der Dorfkern mit den besseren Hausplätzen in sächsischem Besitz war, konnten sich die Rumänen im allgemeinen nur an den Ortsrändern niederlassen. Rechtliche Bestimmungen verhinderten außerdem bis 1853 den Einkauf von Rumänen in das Ortsinnere. Die entstandenen Rumänenviertel wurden im Lauf der Zeit ausgebaut, wie es der demographische Druck, die Notwendigkeiten des Wirtschaftens und die Bedürfnisse der Familien erforderten und die örtlichen und finanziellen Möglichkeiten gestatteten. Trotz der unterschiedlichen Ausgangslage in Entstehung und Entwicklung des geschlossenen sächsischen Dorfinneren und der rumänischen Außenviertel kam es zu einem in vieler Hinsicht vereinheitlichten Ortsbild, das sich von den rein rumänischen Dörfern anderer Regionen unterscheidet. Die Gotteshäuser – oft zwei für die Rumänen, ihrem griechisch-orthodoxen und griechisch-katholischen Glaubensbekenntnis entsprechend – markieren die alten Siedlungsbereiche für Sachsen und Rumänen. Die Beschreibung des sächsischen Dorfes wäre nicht vollständig, ohne die «Ziganie» zu erwähnen, das Zigeunerviertel. Obwohl im 19. Jahrhundert noch ein Großteil der Roma umherwanderte, waren doch verschiedene Sippen an der Peripherie von Ortschaften seßhaft geworden. 1857 findet sich in rund 90 % der Landgemeinden mit sächsischer Bevölkerung eine Zigeunerkolonie. So hat durch das Zusammenwirken verschiedener Faktoren das siebenbürgisch-sächsische Dorf ein Gesicht von unverwechselbarer Eigenart erhalten.

Die Kirchenburg

Einige Jahre nach der Aufteilung und Rodung des Bodens begann man in den Kolonistensiedlungen mit dem Bau von Kirchen. Die Mehrzahl der sächsischen Kultbauten in den frühen Dorfanlagen Südsiebenbürgens sind vermutlich bald nach 1200 entstanden. Wie archäologische Untersuchungen ergeben haben, handelte es sich um romanische Steinbauten. In der Regel waren sie nach einem einheitlichen Schema errichtet: als dreischiffige Basilika mit halbkreisförmiger Apsis und flacher Decke im Hauptschiff und flachen oder auch gewölbten Seitenschiffen. Nach dem Mongolensturm erbaute Kirchen zeigen erste gotische Merkmale. Durch Um- und Anbauten erfuhren diese älteren Sakralbauten in späteren Jahren allerdings erhebliche Veränderungen. Als seit etwa 1350 die großen gotischen Stadtpfarrkirchen Gestalt annahmen und die neuesten Bautendenzen sichtbar wurden, erreichten diese auch die dörflichen Baustellen. Man baute die Dorfkirchen nach dem Vorbild der Stadtpfarrkirchen; es kam aber auch zur eigenständigen Anwendung der neuen Formensprache durch ländliche Bauhütten, ein Vorgang, der auf das starke Selbstbewußtsein der sächsischen Dorfgemeinden hinweist.

Seit dem 13. Jahrhundert hatte es in ganz Siebenbürgen Kirchen gegeben, die mit einer Ringmauer umgeben waren. Sie sollte den Bereich um die Kirche abschließen, übernahm zusammen mit steinernen Kirchtürmen aber auch Verteidigungsfunktionen. Von einer Kirchenburg im eigentlichen Sinne konnte noch keine Rede sein. Nach den ersten türkischen Einfällen nach 1430 aber waren die Dorfbewohner gezwungen, die Kirche zum Schutz vor der permanenten Bedrohung zur Burg auszubauen. Schon in den vierziger Jahren des 15. Jahrhunderts gab es eine größere Anzahl von Kirchenburgen. Die vergebliche Belagerung Hermannstadts hatte zu einer allgemeinen Abwehrbereitschaft beigetragen, und in rund 250 Dörfern wurden die Kirchen durch den Arbeitseinsatz der ganzen Dorfgemeinschaft zu Wehranlagen ausgestaltet. Man verstärkte den Bering, versah die Ringmauern mit Wehrgängen, Schieß- und Gußscharten, errichtete Wehrtürme. Kirche und Burg aber bestanden nicht nur nebeneinander, sie wurden vielmehr als aufeinander bezogene Anlage verstanden und zu einem einheitlichen Ganzen zusammengefaßt. Es kam zu jener komplementären Wechselbeziehung, aus der die Kirchenburg erst ihren ästhetischen Wert bezieht (Fabini 1986, S. 57ff.). In der Kirchenburg fand der die sächsische Dorfgemeinschaft tragende Gedanke seinen baulichen Ausdruck, in ihr stellte sie sich selbst dar. Zwar ist durch zeitgenössische Berichte überliefert, daß in den Kirchenburgen von strategischer Bedeutung mit den Bauern auch Söldner aus den Städten kämpften. Aber im allgemeinen bildeten sie nicht Bestandteile eines strategischen Systems zur Türkenabwehr. Sie dienten vielmehr der Selbstverteidigung bei Überfällen von kleineren Heeresgruppen und streunenden Horden, die plünderten und Mensch und Vieh aus den Dörfern raubten.

Ein starker, wehrhafter Turm der Kirchenburg diente als Warte, von

34 Schönberg – Kirchenburg

der aus man das Land übersehen konnte. Hatte sich die Dorfbevölkerung in die Kirchenburg geflüchtet, war sie einer strengen Ordnung unterworfen. Die Belagerung konnte lange dauern, und so sorgte man dafür, daß der Aufenthalt nicht zu unerträglich wurde. In den Wehrbauten und Türmen wurden Räume eingerichtet, die häufig mit geschützten Feuerstellen versehen waren, damit sie beheizt werden konnten. Beim Abwehrkampf brachten dort die Belagerten auch die Flüssigkeiten zum Sieden, die sie auf die anstürmenden Feinde von den Mauern hinabgossen. Der Pfarrturm oder die Pfarrerstube, der Aufenthalt für den Geistlichen der Gemeinde, hatte in der Wehranlage den ausgeprägtesten Wohncharakter. In manchen Kirchenburgen wurden am inneren Mauerring Kammern angebaut, in denen die einzelnen Familien wohnen konnten. In Tartlau sind es nicht weniger als 260, die sich in drei Geschossen an der Mauer entlangziehen. In der Kirchenburg bargen die Bauern auch ihre Habseligkeiten. Im Falle eines unvermuteten Angriffs wäre es zu spät gewesen, sein Eigentum in Sicherheit bringen zu wollen. In den beschriebenen Kammern konnte jede Familie ihre Kleider, Wäsche und Lebensmittel aufbewahren. War die Burganlage zu klein für die Einrichtung von Kammern, behalf man sich mit Truhen, die in der Kirchenburg eingestellt wurden. In der Wehrkirche von Henndorf (Brădeni) haben sich bis heutigentags auf dem Dachboden eine große Anzahl Stollentruhen erhalten. Solche Behältnisse sind auch für andere Orte überliefert und stellen ein charakteristisches Möbelstück für die Kirchenburgen dar. Daneben dienten Fruchtkästen zum Aufbewahren des Getreides; das Mahlen wurde im Burghof mit einer Roßmühle besorgt. Auch über einen Backofen verfügten die Frauen. Im sogenannten Speckturm der Burg hingen die gesalzenen und luftgetrockneten Speckseiten der einzelnen Bauernfamilien, wichtiges Nahrungsmittel der Sachsen, das ihnen die spöttische Bezeichnung Specksachsen eingetragen hat. Bis in unsere Zeit hatten die meisten Gemeinden die Gewohnheit beibehalten, den Speck im Speckturm aufzubewahren. Gemeinsam gingen die Bäuerinnen oder ihre Männer an einem vereinbarten Tag, oft sonntags, zum Turm, dessen Schlüssel der Burghüter in Verwahrung hatte, und schnitten von ihrem Stück den für die Woche benötigten Vorrat ab. Die Schnittstelle an der Speckseite wurde mit dem Speckzeichen des Hauses gezeichnet, einem dem Viehbrandzeichen ähnlichen eisernen Stempel, um Verwechslungen, aber auch Diebstählen vorzubeugen. Selbst als es nicht mehr notwendig war, den Besitz vor Überfällen zu schützen, brachten ihn in manchen Gemeinden die Bauern immer noch in den Truhen und Fruchtkästen im Kirchenkastell unter. Bis ins 19. Jahrhundert ist vielerorts der Brauch belegt, die Festtagskleidung dort aufzubewahren und sie nur für den sonntäglichen Kirchgang nach Hause zu holen.

35 Tartlau – Kirchenburg – Kammern im inneren Mauerring

Auch das Vieh nahm man bei drohender Gefahr in die Kirchenburg mit. Die Bauern legten in den Wehranlagen jenseits der Hauptmauer Zwinger an, in die sie die Tiere treiben konnten. In Belagerungszeiten mußte auch die Wasserversorgung gesichert sein, und so verfügen viele Kirchenburgen über einen Brunnen. Wenn es die Gegebenheiten irgend erlaubten, wurde er sogar in der Kirche selbst gegraben, weil sie im äußersten Notfall zur letzten Zuflucht wurde. In den Ringmauern mancher Kirchenburgen sind sogar Aborte in erkerförmigen Vorbauten untergebracht. Der Schulunterricht, auf den die Sachsen einen so großen Wert legten, sollte auch in unruhigen Zeiten keine Unterbrechung erfahren. Deshalb gehörte häufig zur Einrichtung der Kirchenburg ein Schulturm, den die Kinder zum Unterricht aufsuchten, wenn die Sicherheitslage es angezeigt erscheinen ließ.

Zu Beginn des 18. Jahrhunderts, als in Siebenbürgen endlich Frieden einkehrte, verloren die Kirchenburgen ihre Funktion als Zufluchtsort. Die Gemeinden gaben die Wehranlagen im allgemeinen nicht dem Verfall preis. Nur wenige Kirchenburgen wurden ganz abgetragen, an anderen bauliche Veränderungen vorgenommen. Die gefühlsmäßige Bindung der Gemeinde an die Burg insgesamt, nicht nur an die Kirche selbst, war meist so stark, daß ihre Zerstörung verhindert wurde. Die Kirchenburg wurde auch von den nachgeborenen Generationen als Abbild der sächsischen Gemeinschaft und der mit ihr untrennbar verbundenen evangelisch-sächsischen Kirche begriffen. Seit den fünfziger Jahren nahm die staatliche rumänische Denkmalpflege an vielen Kir-

36 Hamruden – Kirchenburg – Ringmauer und Verteidigungsturm

chenburgen Restaurierungen vor, teils unterstützte der Staat die evangelischen Kirchengemeinden bei ihren Renovierungen. Aber sehr viele Wiederherstellungsarbeiten bewerkstelligten die Gemeinden in Selbsthilfe und gefördert durch die evangelische Gesamtgemeinde. In unseren Tagen stellt sich angesicht der vielen von den Sachsen verlassenen Dörfer drängend die Frage nach dem zukünftigen Schicksal dieser einzigartigen Bauwerke. Ob ihre Übernahme durch orthodoxe Gemeinden, denen eine Identifizierung mit ihnen, wie Beispiele aus Nordsiebenbürgen zeigen, begreiflicherweise nur schwer gelingen will (Fabini 1986, S. 190), ihren Verfall aufhalten kann, bleibt abzuwarten.

37 Bodendorf – Südempore – besterhaltene Kirchenausstattung aus dem 17. Jahrhundert

Der Bauer und seine Wirtschaft

Aus ihren westlichen Herkunftsgebieten hatten die Siedler als Technik der Landnutzung die Dreifelderwirtschaft mitgebracht. Wann dieses fortschrittlichere Feldsystem entstand, ist immer noch unbekannt. Die ältesten unzweifelhaften Belege stammen aus der Zeit Karls des Großen (768 bis 814). Die Umstellung von der traditionellen Zwei- auf die Dreifelderwirtschaft war sicher ein sich über Generationen erstreckender Prozeß. Für die Dreifelderwirtschaft war eine Dreiteilung der landwirtschaftlich genutzten Fläche erforderlich. Dazu hatte man das Akkerland in drei Fluren eingeteilt, die nach der im dreijährigen Turnus wiederkehrenden Fruchtfolge Brache, Wintergetreide, Sommergetreide bewirtschaftet wurden. Hatte man früher jedes zweite Jahr das Land sich selbst überlassen, so fand nun die Brache nur jedes dritte Jahr statt. Die brachliegenden Felder verringerten sich somit auf ein Drittel der Gesamtfläche. Ungenutzt blieb aber auch das Brachfeld nicht; es stand als magere Weide dem Vieh zur Verfügung, ehe es wieder bearbeitet wurde. Eine intensivere Bodennutzung verbot sich des fehlenden Düngers wegen. Während der Brache konnte sich der Boden erholen. Durch die Dreifelderwirtschaft stieg der landwirtschaftliche Ertrag an. Die drei Fluren waren hinwiederum in Gewanne aufgeteilt, in denen jeder Hof ein gleich großes Stück erhielt. So sollte die unterschiedliche

Bodenqualität berücksichtigt und eine gerechte Zuteilung gewährleistet werden. Die Gewannverfassung hatte allerdings eine Flurzersplitterung zur Folge. Sie nahm erhebliche Ausmaße an, als das Ackerland Privateigentum geworden war und dem Erbrecht entsprechend aufgeteilt wurde. Mit der Einführung der Dreifelderwirtschaft war den Bauern die Möglichkeit genommen, nach eigenem Gutdünken dieses oder jenes Stück zu bewirtschaften. Die eingeteilten Fluren wurden von der Dorfgemeinschaft im Flurzwang bearbeitet. Dieses Vorgehen war notwendig, um Flurschäden zu vermeiden, denn das Ackerland war nicht durch Wege erschlossen. Alle Bauern hatten gleichzeitig in der jeweiligen Flur ihre Arbeiten zu leisten. Die Dreifelderwirtschaft mit ihrer Flurgemeinschaft machte eine Gemeindevertretung unentbehrlich. Denn es mußten die notwendigen Anordnungen getroffen werden, in welchen Gewannen gearbeitet, wann die Ernte eingefahren werden durfte. An der Spitze der gewählten Gemeindevertretung stand der Dorfgemeindehann. Einzelne Flächen waren allerdings von der Flureinteilung ausgenommen und wurden ständig zum Anbau genutzt. Es handelte sich hier um die «Teilungen» für den Hanf-, Flachs- und Gemüseanbau.

Die sächsische Landwirtschaft konnte sich aber nur auf dem Königsboden frei entwickeln, während sie sich in den auf Komitatsboden gelegenen Ortschaften auch nach dem Willen des adligen Grundherrn richten mußte. Immerhin lag im 18. Jahrhundert etwa ein Drittel der sächsischen Gemeinden außerhalb des Sachsenbodens. In früheren Zeiten war ihr Anteil noch höher, da viele dieser Ortschaften ihre ursprünglich deutsche Bevölkerung verloren. Für alle hörigen Komitatsgemeinden hatte sich seit dem 16. Jahrhundert die wirtschaftliche Unterdrückung verschärft. Besonders die Frondienste wurden zu einer schweren Last. Die «Robot» hatte sich von einem Tag pro Woche im 16. Jahrhundert auf vier im 18. Jahrhundert erhöht. Oft mußte sie fern der eigenen Gemarkung und mit Zugvieh geleistet werden, und der fronende Bauer konnte deshalb wochenlang nicht seiner eigenen Arbeit nachgehen. So nimmt es nicht wunder, daß die Dörfer der ehemaligen Untertanengemeinden sich weniger gut entwickelten und gewöhnlich ärmer waren als die Dörfer auf Königsboden.

Für die sächsische Landwirtschaft war der Getreideanbau am wichtigsten. Der Winterweizen und der Roggen lieferten das Brot, das das Hauptnahrungsmittel bildete. Fast das ganze Sommerfeld war mit Hafer bestellt. Auf kleineren Flächen wurden auch Hirse und Gerste angebaut, denen eine große Bedeutung als Volksnahrungsmittel zukam. Am Ende des 17. Jahrhunderts wurde der Mais in Siebenbürgen bekannt; man nannte ihn Kukuruz – vermutlich eine Bezeichnung türkischen Ursprungs –, türkischer Weizen oder türkisches Korn, weil er über die Vermittlung der Türken den Weg ins Land gefunden hatte. Seinem Anbau stand zwar die Fruchtfolge in der Dreifelderwirtschaft entgegen, jedoch scheinen die Bauern Experimenten mit seiner Kultivierung nicht abgeneigt gewesen zu sein. Jedenfalls verbot 1686 der Siebenbürgische Landtag bei Strafe den Maisanbau in den Kornfeldern. Das Verbot scheint wenig genutzt zu haben, denn 1693 steht im Verzeichnis der Fruchtvorräte in Mediasch der Mais neben Korn, Hafer und Hirse und kann es an Menge schon fast mit Hirse und Hafer aufnehmen. Nach den ersten Anbauversuchen drängte sich der Mais in das Sommerfeld. Der Haferanbau ging zu seinen Gunsten zurück, und schon Mitte des 18. Jahrhunderts hielten sich Mais- und Weizenertrag die Waage (Feßler 1989, S. 137ff.). Die Kartoffel hingegen konnte sich in Siebenbürgen nur sehr viel langsamer einbürgern und anscheinend oft nur unter behördlichem Druck. Um 1800 erst kommt es zu einem ausgedehnteren Anbau. Mais und Kartoffeln lösen den Hafer im Sommerfeld fast ab.

Früh ist bei den Sachsen der Obstbau belegt. Neben Äpfeln und Birnen werden Zwetschen, Pfirsiche, Kirschen und Nüsse in den Quellen erwähnt. Zwetschen dörrten die Bauern als Nahrung für den Winter und für Notzeiten. In manchen Gemeinden wurden sie in großer Menge als Vorrat in der Kirchenburg gelagert. In sehr viel größerem Umfang aber trieben die Sachsen den Weinbau. Er ist schon für die Ansiedlungszeit belegt, fanden doch die Sachsen in Siebenbürgen klimatisch die besten Voraussetzungen zur Zucht der Reben vor, die ihnen aus ihren Herkunftsgebieten vertraut war. Schon im 15. Jahrhundert gehörte der Wein nach den Gewerbeerzeugnissen zu den wichtigsten Ausfuhrgütern der Sachsen. Seine Vermarktung trug in beachtlicher Weise zur Mehrung ihres Wohlstandes bei. Ihm erwuchs mit der Einfuhr billigerer Weine aus der Walachei seit dem 17. Jahrhundert in Siebenbürgen allerdings eine starke Konkurrenz, die zu einer Einschränkung der Rebflächen führte.

Für die Viehzucht standen den sächsischen Bauern die Wiesen und Weiden der Gemeinerde zur Verfügung. Von Anfang Mai bis zur Heumahd galt ein Weideverbot auf den Wiesen. Am 24. Juni, dem Johannistag, wurden die «Gründe aufgetan», d. h. der Gemeindevorstand gab die Wiesen, die zuvor unter die Wirte aufgeteilt worden waren, zur Mahd frei. Am darauffolgenden Tag in der Frühe zogen alle Bauern mit ihren Sensen «ins Heu» und begannen gemeinsam die Mäharbeit, um Flurschäden zu vermeiden. Wiesen, auf denen sich eine zweite Mahd lohnte, wurden bis zur Ernte des Grummets im Spätsommer geschützt. Der Gemeindevorstand hatte das Recht, über den Viehaus-

38 Birthälm – Weinlese um 1920

trieb, die Weidenutzung, die Aufteilung des Viehs in Herden und die Entlohnung der gedungenen Hirten zu entscheiden. Von den die Weide einschränkenden Verfügungen abgesehen durfte die ganze Gemeinerde, die nicht als Kulturland genutzt wurde, beweidet werden, eingeschlossen die Stoppelweide der Brache. Zum Teil weidete man das Hornvieh auch im Wald, der aber vor allem den Schweinen als Mastweide diente. Jeder Wirt hatte Weiderecht, und er konnte im allgemeinen auch entscheiden, ob er sein Vieh auf die Hutweide schickte oder es mit der Gemeindeherde weiden ließ. Wollte der Bauer sein Vieh allein austreiben, hatte er für seine Hut zu sorgen. Das Hüten des Viehs war vor allem die Arbeit der Jungen. Es war die vielleicht verbreiteste ländliche Kinderarbeit, die im übrigen nicht ohne Gefahren für die Kinder war. Dabei lebten diese den ganzen Tag außerhalb der Familie und außerhalb der Kontrolle der Erwachsenen. Die Kinder hatten eine Verantwortung zu tragen, mit der sie in vielen Fällen sicher überfordert waren (vgl. Weber-Kellermann 1979, S. 70ff.). Die Herden der Gemeinde wurden der Reihe nach von den Bauern selbst betreut, oder sie kamen in die Obhut gedungener Hirten, ein Verfahren, das sich in späteren Zeiten allgemein durchsetzte. Während der Weidezeit, die zu Georg am 23. April oder auch Anfang Mai begann, trieben die Hirten frühmorgens zuerst die Ochsen auf die Weideplätze, wenn sie nicht zur Feldarbeit eingespannt werden mußten. Es folgten die Kühe, Büffel, Schweine und das Jungvieh; am Abend kehrten die Herden in umgekehrter Reihenfolge ins Dorf zurück. Gewöhnlich gingen die Pferde, denen die Liebe des sächsischen Bauern in besonderer Weise galt, nachts auf die Weide. Die Schafe, die in der Regel von rumänischen Hirten geweidet wurden, blieben im Sommer ständig draußen.

Auch die Rumänen, die in die sächsischen Dörfer zusiedelten und Grundbesitz erwarben, waren wie die Sachsen in die Dorfordnung eingebunden, stand die bäuerliche Arbeit von der Aussaat bis zur Ernte durch die praktizierte Art der Feldwirtschaft doch ganz unter dem Zwang zur Gemeinschaft. Wenn z. B. der Beginn der Weizenernte oder des Kornschnitts, wie die sächsischen Bauern sagen, verkündet war, mußte die Arbeit in zwei bis drei Wochen abgeschlossen sein. Alle verfügbaren Kräfte, selbst die Kinder, arbeiteten auf dem Feld. Gleich bei Tagesanbruch begannen die Männer mit dem Schneiden des Getreides, die Frauen kamen später mit den Kindern nach. Sie hatten zu Hause den Feldkessel mit der Suppe für das Mittagessen, Speck, Zwiebeln und Brot und die sogenannte süße Milch für die Vespermahlzeit gerichtet. Die Kleinsten wurden in der Feldwiege an einem schattigen Platz versorgt. Konnte ein Landwirt in der vorgesehenen Zeit seine Arbeit nicht allein verrichten, mußte er sich Tagelöhner dingen. Er konnte aber auch mit Nachbarschaftshilfe rechnen. Es mußte abgewartet werden, bis der letzte Wirt mit dem Schnitt fertig war. Dann erst konnte der Zeitpunkt zum Einholen der Ernte bestimmt werden. Am festgesetzten Tag läuteten frühmorgens die Glocken. Auf dieses schon ungeduldig erwartete Zeichen öffneten sich in allen Gassen die Tore, und die Erntewagen, die im Hof bereitstanden, setzten sich aufs Feld in Bewegung. Das «Einführen» des Weizens dauerte zwei bis drei Tage und war ein Fest für das ganze Dorf.

Die Dreifelderwirtschaft mit der Organisation des bäuerlichen Arbeitslebens hatte sich zu Beginn des 19. Jahrhunderts endgültig überlebt. In den Niederlanden und in England war längst ein effektiveres landwirtschaftliches Produktionsverfahren entwickelt worden, das das Brachliegen von Ackerflächen vermied. Durch steten Pflanzenwechsel förderte man die Bodenfruchtbarkeit, da dem Boden nun unterschiedliche Nährstoffe entzogen wurden, die sich in den folgenden Jahren neu bilden konnten. Auch häufiges und regelmäßiges Düngen mit Stalldung – man war zur Viehhaltung im Stall übergegangen – wurde zur Bodenverbesserung eingesetzt. Als Futterpflanzen dienten Rotklee und Luzerne. Daß diese die Bodenfruchtbarkeit steigerten, war allerdings ein Nebeneffekt, der noch unbekannt blieb.

In Siebenbürgen bemühte sich der Pfarrer Stephan Ludwig Roth um die Hebung der sächsischen Landwirtschaft. Er hatte in Tübingen Theologie studiert und bei seinem Auslandsaufenthalt die in Deutschland und der Schweiz mit Erfolg angewandten neuen Landwirtschaftsmethoden kennengelernt. In seiner 1843 erschienenen Publikation «Wünsche und Ratschläge, eine Bittschrift fürs Landvolk» schreibt er: «Was aber hier vom Verfalle des Landbaus gesagt ist ..., genügt schon hinlänglich, um zu sehen, wie es um unsere Dreifelderwirtschaft stehet, auch wird die Uneinträglichkeit des Landbaues in jetziger Gestalt von den einsichtsvolleren Landleuten als Tatsache eingestanden, ohne daß sie aber bis zur Heilquelle, zur Änderung des Wirtschaftssystemes, zu steigen gemeiniglich vermögen. Ich bin weit entfernt, mehr wissen zu wollen, als jeder meinesgleichen und bringe diesen Gegenstand nur darum zur Sprache, weil ich Gelegenheit gehabt, Versuche zu machen und durch Geburt, Erziehung und Lebensart in die Nähe unserer Landwirtschaft gebracht, meine in Deutschland und der Schweiz gebrauchten Augen verloren haben müßte, wenn ich, durch Vergleichungen aufmerksam gemacht, die Übel nicht erkannt hätte, welche der Alltag mir in vielfältigen Erscheinungen darbot.» (Roth 1974, S. 154) Roth forderte die Beseitigung der Dreifelderwirtschaft mit dem Flurzwang und propagierte die Einführung neuer Fruchtfolgen. Um ein Beispiel für die Bauern zu geben, versuchte er, seine Pfarrgründe mustergültig zu bebauen. Er war auch maßgeblich an der Gründung des Siebenbürgisch-sächsischen Landwirtschaftsvereins 1845 beteiligt, dessen Ziel es war, zur Modernisierung der bäuerlichen Produktionsmethoden beizutragen. Voraussetzung für eine leistungsfähige Landwirtschaft war aber, wie schon Roth erkannt hatte, eine Flurbereinigung, die der Zerstückelung des Grundbesitzes ein Ende bereitete und den Bauern rentable Anbauflächen zur Verfügung stellte. Die Flurbereinigung, die Kommassation, war nur schwer bei den traditionsgebundenen sächsischen Bauern durchzusetzen. Immerhin hatte eine Zusammenlegung der Grundstücke 1930 in vier Fünftel der Dörfer mit sächsischer Bevölkerung stattgefunden. Wo es nicht zu dieser fortschrittlichen Maßnahme kam, hielt sich wegen der schmalen Parzellen in Gemengelage der Flurzwang teilweise bis in die dreißiger Jahre. In den anderen siebenbürgischen Regionen stand die Flurbereinigung sogar für rund 80 Prozent der Anbaufläche noch aus. Die Gründung von drei Ackerbauschulen, die Einrichtung von Musterwirtschaften und Fortbildungslehrgänge halfen, die sächsischen Bauern fachlich zu fördern und einer modern geführten Landwirtschaft mit dem Einsatz von Maschinen und mineralischem Dünger zum Durchbruch zu verhelfen (vgl. Nägler, Schobel, Drotleff 1984, S. 57ff.). Nach dem Muster des sächsischen Landwirtschaftsvereins entstand 1888 in Hermannstadt ein rumänischer, der erfolgreich bei den Rumänen für die Modernisierung der Landwirtschaft wirkte.

IV. Auf dem Weg zur ethnischen Minderheit

Die Habsburger und Siebenbürgen

Die Vertreibung der Türken aus Ungarn, die mit der siegreichen Abwehr der osmanischen Belagerung von Wien 1683 eingeleitet worden war, brachte Siebenbürgen zwar die Befreiung von der Oberhoheit des Sultans, konfrontierte das Land aber mit den absolutistischen Bestrebungen der habsburgischen Herrscher, die es in den Gesamtkomplex ihrer Länder eingliedern wollten. 1690 nahm Kaiser Leopold I. den Titel eines Fürsten von Siebenbürgen an, und als solcher bestätigte er 1691 im sogenannten Leopoldinischen Diplom alle alten Landesrechte und damit die Vorrechte der drei ständischen Nationen und die Religionsfreiheit. Als aber nach erneuten kriegerischen Auseinandersetzungen 1711 endlich Frieden in Siebenbürgen eingekehrt war, wurde spürbar, daß sich die Zeiten für das Land zu ändern begannen. Der Herrscher in Wien war weit entfernt; als höchste Gerichts- und Verwaltungsstelle im Lande fungierte das Gubernium mit Sitz in Hermannstadt. In Wien wurde die siebenbürgische Hofkanzlei errichtet, über die der gesamte dienstliche Verkehr zwischen dem Land und seinem Fürsten abgewikkelt wurde. Wichtige Entscheidungen verlagerten sich zunehmend nach Wien, und die Hofkanzlei wurde zu einer Art höchster Instanz. Die Vereinheitlichung der Verwaltung und des Rechts, die die Wiener Zentralbehörden zur Schaffung einer größeren staatlichen Einheit vorantrieben, setzte die Einebnung mittelalterlicher Gesellschaftsstrukturen in Gang. Diese Maßnahmen standen damit in einem natürlichen Gegensatz zur überlieferten landständischen Verfassung Siebenbürgens. Der Landtag und seine drei ständischen Nationen verloren als Entscheidungsgremium trotz der Zusicherungen des Leopoldinischen Diploms stetig an Bedeutung.

Obwohl dem Land die Religionsfreiheit zugesagt worden war, kam es auch in Siebenbürgen zu gegenreformatorischen Eingriffen. Der bestehenden Landesverfassung wegen unterblieb zwar eine Verfolgung der Protestanten; Willkürakte, Ungerechtigkeiten und die Bevorzugung auch ungeeigneter Katholiken bei der Ämterbesetzung riefen jedoch großen Unmut hervor. Als äußeres Zeichen dieser Politik begannen 1726 Jesuiten an der Stelle im Herzen Hermannstadts, an der

39 Ein alter Transmigrant und eine Transmigrantin – Anfang 19. Jahrhundert – Maler Friedrich Teutsch

sich die Verkaufsgewölbe der Goldschmiede befunden hatten, mit dem Bau der katholischen Kirche. In den österreichischen Erblanden selbst war die evangelische Lehre verboten. Man suchte sich seiner Protestanten, die allen Rekatholisierungsbemühungen zum Trotz an ihren religiösen Überzeugungen festhielten, zu entledigen, wollte sie andererseits als Untertanen nicht verlieren, indem man sie in ein protestantisches Land auswandern ließ. Da man sich sowieso gezwungen sah, den lutherischen Glauben in Siebenbürgen zu tolerieren, wurde ein Emigrationspatent erlassen, das vorsah, die Protestanten aus Österreich in Siebenbürgen anzusiedeln. Die Transmigration, wie die zwangsweisen Verschickungen evangelischer Untertanen genannt wurden, war eine gegenreformatorische Maßnahme, die sich zugleich mit der Absicht verband, aufsässige Bauern abzuschieben. Die ersten zwangsweise Ausgesiedelten wurden 1733 unter militärischer Bewachung nach Siebenbürgen gebracht. Mehrfach kam es in der Folge zu Umsiedlungsaktionen, von denen allein zwischen 1752 und 1757 2664 Personen betroffen waren. Dabei wurden Kinder von ihren Eltern getrennt, Ehepaare und Familien auseinandergerissen. 1774 mußten zum letzten Mal Protestanten aus Österreich nach Siebenbürgen ziehen. Im gleichen Jahr unterband Joseph II. die zwangsweisen Verschickungen seiner protestantischen Untertanen. Die erste Gruppe der Umsiedler hat, da sie aus Ober-Österreich, dem «Landl», stammten, allen nachfolgenden, auch wenn sie aus Kärnten oder der Steiermark kamen, den Namen Landler gegeben. Sie wurden vor allem in den sächsischen Gemeinden Großau (Cristian), Großpold (Apoldu de Sus) und Neppendorf (Turnişor) angesiedelt und unterscheiden sich in Mundart, Tracht und manchen Bräuchen von den Sachsen.

In Zusammenhang mit der von den Habsburgern betriebenen Rekatholisierung steht auch die eingangs erwähnte Abtrennung der griechisch-katholischen von der griechisch-orthodoxen rumänischen Kirche in Siebenbürgen. Die von der politischen Mitsprache ausgeschlossenen Rumänen waren dem Bekehrungseifer der Jesuiten, vor allem aber den verlockenden Zusicherungen ausgesetzt, die ihnen eine politische Beteiligung versprachen, falls sie einer Union mit Rom zustimmten. Orthodoxer Ritus und Priesterehe sollten beibehalten werden.

40 Großpold – Landler um 1930

1698 schon wurde der Papst anerkannt; die meisten Geistlichen stimmten der Union mit Rom zu, andere lehnten sie ab. Die konfessionelle Spaltung der Rumänen führte zu langen Auseinandersetzungen nicht nur im Klerus, sondern auch im Volk. Mit der Entstehung der unierten Kirche besserte sich die Rechtslage der Rumänen deutlich. Auf lange Sicht entfaltete die neue Kirche eine vom Wiener Hof allerdings nicht beabsichtigte politische Wirkung. Nicht nur, daß sie die Standesinteressen der Geistlichkeit verfolgte, sie kämpfte auch für die nationalen und sozialen Interessen der siebenbürgischen rumänischen Bevölkerung und entwickelte sich mehr und mehr zur Wegbereiterin eines rumänischen Nationalbewußtseins. Die Kirchenunion hatte Blick und Weg nach Wien und Rom freigemacht. Für die Entwicklung des rumänischen Nationalbewußtseins wurde entscheidend, daß rumänische Priester bei ihrer Ausbildung in Rom den schon von rumänischen Chronisten verschiedentlich ausgesprochenen Gedanken von der lateinischen Abstammung der Rumänen neu entdeckten. Die Betonung ihrer Latinität wurde zum bestimmenden Zug ihres erwachenden nationalen Selbstverständnisses.

Die Verfassung der Sachsen auf Königsboden war im österreichischen Staatsverband eine einmalige rechtliche Grundordnung. Die Wiener Zentralbürokratie brachte ihr überhaupt kein Verständnis entgegen. Der Siebenbürger Sachse Samuel von Brukenthal (1721 bis 1803), bürgerlicher Herkunft und in einer fast beispiellos zu nennenden Karriere Berater Kaiserin Maria Theresias (1740 bis 1780) und schließlich Gubernator von Siebenbürgen geworden, konnte manche Reformvorhaben in siebenbürgischen Verhältnissen angemessenere Bahnen leiten. Der Nachfolger Maria Theresias, ihr Sohn Joseph II. (1780 bis 1790), wollte jedoch in wenigen Jahren aufklärerische Reformen durchsetzen und einen modernen Staat schaffen, der alle historisch gewachsenen Strukturen radikal beseitigte. Josephs Maßnahmen in Siebenbürgen trafen vor allem die Sachsen. Die Gewährung des allgemeinen Bürgerrechts bedeutete für sie, daß ihr ausschließliches Besitz- und Bürgerrecht auf dem Königsboden aufgehoben wurde. Ungarn und Rumänen konnten sich nun ungehindert auf dem Sachsenboden, auch in den Städten, niederlassen und wurden den Sachsen rechtlich gleichgestellt. Garantien für den Fortbestand einer Gruppe zu geben, die nur 10 Prozent der Landesbevölkerung ausmachte, lag Joseph natürlich fern, hatte er doch das Ziel, eine siebenbürgische «Einheitsnation» zu schaffen, um damit den «Nationsgehässigkeiten» den Boden zu entziehen. Zwar nahm Joseph auf dem Totenbett fast alle Neuerungen zurück, aber ihre Auswirkungen waren nicht mehr rückgängig zu machen. Für die Sachsen begann sich abzuzeichnen, daß ihre jahrhundertealte Autonomie nicht zu halten war.

Nationales Erwachen – Nationale Konflikte

Nach Josephs II. Vorstellungen hätten sich die verschiedenen Völker des habsburgischen Reiches einer gemeinsamen Staatsidee unterordnen sollen. Statt dessen entwickelten sie ein eigenes Nationalbewußtsein, das sich bei den Ungarn in der Abwehr des Einheitsstaates bald zum Nationalismus steigerte. Gerade die Gewährung des Bürgerrechts gab den Rumänen einen wichtigen Impuls für ihre Nationsbildung, bezweckte bei ihnen also das Gegenteil von dem, was Joseph damit intendierte, und auch das sächsische Nationalbewußtsein wurde in der Reaktion auf die Verfügung des Kaisers verstärkt. Wenn auch die nationalen Gegensätze in Siebenbürgen schon ausgeprägt waren, setzten bei manchen weiterblickenden Sachsen die Bemühungen ein, als ausgleichendes Element zu wirken. Am deutlichsten engagierte sich der Pfarrer Stephan Ludwig Roth (1796 bis 1849), der sich nicht nur intensiv mit wirtschaftlichen Fragen befaßte, sondern auch die Probleme im Zusammenleben der verschiedenen siebenbürgischen Bevölkerungsgruppen analysierte. In seiner Schrift «Der Sprachkampf in Siebenbürgen» kritisierte er schonungslos die Forderung des ungarischen Adels, Magyarisch als Landessprache einzuführen und verwies auf die Bedeutung der Rumänen als der größten Bevölkerungsgruppe im Land. Angesichts der spezifischen siebenbürgischen Situation forderte er statt der Vorherrschaft einer Sprache das gleichberechtigte Nebeneinander der drei Landessprachen, statt nationaler Einschmelzung die nationale Gleichberechtigung. Im übrigen war er der Ansicht, daß, gemessen an der Zahl der Landesbewohner, Walachisch, also Rumänisch, die Landessprache zu sein habe, in der sich auch die Ungarn und Sachsen miteinander verständigten. Roth wurde zum meistgehaßten Sachsen bei den ungarischen Nationalisten. Die Revolution von 1848/49, die von Wien auf Ungarn und Siebenbürgen übergegriffen hatte, bot Gelegenheit, Roth zu beseitigen. Er wurde «als Feind der ungarischen Nation» verhaftet, vor ein Standgericht gestellt und erschossen. Seine Hinrichtung, ein Justizmord, erregte auch in ungarischen Kreisen großes Aufsehen und Betroffenheit. In dem berühmt gewordenen Abschiedsbrief an seine Kinder schreibt er: «Mit meiner Nation habe ich es wohl gemeinet, ohne es mit den anderen Nationen übel gemeinet zu haben.» (Roth 1974, S. 48) Schon 1848 hatte die sächsische Nationsuniversität die volle Gleichberechtigung der Rumänen auf Sachsenboden beschlossen.

In der von den Ungarn getragenen Revolution von 1848/49, in der sich soziale Anliegen mit nationalistischen Forderungen mengten, standen Sachsen und Rumänen auf kaiserlicher Seite. Nach dem Scheitern der Erhebung wurde erst 1860 eine Wiederherstellung der alten Verfassung zugelassen. Die ersten Beschlüsse zur notwendigen Neuordnung der Verhältnisse waren hinfällig, als sich Österreich in der Folge des verlorenen Krieges gegen Preußen gezwungen sah, 1867 einen «Ausgleich» mit Ungarn zu suchen, um den Bestand der Monarchie zu sichern. In der nun geschaffenen Doppelmonarchie Österreich-Ungarn galt Ungarn als eigenes Königreich. Siebenbürgen wurde Teil Ungarns. Für die Sachsen brachte die Eingliederung die Aufhebung ihrer politischen Autonomie auf dem Königsboden. Die Nationsuniversität, die über ein umfangreiches Vermögen verfügte, wurde in eine Stiftung umgewandelt. Nach dem Ausgleich fanden sich die Sachsen also als Minderheit wieder; ihrer Stellung als eine der staatstragenden Nationen Siebenbürgens mit eigener Gebietskörperschaft waren sie endgültig verlustig gegangen. Nur ihre Kirche war voll intakt geblieben; sie wurde statt der Nationsuniversität zum alleinigen Symbol für die Einheit der Sachsen. Repräsentiert wurde die Volkskirche durch den «Sachsenbischof», der als allgemein anerkannte geistliche wie weltliche Autorität die Führung des sächsischen Volkes übernahm. Die Kirche trug das Schulwesen der Sachsen, das Volks- und weiterführende Schulen umfaßte. Die sächsischen Gymnasien wurden als geschätzte Bildungsstätten auch von nichtevangelischen und nichtdeutschen Schülern gern besucht.

Wirtschaftlich standen die Dinge in Siebenbürgen in jenen Jahren nicht gut, und die Sachsen strebten tatkräftig danach, durch die Gründung von Kreditinstituten, Raiffeisengenossenschaften und Konsumverbänden die Situation zu verbessern. Das beherrschende Problem dieser Zeit aber war für Sachsen und Rumänen die Abwehr des Magyarisierungsdrucks, den die Ungarn ausübten. Die Ungarn stellten in ihrem Staatsgebiet nur 40 Prozent der Bevölkerung, 60 Prozent der Einwohner gehörten Minderheiten an, von denen die stärksten die Rumänen, Slowaken und Deutschen bildeten. Dieses Bevölkerungsverhältnis empfanden die Ungarn als bedrohlich, und es setzte sich die Auffassung durch, man müsse möglichst viele Angehörige anderer Volksgruppen zum eigenen Volk hinüberziehen, sie magyarisieren. Wenn man die ungarische Sprache, einen ungarischen Namen annahm, gelang ein sozialer Aufstieg problemlos, denn Ungarn wurden bevorzugt befördert oder eingestellt. Allerlei andere Diskriminierungsmaßnahmen den Minderheiten gegenüber machten böses Blut. Der extreme ungarische Nationalismus provozierte Gegenreaktionen. Nicht nur, daß die Minderheiten im ungarischen Reichstag gegen die Magyarisierung kämpften, sie nahmen selbst zunehmend nationalistische Positionen ein. Die Rumänen Siebenbürgens lenkten ihre Blicke auf das

41 Hermannstadt – Evangelische Stadtpfarrkirche am 23. September 1917 – Empfang Kaiser Wilhelms II.

Königreich Rumänien, das aus der Union von Moldau und Walachei jenseits der Karpaten entstanden war und sahen in einer Vereinigung mit ihm die Lösung. Zunehmend verstanden sich die Sachsen nicht mehr als ständische Nation, sondern als ethnische Gruppe. Als Volk deutscher Sprache fühlten sie sich nicht mehr vom Kaiser des Vielvölkerstaates und ungarischen König repräsentiert, sondern empfanden sich dem «Mutterland», der deutschen Kulturnation, verbunden, wenn sie auch anders als die Rumänen nie mit einer politischen Zugehörigkeit zum 1871 gegründeten Deutschen Reich rechnen konnten.

Einsichtige Ungarn begriffen, daß der Bestand des Reiches durch die Maßnahmen, die andere Bevölkerungsgruppen diskriminierten, gefährdet war. Vor dem Ersten Weltkrieg begann die ungarische Regierung auch, einen liberaleren Kurs zu steuern und sich um Verständigung mit den Nationalitäten zu bemühen. Dazu war es längst zu spät. Der Traum vom großen Nationalstaat war ausgeträumt, als am Ende des Ersten Weltkriegs die Auflösung des ungarischen Reiches vollzogen wurde.

Städtische Lebensformen

Die Nachbarschaft

Mit der Nachbarschaft der Siebenbürger Sachsen ist nicht ein lokales Beziehungsmuster beliebiger Art gemeint, sondern ein Teil ihrer Sozialstruktur. In der Nachbarschaft als einer ortsbezogenen sozialen Einheit wurden die sozialen Kontakte intern und nach außen vermittelt und reguliert. Auf dem Dorf blieben bis in unsere Zeit nachbarschaftliche Einrichtungen ein Teil des dörflichen Lebens. Aber die Nachbarschaft war auch wesentliches Element der Stadtverfassung der sächsischen Städte. Die historische Forschung geht davon aus, daß die Institution der Nachbarschaft von den sächsischen Siedlern vermutlich aus ihren Herkunftsgebieten mitgebracht wurde. Dennoch hat diese ihre Wurzeln sicher nicht in der früher viel beschworenen germanischen Eigenart der Sachsen. Es wurde vielmehr beobachtet, daß sich vergleichbare Formen sozialer Organisation in allen Gesellschaften eines bestimmten Typus vorfinden, insofern als «universal» gekennzeichnet werden können.

Die ältesten urkundlichen Hinweise auf sächsische Nachbarschaften stammen aus dem 16. Jahrhundert aus städtischem Bereich. Zum ersten Mal ist 1526 eine für Schäßburg, 1533 eine für Kronstadt überliefert, und für Hermannstadt hat sich eine Nachbarschaftsordnung aus dem Jahre 1563 als älteste erhalten. Die Nachbarschaft bezeichnet als Rechtsbegriff die Gesamtheit der Hausbesitzer. Als selbständige Körperschaften übernahmen die Nachbarschaften Aufgaben in der sächsischen Selbstverwaltung mannigfacher Art. Die Kommunalverwaltungen in den sächsischen Städten nutzten diese Organisation für ihre Zwecke, indem sie ihren öffentlichen Aufgabenbereich noch erweiterten und ihnen z. B. die Bewachung der Stadttore, die Nachtwache in den Straßen, Verteidigungsaufgaben, das Eintreiben der Steuer, Regelung des Weinausschanks, die Überwachung der Fremden übertrugen. So wurde es in Hermannstadt 1589 den Nachbarschaften sogar zur Pflicht gemacht, darauf zu achten, daß kein Angehöriger einer fremden «Nation» dort ein Haus kaufe oder einheirate. Denn die «gemeine Statuta und Ordnungen» der Stadt bestimmten, «Achtung zu geben, das keine auswelczige Nation, es sei Raczen, Walachen, Winden, Horwaten, Walen, Spanier, Franzosen, Polakenn oder dergleichen, zu keinem Hauskauf oder auch Bestand gelassen werde oder sich in den Ehestanden einlasse in dieser Stadt ohne Forwissen eines ersamen weisen Radt und der erlichen Gemein» (Zimmermann 1885, S. 65). Doch die Nachbarschaften konnten solchen «Einschmelzungsversuchen» seitens der Verwaltung der Stadt widerstehen und sich insgesamt betrachtet als selbständige soziale Einheit behaupten. Seit dem 17. Jahrhundert nahm die Kirche bewußt Einfluß auf die Nachbarschaften und benutzte sie als Instrument sittlicher Erziehung, kirchlicher Kontrolle und Sanktion.

Eine städtische Nachbarschaft erstreckte sich gewöhnlich über zwei bis vier Gassen. In Hermannstadt hatte sich die alte Einteilung der Stadt in 31 Nachbarschaften ohne wesentliche Veränderungen bis in die Mitte des 19. Jahrhunderts erhalten, als es zu einer Neueinteilung kam. Ihre Ordnungen gaben sich die Nachbarschaften bis ins 17. Jahrhundert selbst. Von dieser Zeit an wurden sie vom Magistrat unter Mitarbeit der Nachbarschaftsvertretungen entworfen und durch Hochzeits- und Leichenordnungen ergänzt. Sie blieben bis ins 19. Jahrhundert maßgeblich für das nachbarschaftliche Leben.

Sobald ein Bürger seinen Wohnsitz im Bereich einer Nachbarschaft genommen hatte, sei es als Hausbesitzer oder als Mieter, mußte er sich alter Sitte entsprechend in die Nachbarschaft «eingrüßen», d. h., er mußte ihr beitreten und einen gewissen Geldbetrag in die Nachbarschaftskasse entrichten. Außerdem war jeder neu Aufgenommene verpflichtet, der Nachbarschaft eine Mahlzeit zu geben. Diese Verpflichtung konnte durch Geld abgelöst werden. Zwar kam es hin und wieder vor, daß jemand versuchte, das «Einrichtgeld» zu sparen. Aber das blieb die Ausnahme. In der Regel nahm ein jeder am nachbarschaftlichen Leben regen Anteil. Wohlhabende begnügten sich nicht mit der Zahlung des vorgeschriebenen Minimums an Gebühr, sondern überreichten der Nachbarschaft eine ansehnliche Gabe. Von Sebastian Hann, dem Goldschmied, ist bekannt, daß er seiner Nachbarschaft zum Eingrüßen einen silbernen Becher mit Vergoldungen übergab.

Der Eintritt in eine Nachbarschaft verpflichtete zu Geldzahlungen in die Nachbarschaftsbüchse sowie zu persönlichen Dienstleistungen. Auf ein freundliches Verhältnis der Nachbarn zueinander und auf anständiges Betragen wurde gesehen; die Nachbarschaftsordnungen enthalten dazu eine Reihe von Bestimmungen. Handelte ihnen jemand zuwider, wurde er mit einer Geldbuße zugunsten der Nachbarschaftskasse belegt. Die regelmäßigen Geldzahlungen blieben unbedeutend, solange die Nachbarn ihren Verpflichtungen persönlich genügten. Als man aber im 18. Jahrhundert dazu überging, die Nachbarschaftsarbeiten durch bezahlte Kräfte verrichten zu lassen, mußten Jahrgelder erhoben werden, dazu die stets wiederkehrenden außerordentlichen Beitragsleistungen für besondere Zwecke.

Jede Nachbarschaft hatte als beschließendes Organ die Vollversammlung aller Hausbesitzer und einen engeren Ausschuß, die sogenannte Altschaft, die verdientesten Männer der Nachbarschaft. An der Spitze der Nachbarschaft standen der ältere und der jüngere Nachbarhann.

Abwechselnd bekleideten die Nachbarn das Brunnenmeisteramt. Die Nachbarhannen wurden in der Regel auf ein Jahr gewählt, Wiederwahl war möglich. Nach der Wahl geleitete die ganze Nachbarschaft die neu Gewählten zu ihrer Wohnung. Dabei fand nicht anders als bei der Wahl eines Zunftmeisters die Übertragung der Nachbarschaftslade mit den Schriften und Wertgegenständen und aller Gerätschaften der Nachbarschaft in das Haus des älteren Nachbarhannen statt. Diesem kam der größte Anteil an der Leitung der Organisation zu. Er hatte durch das Aussenden des Nachbarzeichens die Versammlungen einzuberufen, die Verhandlungen zu leiten, die wie bei den Zünften vor geöffneter Lade stattfanden. Er organisierte die Arbeitsleistungen für die Gemeinschaft, hatte die Verbindung zur Behörde zu gewährleisten. Ihm oblag die soziale Kontrolle der Nachbarn, indem er auf ihr Wohlverhalten achtete, Streit – selbst Ehestreit – schlichtete. Auch die Wahrung der Sitten gehörte zu seinen Aufgaben wie die Aufsicht über die Jugendlichen, die das von der Gemeinschaft geforderte Verhalten zu erlernen und zu übernehmen hatten. Mindestens einmal im Jahr trafen sich die Nachbarn zur Nachbarschaftsversammlung, dem «Nachbartag», den alle Mitglieder zu besuchen verpflichtet waren. Der Nachbartag fand in Hermannstadt bis ins 16. Jahrhundert am Aschermittwoch oder am Sonntag danach statt, später wechselten die Termine. Auf dem Nachbartag wurden nicht nur die geschäftlichen Dinge wie die anfallenden Zahlungsleistungen, der Einzug der Strafgelder, die Rechnungslegung abgewickelt, wichtiger war noch, daß alle Versäumnisse und Verstöße gegen die Norm zur Sprache kamen und besprochen wurden und Streitigkeiten beigelegt werden konnten.

Unter den Dienstleistungen, die die Nachbarschaften für die Gemeinde erbrachten, gehörte die Besorgung des Brunnenwesens mit zu den wichtigsten. Die Nachbarn waren zur Reinigung und Instandhaltung der Brunnen in ihren Gassen verpflichtet, was zum Teil mit erheblichen Kosten verbunden war. Die jeweils zwei Brunnenmeister der Nachbarschaften hatten täglich die Brunnen zu kontrollieren. Fielen Reparaturen an, war es ihre Sache, die Schäden zu beheben. Die Brunnenmeister führten auch die Aufsicht darüber, daß die Verordnungen, die für die Benutzung der Brunnen galten, eingehalten wurden. So war es nicht gestattet, die Pferde bei den Brunnen zu tränken. Die Vertreter der Nachbarschaften waren also auch mit der Aufgabe betraut, auf die Reinhaltung des Wassers zu achten. Ihr war gewissenhaft nachzukommen, sollte eine Gesundheitsgefährdung der Bevölkerung ausgeschlossen werden. Eine hygienische Maßnahme stellte auch das Fegen der Wasserläufe und der Unrat-Graben wie die Reinigung der Straßen in gewissen Zeitabständen dar. Zwar war es verboten, Küchenabfälle und

Mist auf die Straßen zu werfen, aber nicht immer wurde diese Anordnung auch eingehalten. Tote Hunde und Katzen, die auf den Gassen lagen, ließen die Nachbarhannen sofort wegschaffen. Diese Arbeit übernahmen die Zigeuner gegen eine Gebühr, die von der Nachbarschaft zu erlegen war. Das Schinderamt übten im 18. Jahrhundert die Zigeuner aus, bis dann dieses Geschäft in Hermannstadt an den von der Stadt angestellten Scharfrichter überging. Brücken, Gassen und Wege hatte die Nachbarschaft genauso zu unterhalten, wie sie die Feuersicherheit gewährleisten mußte. Dazu war eine regelmäßige Überprüfung der Kamine notwendig, für deren Reinigung der Hauseigentümer verantwortlich war. Gerade von den hölzernen Rauchfängen, mit denen viele Häuser ausgestattet waren, ging eine erhöhte Brandgefahr aus. War doch ein Brand ausgebrochen, wurde die Nachbarschaft auch bei der Brandbekämpfung eingesetzt. Als alle diese Aufgaben der öffentlichen Dienstleistung in Hermannstadt im 19. Jahrhundert mehr und mehr in die Hände der städtischen Behörden übergingen und aus dem Stadtsäckel zu bezahlen waren, geriet die Stadt in finanzielle Bedrängnis.

Für die Wahrnehmung ihrer Aufgaben verfügten die Nachbarschaften über Geräte wie Brunnenwerkzeuge und Feuerlöschgeräte, aber auch eine Totenbank zur Aufbahrung eines verstorbenen Nachbarn gehörte seit dem 18. Jahrhundert zu ihrem Inventar. Den wertvollsten Teil ihres Besitzes aber stellten die sogenannten Kleinodien dar, das Tafel- und Kochgeschirr, das für die nachbarlichen Mahlzeiten angeschafft worden war. Der Nachbar, der ein Essen zu geben hatte, besaß natürlich nicht genügend Tafelgeschirr für eine so große Runde. Von einer Nachbarschaft ist überliefert, daß sie 78 Häuser umfaßte. Zu den in den Nachbarschaftsbüchern aufgeführten Gerätschaften gehören zinnerne Teller, Schüsseln und Kannen, Löffel und Messer, einzelne silberne Becher, oft auch vergoldete Becher und Kannen. Auch schöne irdene Weinkannen sind aus Nachbarschaftsbesitz überliefert. Die Ausstattung der Nachbarschaft hing natürlich von der Wohlhabenheit ihrer Mitglieder ab. Dort, wo die Spitzen der Gesellschaft ihre Häuser hatten, war sie besonders reich. Das große Kochgeschirr, aber auch das Tafelgeschirr wurde gebührenfrei an die Nachbarschaftsmitglieder verliehen, wenn sie es für ein Familienfest brauchten. Leute aus anderen Nachbarschaften konnten das Geschirr gegen eine geringe Gebühr benutzen.

Abgesehen von den großen Familienfesten und den Zusammenkünften der Zünfte boten vor allem die Feste der Nachbarschaften, die zu den verschiedenen Anlässen stattfanden, Gelegenheit zu geselligem Beisammensein. Der Besuch öffentlicher Gasthäuser erschien als anstößig. Waren die Nachbarschaftsversammlungen eine Angelegenheit der Männer, nahmen an den sich anschließenden Festlichkeiten auch die Frauen und Kinder teil; bei anderen Gelegenheiten blieben die alten, die in mittlerem Alter stehenden und die jungen Männer sowie die Frauen in ihrer Gruppe jeweils unter sich. Die Frauen erhielten dann aus der Nachbarschaftskasse zu ihrer «Ergötzlichkeit» eine eigene Geldsumme. Jede Nachbarschaft hatte zur Unterhaltung auch verschiedene Spiele, meist Brettspiele und eine Art Kegelspiel, angeschafft. Nachdem Soldaten in Hermannstadt gehaust hatten, vermißte eine Nachbarschaft einen Sack voller Kegel. Gegen Ende des 18. Jahrhunderts trat ein Wandel

42 Alzen – Nachbarschaftskrug

bei den geselligen Veranstaltungen der Nachbarschaften ein. Die Männer trafen sich zwar noch zu gemeinsamen Unterhaltungen, doch die Frauen und Kinder nahmen nicht mehr daran teil.

Zu den Versammlungen der Nachbarschaft, an denen jedes Mitglied teilnehmen mußte, gehörte schließlich auch die Leichenfeier für einen verstorbenen Nachbarn oder einen seiner Familienangehörigen. Denn die Nachbarn, die in so enger Gemeinschaft miteinander gelebt hatten, gaben auch ihren Toten das letzte feierliche Geleit. Die ganze Nachbarschaft versammelte sich im Trauerhaus, nahm am Leichenzug auf den Friedhof teil und geleitete die Angehörigen des Verstorbenen nach

Hause zurück. Auf Wunsch der Familie trugen die Nachbarn den Toten zum Friedhof. Nach der Rückkehr von der Beerdigung vereinigten sich die Nachbarn oder zumindest die nächsten Verwandten und Freunde zu einem Leichenschmaus.

Bürgerrecht besaßen in den sächsischen Städten nur die Sachsen. In den Vorstädten hatten sich allerdings Rumänen ansiedeln können. Aber die Teilnahme der rumänischen Bevölkerung an den sächsischen Nachbarschaften war den noch bis zum Ende des 18. Jahrhunderts geltenden Rechtsverhältnissen gemäß selbst dort nicht gestattet, wo Sachsen und Rumänen eng beieinander wohnten wie in den Vorstädten. 1785 schließlich erhielten die Rumänen Zutritt zu diesen Nachbarschaften, nachdem schon 1781 Joseph II. das freie Niederlassungsrecht auf sächsischem Königsboden verfügt hatte. 1796 ordneten die Wiener Behörden an, daß alle Hausbesitzer ohne Unterschied der Nationalität zu den Nachbarschaftsversammlungen hinzuzuziehen seien, da den Nachbarschaften ja öffentliche Aufgaben zugewiesen waren, die die Funktionsfähigkeit und Ordnung der Gemeinde mit gewährleisteten. Zudem sollte, wie schon gesagt, die rechtliche Vereinheitlichung vorangetrieben werden.

Über ihre nichtsächsischen Mitglieder führten die Nachbarhannen der städtischen Nachbarschaften in der Folge häufig Klage, besonders wenn sie höheren Ranges waren. Offensichtlich zeigten sie sich kaum geneigt, sich in die tradierte Ordnung einzufügen. Sie lehnten es auch ab, sich an den Umlagen zu beteiligen, die zur Erfüllung der Aufgaben im Dienste der Gemeinschaft notwendig waren. Der Streit einer Hermannstädter Nachbarschaft mit einem fremden Nachbarschaftsmitglied, einem ungarischen Finanzdirektor, soll Anlaß gewesen sein, daß 1891 durch einen Erlaß des ungarischen Innenministeriums die Nachbarschaften ihre «öffentlich-rechtliche Funktion als autonomes Teilgebilde der Dorfgemeinde oder der städtischen Bürgerschaft» verloren und ihre Auflösung verfügt wurde (Schenk 1987, S. 165 ff.). Auf dem Land änderte dieser Erlaß nichts an dem Fortbestand der Nachbarschaften. In den Städten jedoch waren die Nachbarschaften bis zur Jahrhundertwende nur noch vereinzelt funktionsfähig. Nach dem Ersten Weltkrieg wurden sie «als Mittel völkischer Verteidigung wiederbelebt» und traten erneut in Beziehung zur sächsischen Volkskirche. Sie übernahmen wohlfahrtspflegerische Aufgaben, organisierten Veranstaltungen aller Art und erwiesen sich mit ihren Aktivitäten als große Stütze für das Leben der ethnischen Kirchengemeinde und den Zusammenhalt der Gruppe (Weber und Weber 1985, S. 463). Anfang der dreißiger Jahre, als vom Nationalsozialismus in Deutschland inspirierte politische Strömungen bei den Sachsen an Bedeutung gewannen, wurde ver-

43 Hermannstadt – Nachbarschaft am Rosenanger

sucht, die Nachbarschaften in «völkischem Geist» umzugestalten. In den neuen Organisationen war, anders als in vergangenen Zeiten, den Frauen und der Frauenarbeit eine wichtige Rolle zugedacht (vgl. Schunn 1936).

Tradition und Zeitgeist

Mit dem Übergang Siebenbürgens an Habsburg gewann das Land, das zwar nie ganz von den mitteleuropäischen Kultur- und Modeströmungen abgeschnitten war, nun wieder engen Anschluß an die westlichen Entwicklungen. In Hermannstadt selbst lebten, seit das Gubernium als oberste Verwaltungs- und Justizbehörde in der Stadt amtierte, Beamten mit ihren Familien, die sich an den Wiener Lebensformen orientierten. Vielleicht noch bedeutsamer waren die Kontakte, die sich für die Hermannstädter Bürger zu den Angehörigen des österreichischen Militärs ergaben. In der Stadt, die 1710 etwa 10000 Einwohner zählte, die sich bis 1790 auf rund 15000 erhöhten, waren nicht weniger als über 1200 Soldaten einquartiert worden, wie für die Jahrhundertmitte belegt ist. Da es in Hermannstadt keine Kasernen gab, mußten sie alle in Privathäusern untergebracht werden. Das Zusammenleben in beengten räumlichen Verhältnissen führte zunächst zu großen Spannungen. Als aber das Militär eigene Unterkünfte erhielt, besserte sich das Verhältnis allmählich, wenn es sich mit den Mannschaften auch nie problemlos gestaltete. Mit den Offizieren hingegen nahm man den Umgang auf und erfuhr über sie aus erster Hand etwas über die Lebensverhältnisse in der fernen Hauptstadt. Nicht zuletzt stimulierte der Gubernator Samuel von Brukenthal die Verbreitung neuer Moden. An hervorragender Stelle ließ er in den siebziger Jahren in Hermannstadt das Palais Brukenthal, einen Bau des Spätbarocks nach dem Plan eines Wiener Architekten errichten, der trotz seiner Dimensionen stilbildend wirkte.

Daß der neue Trend Siebenbürgen auch in der Einrichtung der Wohnungen erreicht hatte, ließ sich an Möbeln zeigen, die im 18. Jahrhundert in Hermannstadt hergestellt wurden. Entstanden in Hermannstadt, Schäßburg, Bistritz und Kronstadt im 18. Jahrhundert zunächst noch viele bemalte Möbel unter Barockeinfluß, begannen aber schon die vornehmen Bürger, ihre Wohnungen mit Möbeln auszustatten, bei denen Furnier und Einlegearbeiten vorherrschend waren (vgl. Capesius 1983). Das vornehme Bürgerhaus strebte für seine Inneneinrichtung ein deutlich höheres handwerkliches und künstlerisches Niveau an als im vergangenen Jahrhundert. Quelle dieser Einflüsse waren einmal die Importwaren aus Österreich. Auch hatten österreichische höhere Beamte und Angehörige des Militärs ihr «Meublement» nachkommen lassen, das sie bei Versetzungen an Hermannstädter Interessenten verkauften. Andererseits besuchten in ihren Wanderjahren sächsische Tischler österreichische Werkstätten, und auswärtige Tischler wanderten nach Hermannstadt zu wie der Wiener Geselle Johann Bauernfeind, der für das Palais Brukenthal arbeitete. Als die neue Stilrichtung in der Möbelherstellung sich zunehmend verbreitete, versuchten die Hermannstädter Meister, sich der neuen Anforderung zu stellen, wiewohl sie mit ihren feineren Arbeiten zunächst nicht allzu viel Verkaufserfolg hatten, wie es scheint. Das änderte sich jedoch mit der Zeit, als die neue Möbelmode auch die Handwerkerhaushalte erreichte. Jedenfalls erließ der Hermannstädter Magistrat 1752 eine Polizeiordnung, die ihre Verbreitung außerhalb der feinen Gesellschaft verhindern wollte, indem sie bestimmte: «Soll denjenigen, so in der anderten, dritten und vierten Classe begriffen, absolute niemand weder eingelegte oder lackierte, Kleider-, Schrank- und Schubkästen, große Spiegel mit vergoldetem Rahmen, item Portrait und Neumode-Schildereien ... seidene, härene oder leinwandene Fürhänge an den Fenstern und Betten, endlich auch lederne oder mit Tuch überzogene Lehnsessel und Canabeer in den Zimmern zu haben bei Strafe und Confiskation sich unterstehen.» Bei ihrer Möbelherstellung gaben die sächsischen Meister althergebrachte Traditionen in der Typologie und Ornamentik auf zugunsten der «modernen» Mannigfaltigkeit und des «eleganten» Schmucks. Die nach Wiener Vorbild angefertigten Stücke, von denen sich verschiedene erhalten haben, beweisen die Kunstfertigkeit der sächsischen Tischler und ihre Ausrichtung an der europäischen Möbelmode. Die Neuerungen, die aus dem Ausland gekommen waren, bezogen sich nicht auf die Technik, sondern auf den neuen klassischen Stil (vgl. Haldner 1979).

Daß die Produkte der sächsischen Meister weniger prunkvoll als andernorts gearbeitet wurden, ist auf ihre Kunden zurückzuführen, die in relativ bescheidenen Verhältnissen lebten.

Am augenfälligsten aber war die Übernahme der neuen Kleidermode unter Wiener Einfluß, die den schon zitierten zeitgenössischen Beobachter Martin Felmer frappierte. Er schreibt, daß «die Kleidung der Siebenbürger Sachsen ... sich in den neueren Zeiten sehr verändert» hat (Felmer 1974, S. 119). Die sächsische Tracht, früher sowohl in der Stadt wie auf dem Land getragen, war in der Stadt von vielen jüngeren Bürgern zugunsten der deutsch-französischen Modekleidung aufgegeben worden, die ja auch Samuel von Brukenthal den Wiener Gepflogenheiten der höfischen Kreise entsprechend trug. Dennoch verschwand die sächsische Bürgertracht nicht ganz. Sie blieb mancherorts noch lange in Gebrauch wie z. B. in Agnetheln bis zum Ende des 19. Jahrhunderts. Dieser Wandel in der städtischen Kleidung spiegelt sich auch in der Hermannstädter Kleiderordnung von 1760, die im Gegensatz zu den Ordnungen früherer Jahre, die sich auf die sächsische Tracht beziehen, nun neben der sächsischen auch die deutsche und ungarische Kleidung offiziell zuläßt. Es ergeht jetzt nur noch die Mahnung, ohne Androhung einer Geldstrafe bei Zuwiderhandlung, daß die Bevölkerung sich in der Ausgestaltung ihrer Kleidung an ihren Standesgenossen ausrichten solle. Diese Kleiderordnung war die letzte, die in Hermannstadt erlassen wurde. Solche Reglementierungen waren nun überhaupt nicht mehr durchzusetzen, und Kaiserin Maria Theresia trug der Entwicklung Rechnung, indem sie 1766 verfügte, daß künftig vom Erlaß weiterer Kleiderordnungen abzusehen sei (Schaser 1989, S. 174f.). Zu Ende waren die Zeiten, in denen man mit Sanktionen zu rechnen hatte, wenn die Anordnungen übertreten wurden. Daß die Kleiderordnungen nicht allzu viel Wirkung gezeigt hatten, erhellt aus ihren häufigen Wiederholungen. Aber es wurden durchaus Exempel statuiert, wie für Bistritz überliefert, als eines Sonntags der Rat einem jungen Mann, der in «Stöckeltschismen« (von ungarisch csizma, hoher, mit Absatz versehener Stiefel), die ihm seiner sozialen Stellung entsprechend nicht zukamen, zur Kirche ging, nach dem Gottesdienst die Schuhe ausziehen und konfiszieren ließ (Dahinten 1988, S. 461).

Der neuen Wiener Mode folgten vor allem die Frauen. Aber nicht nur aus modischen, sondern auch aus finanziellen Gründen legten viele die sächsische Tracht ab. Denn deren Anschaffung, sollte sie standesgemäßen Ansprüchen genügen, war mit erheblichen Kosten verbunden. So kam sehr rasch der Spangen- und Gliedergürtel aus der Mode, das «kostspielige schwere Umgehäng um den Leib, welches mit nach und nach in dem Schmelztiegel der Goldschmiede verschwindet» (Lebrecht

44 Agnetheln – Bürgerpaar um 1880

1974, S. 280). Daß man in den siebenbürgischen Städten auch weiterhin auf dem laufenden blieb und den wechselnden Moden folgte, die ja nur ein Ausdrucksmittel der jeweiligen Zeitströmungen sind, belegt Marienburg in seiner Landesbeschreibung Siebenbürgens mit der Bemerkung, daß jüngere Bürger «à la Titus» beschnitten seien (Marienburg 1987, I, S. 102); und um 1830 hatten die «Pantalons» auch in einem kleinen Städtchen wie Sächsisch-Regen, das sich erst nach 1800 zu entwickeln begann, die zuvor getragenen ungarischen Hosen schon fast verdrängt (Haltrich 1858, S. 306).

Die Wende in der europäischen Modegeschichte, die durch die Französische Revolution eingeleitet worden war, hatte mit dem Tituskopf, der nach dem Fall von Perücke und Zopf getragen wurde, und den Pantalons, den Hosen der Fischer und Hafenarbeiter, durch die die Kniehose der feinen Gesellschaft, die Culotte, im Zeichen des sozialen Umbruchs abgelöst worden war, auch Siebenbürgen erreicht (vgl. Weber-Kellermann 1989). War das gesellschaftliche Leben bislang weitgehend in den Formen verlaufen, wie sie von den Zünften und den Nachbarschaften als tragendem Element der Bürgerschaft vorgegeben waren, so machten sich allmählich Veränderungen bemerkbar. Der Rückzug ins Private fing bei den Frauen an, die nicht mehr an den nachbarschaftlichen Geselligkeiten teilnahmen. Es scheint hier der Anfang einer Entwicklung zur bürgerlichen und kleinbürgerlichen Familie sichtbar zu werden, die zur Konzentration auf den familialen Bereich hinführte. Der Wunsch nach einer besseren und schöneren Ausgestaltung der Wohnung, der sich mit dem Erwerb verfeinerter Möbel anzeigt, das neue Verhältnis zum Wohnen, das darin seinen Ausdruck findet, sind weitere Indizien für eine beginnende Ausgestaltung der familiären Innenwelt.

Statt der Festlichkeiten im Kreis der Nachbarschaft bot Hermannstadt als größte Garnison Siebenbürgens ganz andere Möglichkeiten, sich zu amüsieren. Ein zeitgenössischer Beobachter stellte 1784 fest: «Hermannstadt hat auch ein Lotto, ein Ball- und Komödienhaus, es hat Coffehäuser und Billiarde, freylich lauter Diminutive, gegen jene in anderen größeren Städten, aber doch Dinge, von denen unsere glücklichen Väter nur vor zehn und zwanzig Jahren nichts wußten. In rühmlicher Einfalt hielten sie es für eine Schande, nur in ein Wirtshaus zu gehen. Sie tanzten in ihres Nachbars oder in ihrer eigenen Wohnung mit Frauen, die sie kannten, profitierten von ihrer Arbeit, nicht vom Lotto, belustigten sich an ihren Kindern, nicht an Comedien; und trunken ein Glas Wein, statt des Coffe.» (Zitiert nach Schaser 1989, S. 179) Besonders die neu aufgekommenen Tanzveranstaltungen fanden begeisterten Zuspruch von den Hermannstädtern. Es gab mehrere Tanzsäle. Als Theaterdirektor Seipp im Fasching 1792 vor leerem Haus spielen mußte, notierte er: «Alle Städte der k.k. Monarchie, die Hauptstadt Wien dazugenommen, vergnügen sich an zwei öffentlichen Redoutentagen, Hermannstadt allein begnügt sich nicht dabei. Diese Stadt allein verdoppelt die Faschingszeit und genießt wöchentlich viermal Redoute. Man begreift es kaum, daß eine solche Tanzwut unter einer so gesitteten, aufgeklärten und sparsamen Nation hat einreißen können.» (Zitiert nach Göllner 1987, S. 17f.)

Cotillon, Menuett und den deutschen Hopser tanzten auch die Stadtväter begeistert, aber den schnellen neuen «Langaus» wollten sie als gesundheitsgefährdend verbieten, natürlich ohne Erfolg. Auch in späteren Jahren nahm die Lust an Bällen, Maskenbällen und Kaffeehausbesuchen nicht ab, so daß sich der Magistrat entschloß, eine Sperrstunde einzuführen, um die nächtlichen Ruhestörungen durch die Nachtschwärmer in Grenzen zu halten. Die Klagen über den sittlichen Verfall, der in der neuen Zeit eingetreten sei, hinderten jedoch die Bürger nicht, weiter ihren Vergnügungen nachzugehen. Der neue Lebensstil hatte sich durchgesetzt. Anzumerken bleibt, daß allerdings die Hermannstädter nicht allein gern ausgingen. Auch in Kronstadt mangelte es keineswegs an Bällen. Die Mode der Kaffeehausbesuche, die in Hermannstadt soviel Anklang fand, verbreitete sich in Bistritz erst über hundert Jahre später. Die ungarischen Beamten waren die ersten Kaffeehausbesucher, aber bald wurde das Kaffeehausleben mit Kartenspiel und Zigeunermusik auch in breiten sächsischen Bevölkerungsschichten üblich.

Auch in anderer Beziehung verhalf die Öffnung Hermannstadts nach außen der Stadtbevölkerung zu neuen Erlebnissen. Nach anfänglichen Schwierigkeiten konnte 1787 das «erste deutsche Theatergebäude in Siebenbürgen» seiner Bestimmung übergeben werden. Es war im sogenannten Dicken Turm der Befestigungsanlage untergebracht. Bald hatte das Theater sein Publikum gefunden. Es entwickelte sich zwar nicht im Sinne der Aufklärer zu einer «moralischen Anstalt», weil Komödien am besten beim Publikum ankamen, aber es standen auch Dramen auf dem Spielplan, in den die Zensur eingriff, weil sie freiheitliches Gedankengut verbreiteten (vgl. Schaser 1989, S. 185 ff.).

Die Veränderungen der politischen Verhältnisse in Siebenbürgen hatten für das städtische Leben der Sachsen tiefgreifende Konsequenzen. Sie hatten einen Wandlungsprozeß in Gang gebracht, an dessen Ende die Auflösung der Sozialordnung stand, die das Leben in der sächsischen Stadt so lange geprägt hatte. Dem scharfen Beobachter Stephan Ludwig Roth war der Wandel nicht entgangen. In Wehmut gedenkt er der vergangenen Zeit, die ihm als die bessere erschien: «Wo seid ihr hin, ihr goldenen Tage, wo sich die Bewohner anstoßender Häuser nahe waren, näher als Anverwandte, die Nächsten in Leid und Freud, bei Tag und Nacht. Als dies alles noch Tatsache war ... waren diese Zusammenkünfte der nachbarschaftlichen Verbrüderung ... mehr als jetzt, wo sie auch so heißen, aber weniger sind. Solche Zusammenkünfte waren Ereignisse, die Ursache und Folgen hatten für jeden Hauseigentümer! ... Der Anruf Nachbar war nicht leer; er enthielt ein Bündel Rechte und Pflichten; sagte was im Munde des Gleichen; klang nicht wie Herablassung im Munde des Vornehmen; er war Anerkenntnis gleicher Berechtigung, ein Geständnis der Benötigung, die Parole einer Verbrüderung. Wenn in solchen Zusammenkünften die Männer ihre Geschäfte mit Zufriedenheit beendigt hatten und Zeit und Wille war da, der Fastenspeise des Werktaglebens die Freude als Fett und Butter aufzugießen, entbot man Frauen, den Kindern und Kegeln. Die Versammlung waren Menschen gleichen Ziels, gleicher Furcht und Hoffnung. Ein Leib, eine Seele! Jung und alt waren fröhlich! Denn alle hatten Ursache am Beschlusse, froh ein jeder in seiner Art. Die Alten rückten in Gesprächen näher - die Jungen drehten sich im Tanze. Mutter und Vater ergötzten sich die Augen am Kinde. Diese Freude war Lohn eines beendigten Geschäfts, eine Lust am Beisammenbleiben; nicht Lust aus Tanz, sondern Tanz aus Lust. Saget es selbst, ihr grauen Häupter, Ruinen der Vergangenheit, als ihr Kinder, Jünglinge und junge Männer waret, hatten diese Zeiten denn keine Freude, keinen Frohsinn, keine Lust und kein Vergnügen?» (Roth 1974, S. 192)

Aber der neue, ungebundenere Lebensstil stieß offenbar auf breite Akzeptanz in der vom Sog der Zeitströmungen erfaßten Stadtbevölkerung. In den festen Bahnen der Überlieferung spielte sich das Leben von nun an nur noch auf dem Dorf ab.

Die dörfliche Lebensordnung

Familie und Partnerwahl

Bis zum Ende des Zweiten Weltkriegs waren die sächsischen Bauernwirtschaften Produktionsstätten, die vorwiegend von den eigenen Familienangehörigen betrieben wurden. Die ökonomische Basis bestimmte das gesamte Arbeits- und Familienleben in all seinen Äußerungen. Alle Familienmitglieder standen unter der Autorität des Hausvaters der ersten Generation. Nach diesem patriarchalischen System war nicht nur die Wirtschaftsführung, sondern auch die familiale Struktur mit ihrer Verteilung der Rollen, der Kindererziehung, den Heiratsvorschriften, der Versorgung der Alten geordnet. Die Sozialform der sächsischen Bauernfamilie entsprach einem Familientypus, der als charakteristisch für die bäuerliche Gesellschaft alter Prägung beschrieben wurde (vgl. Weber-Kellermann 1976, S. 82ff.).

In der Regel war das sächsische Haus von einer gemeinsam wirtschaftenden Haushaltsfamilie bewohnt, die sich überwiegend aus drei Generationen zusammensetzte: zwei Generationen, die in dem Betrieb wirkten, während die dritte heranwuchs. Die Nachfolge, die in alter Zeit der jüngste Sohn angetreten hatte, wie es das Eigen-Landrecht der Sachsen vorschrieb, wurde in späteren Jahren durch den Vater geregelt, in dessen Ermessen es stand, wen er im Haus behalten wollte. Häufig war es der älteste Sohn, der mit Frau und Kindern auf dem Hof bei den

Alten blieb, um den bäuerlichen Betrieb in einem allmählichen Generationswechsel ohne Störungen weiterzuführen. Hatte der älteste Sohn noch unverheiratete Geschwister, so lebten diese so lange im gemeinsamen Haushalt, bis auch sie eine Ehe schlossen und damit aus der Familie ausschieden.

Alle aber, die im Haus lebten, halfen bei der Arbeit. Denn «alles Volk war ja zu Hause», d. h. im Dorf in der eigenen Wirtschaft tätig, und man arbeitete «viel und streng für das Haus», wie einmal eine sächsische Bäuerin den bäuerlichen Alltag früherer Zeiten schilderte. So orientierte sich das Leben der Familienmitglieder, selbst der Kinder, an den Bedürfnissen der Familienwirtschaft. Nicht nur der Lebensunterhalt mußte erwirtschaftet, sondern auch der Besitz an Land sollte vermehrt werden. Es ging dabei sowohl um die Verbreiterung der ökonomischen Basis als auch um die Erhaltung der Lebensgrundlage der nächsten Generation.

Wie das ganze Leben im sächsischen Bauernhaus auf den Erwerb von Grund und Boden konzentriert war, wird an der Haushaltsführung sehr gut sichtbar. Von Festen abgesehen wurde in den meisten Haushalten nur sparsam gegessen. Vor dem Aufbruch zur Feldarbeit gab es in der Regel einen Gemüseeintopf, oft fleischlos. Mittags bereitete man in den bäuerlichen Familien keine richtige Mahlzeit zu, sondern begnügte sich mit Brot und Speck oder Käse. Zum Abendessen kochte die Hausfrau häufig Maisbrei, der gestürzt mit süßer und saurer Milch oder Schafskäse verzehrt wurde.

Das Denken in besitzhierarchischen Systemen bestimmte weitgehend das Verhalten der Sachsen im Dorf. Die vom Landbesitz abhängigen sozialen Schichtungsverhältnisse hatten ihre Auswirkungen auf die familialen Bindungen. Es war keineswegs gleich, mit wem man in Beziehung trat. Besonders deutlich kann dies am Heiratsverhalten der gut situierten Sachsen beobachtet werden, bedeutete doch die richtige Verbindung einen Zuwachs an Grundbesitz und Prestige. Ledig blieb im übrigen so gut wie niemand. Schon die ersten Statistiken im 19. Jahrhundert belegen eine hohe Heiratsfrequenz. Erst mit der Verehelichung galt man als ein vollberechtigtes Gemeindemitglied. Da bei der Heirat die Vermögenslage eine so entscheidende Rolle spielte, achteten Eltern und Großeltern streng auf die jungen Leute, um vor Überraschungen sicher zu sein. Ihre Kontrolle erstreckte sich bis in den Tanzsaal und die Spinnstube, die reihum in den Häusern der Nachbarschaft für Frauen und Mädchen getrennt abgehalten wurde. Zum Tanz am Sonntag nachmittag hatten überhaupt nur diejenigen Zutritt, die am Morgen in die Kirche gegangen waren.

Nach Abwägung ihrer jeweiligen finanziellen Lage kamen zwei

45 Stolzenburg – Brautpaar nach Verkündung des Aufgebots im Gottesdienst – Bräutigam im Stolzenburger Mantel – (1974)

Väter überein, eine Eheschließung ihrer Kinder herbeizuführen. Sie stellte praktisch einen Vertrag zwischen zwei bestehenden Altfamilien dar, die die existenztragenden Eigentumsverhältnisse im Hinblick auf die Nachfolge ordneten. Nach der Zuneigung der beiden Kinder wurde bei wohlhabenden Bauern nur selten gefragt, wenn auch nicht unterstellt werden soll, daß sie in allen Fällen fehlte. Die armen Leute waren bei der Wahl ihrer Ehepartner freier, weil es kein Vermögen gab, das zu Rücksichten zwang. Die ihnen vorgegebenen Heiratskreise konnten sie allerdings kaum verlassen, denn unter den Begüterten fand sich schwerlich eine Partie für sie. Widersetzten sich die Jungen der Entscheidung der Eltern, übten diese Druck aus und machten sich ihre Kinder gefügig, indem sie drohten, sie aus der Familie und vom Erbe auszuschließen. Aber meist gehorchten die Jungen und fügten sich den Gesetzen des Dorfes. So heirateten die wohlhabenden Familien untereinander, und manchmal kam es des «Grundes» wegen sogar zu Verwandtenheiraten. Auch die kleineren Bauern achteten darauf, daß ihre Kinder Ehegefährten aus gleichgestelltem Haus nahmen. Da zur mittleren Schicht viele Bauern im Dorf gehörten, gab es deshalb auch mehrere passende Heiratsverbindungen, so daß sich innerhalb des Systems die Partnerwahl hier relativ frei entfalten konnte. Trotz einer kritischen Einschätzung, die der altbäuerlichen Ordnung gegenüber in vieler Hinsicht angezeigt erscheint, darf doch nicht übersehen werden, daß vom Standpunkt ihrer inneren Logik aus betrachtet die Akzeptierung der Normen im familialen Bereich notwendig war, solange ihr Bestand nicht in Frage gestellt werden sollte. Der Heiratskreis der sächsischen Bauern war auch lokal eingeengt; er beschränkte sich auf das eigene Dorf. In der Regel folgte man dem Sprichwort, daß man nicht «über Hattert», d. h. nicht über die Grenzen der Gemarkung hinaus heiraten soll. Fiel selten genug einmal die Wahl auf einen Partner aus der Umgebung, wurde diese Entscheidung im Dorf ungern akzeptiert. Die Ablehnung der Fremden als einem unwägbaren Element im dörflichen

46 Stolzenburg – Das Zeremoniell des «Gabens» –
Das Brautpaar empfängt die Hochzeitsgeschenke (1976)

Leben kam in der sprichwörtlichen Redensart, daß Brot aus dem Heimatdorf besser sei als «Hanklich» – ein flacher Kuchen aus Hefeteig mit verschiedenen Belägen wie z. B. gequirlten Eiern und Rahm – aus der Nachbargemeinde, anschaulich zum Ausdruck. Aber auch schon deshalb war die Beschränkung auf den überschaubaren binnendörflichen Heiratskreis für die Bauern gegeben, weil sie ihren Grund im Dorf zwar hätten verkaufen können, aber kaum die Aussicht bestand, sich für den Erlös in der Gemeinde des zukünftigen Ehepartners anzukaufen. Denn Liegenschaften veräußerten die sächsischen Bauern möglichst nicht.

Schließlich spielte sich die Partnerwahl auch fast ausschließlich innerhalb der eigenen ethnischen Gruppe ab. Es gab zwar Mischehen; so weist eine über fünfzehn Jahre geführte Statistik aus der zweiten Hälfte des 19. Jahrhunderts für die 227 von Sachsen bewohnten Landgemeinden 370 gemischte Ehen nach, jährlich also rund fünfundzwanzig, aber wie auch an diesen Zahlen abzulesen ist, blieben sie eine seltene Erscheinung. Die mit den Sachsen in den Dörfern zusammenwohnenden Rumänen lehnten gleichermaßen Mischehen ab. Wer diese Verhaltensregel durchbrach, hatte in beiden Gruppen mit Sanktionen zu rechnen. Eine einmal vollzogene Ehe galt den Sachsen aber nicht als unauflöslich. Die Scheidungsbestimmungen des Ehepatents von 1786 standen allerdings im Gegensatz zu der Rechtsauffassung des Eigen-Landrechts, das eine Scheidung welcher Umstände wegen auch immer nicht gestattete. Durch die Aufgabe der alten Eherechtsbestimmungen kam es öfter zu Ehescheidungen, und die Beobachtung erstaunt, daß die Trennung der ehelichen Verbindung ein Akt war, der von der sächsischen Gesellschaft als selbstverständlich toleriert wurde. Der das Land bereisende Charles Boner ließ in seiner Schilderung sächsischen Lebens der Hochzeit gleich das Kapitel der Ehescheidung folgen. Denn diese Abfolge werde bei ihnen als «natürliche Ordnung» der Dinge betrachtet. Eine zweite Verheiratung nach der Auflösung der ersten Ehe bilde keine Ausnahme, sondern entspreche dem «socialen Brauch» (Boner 1987, S. 531 ff.). Mag Boner auch übertrieben haben, aber in der Tat sahen sich die Pfarrer nach vergeblichen Schlichtungsversuchen öfter genötigt, das eingereichte Scheidungsbegehren an das geistliche Ehegericht weiterzuleiten, das dann auf eine Trennung der ehelichen Verbindung erkannte.

Der Sohn, der den väterlichen Hof übernahm, hatte für die Eltern zu sorgen, wenn sie alt geworden waren. Wenn die Geschwister mit ihrer Heirat das Haus verließen, übergab ihnen der Vater jeweils ein Stück Feld, Wiese und Weingarten, einem jeden in gleicher Größe. Bei der Aufteilung des Grundes an die Kinder behielten die Alten für sich Land zurück, hatten zum Teil auch noch etwas Vieh. Der Vater überließ den

47 Deutschweißkirch – Junge Mutter

Kindern den Boden im Vorgriff auf ihr Erbe. Sie verfügten damit weder über ihr gesamtes Erbteil, noch war das Land schon ihr Eigentum. Aber damit hatten die Kinder schon zu Lebzeiten der Eltern ihre Existenzgrundlage. Diese Regelung dürfte der Hauptgrund für die angeführte hohe Heiratsfrequenz der Sachsen gewesen sein. Eine sprichwörtliche Redewendung kommentierte diese Regelung mit den Worten: «Wer sein Gut vergibt vor dem Tod, den schlägt man mit dem Knüppel tot.» Die materielle Fürsorge für die Alten war aber nicht allein Sache desjenigen Kindes, das bei den Eltern geblieben war und mit ihnen eine gemeinsame Wirtschaft führte und sie bei Gebrechlichkeit betreute. Alle Geschwister hatten den Eltern Naturalien zu ihrem Unterhalt zu geben. Bei mittleren Bauern belief sich der den Eltern zustehende Anteil in etwa auf einen Sack Weizen, zwei Säcke Mais, Kartoffeln, Fleisch. Beim Dreschen und Schlachten brachten die Kinder dem Vater die Schuld. Geld hatten sie nicht zu geben, mußten aber schon die anfallenden Steuern für den ihnen überlassenen Grund entrichten. Die Abmachung, wieviel die Kinder dem Vater schuldig waren, wurde mündlich getroffen. Notarielle Verträge, die die Übergabe des Besitzes regelten, waren auch im 20. Jahrhundert nicht häufig. Der Vater war immer noch der Besitzer von Haus und Feld und brauchte sich nicht um die strikte Einhaltung der mündlichen Vereinbarung, in der er sich mit den Kindern über seinen Unterhalt «vernommen» hatte, zu sorgen. Was der Vater von den Kindern an Naturalien verlangte, war übrigens nicht in sein persönliches Belieben gestellt. Auch er hatte der Dorfnorm zu folgen, die die Mengen ungefähr vorgab, die den Alten zur Versorgung zustanden.

Nach dem Ableben der Eltern traten die Kinder ihr volles Erbe an. Männer und Frauen erbten gleichberechtigt, wie es schon im Eigen-Landrecht als gesetzliche Erbfolge vorgesehen war. Das Kind, das nach dem Willen der Eltern im Haus geblieben war, sie versorgt und beerdigt hatte, erhielt das Anwesen. Da es aber auch seinen Anteil am Grundbesitz erbte, mußte es die Geschwister entschädigen, indem es ihnen die «Hofschuld» auszahlte. Auch das Inventar des Hofes gehörte zur Erbmasse. Die Konfliktsituation, in die das bäuerliche Familiensystem bei der Vererbungsregelung gestellt ist, nämlich das Familieneigentum zu bewahren und dementsprechend nur einem Erben den Hof und das Feld ungeteilt zu übergeben, während die Geschwister eine verhältnismäßig geringe Abfindung erhalten, hatten die Sachsen zugunsten der Realteilung gelöst, bei der jedes Kind seinen Anteil erhält. Diese gerechtere Regelung führte aber auch zur Zerstückelung des ländlichen Grundbesitzes, als das Ackerland der Gemeinden gänzlich an die Bauern verteilt und zu Privateigentum geworden war. Manche Bauernwirtschaft hatte nicht mehr den Boden, um die Familie ernähren zu können. Mit Arbeiten im Tagelohn mußten sich diese Kleinbetriebe mühsam über Wasser halten. Andere Kleinbauern suchten ihr Heil in der Auswanderung, als in den achtziger Jahren des 19. Jahrhunderts Siebenbürgen von einer schweren Wirtschaftskrise getroffen wurde, die die Lage noch verschlimmerte. In jenen Jahren nahm die Auswanderung solche Formen an, daß in einigen Dörfern mehr als zehn Prozent der sächsischen Bevölkerung vorübergehend oder auf Dauer in den Vereinigten Staaten lebten.

Das Wohnen im sächsischen Bauernhaus

In seiner traditionellen Form weist das sächsische Bauernhaus einen zwei- oder dreiräumigen Grundriß auf. Einige Stufen führen vom Hof aus direkt über einen eingebauten Aufgang in das Innere des Hauses, häufig auch zuerst in die «Laube», einen überdachten Vorraum, der zu einem längeren Laubengang erweitert sein kann. Man betritt den «Haus» genannten Herdraum, von dem aus die vordere, an der Straßenfront gelegene Stube und gegebenenfalls auch der hintere Raum betreten wird. Ursprünglich war der Herdraum fensterlos, wurde später aber neben der Eingangstür mit Fenstern versehen. Der ehemals offene Rauchfang im «Haus» wurde im Laufe der Zeit durch einen gemauerten Herd ersetzt und in den Raum eine Decke eingezogen. In den zwanziger Jahren gab es noch einige sächsische Bauernhäuser, in denen der Rauch frei in den Dachraum stieg. Mit dem Einbau des Herdes war das «Haus» rauchfrei geworden, und nun konnte auch der Koch- und Wirtschaftsraum dem Wohnen und Schlafen dienen. Aus der vorderen Stube, die mit dem Stubenofen eine eigene Feuerstelle hatte, verlagerte sich das Leben in die rückwärtigen Räume; aus dem vorderen Zimmer wurde die «gute Stube», die nur zu festlichen Anlässen genutzt wurde.

Für die traditionelle Raumgestaltung der sächsischen Stube war kennzeichnend, daß die Möbel stets in der gleichen Weise angeordnet wurden. Der viereckige Tisch stand in einer der straßenseitigen Ecken der Stube, von zwei Seiten durch an den Wänden stehende lange Sitzbänke umgeben. Oft waren es Truhenbänke, deren Sitzflächen aufgeklappt werden konnten und als Behältnis für Wäsche und Textilien dienten. Diagonal zur Tischecke hatte die Ofenecke ihren Platz, während in der vorderen, dem Tisch gegenüberliegenden Ecke das «hohe Bett» als Paradestück stand, vor das einem alten Einrichtungsprinzip entsprechend eine Sitztruhe oder eine Lehnbank gerückt war. An das hohe Bett schloß sich ein einfaches, oft ausziehbares Bett oder eine große Kleidertruhe an. In der rückwärtigen vierten Ecke stand in wohlhabenden Häusern die auch «Schüsselkorb» genannte Anrichte, in der das Geschirr verwahrt wurde. Die verbleibenden Stellflächen nahmen weitere Truhen ein. Vervollständigt wurde die Einrichtung der sächsischen Bauernstube durch die schon erwähnten Teller- und Krugrahmen, die sich unterhalb der Decke an den Wänden entlangzogen. Diese Abstell- und Anhängebretter hatten anfangs rein praktische Zwecke, wurden dann aber mit ihrem Keramikschmuck zu einem Dekorationselement. Zwischen den Fenstern der Giebelfront, auch im Winkel oberhalb des Tisches oder über dem Bett befand sich eine Wandnische, die durch eine vorgesetzte Tür verschlossen war. Sie wird Almerei genannt und war ein unverzichtbarer Schmuck der traditionellen sächsischen Bauernstube.

Der Herdraum wies als der vorrangig der häuslichen Wirtschaft dienende Raum nur wenige Einrichtungsstücke auf. Er enthielt den gemauerten Herd, der zum Teil mit dem Backofen verbunden war, wenn man diesen nicht schon in den Schuppen oder ein Nebengebäude verlegt hatte. Neben der Tür oder der Kochstelle benachbart fand die Wasserbank mit den Wassergefäßen ihren Platz. In einer Ecke stand der Tisch, von Bänken oder auch Truhen als Sitzgelegenheiten umgeben. Den Vorrat an Mehl bewahrte die Hausfrau in einer großen Truhe auf. Tellerrahmen oder ein Küchenkasten für das Geschirr vervollständigten die Einrichtung. Die hintere Stube war ähnlich wie die gute Stube ausgestattet, nur einfacher und natürlich fehlte das hohe Bett.

Die gute Stube, die statt des alten Heizungssystems des Kachelherdes mit Fliesenverkleidung, in dem das Feuer offen brannte, mit einem Stubenofen ausgestattet worden war, wurde dennoch fast nie beheizt. Im Paradezimmer bewahrte man die Fellkleidung und die Kleidungsstücke aus gewalktem Schafwollstoff auf. Besonders bekannt wurde der weiße «Stolzenburger Mantel» der Burschen, ein durch seine bunten Stoffapplikationen auffälliges repräsentatives Trachtenstück, das die Sachsen wie die Fellkleidung von den Ungarn übernommen haben dürften. Diese aufwendigen Kleidungsstücke mußten vor Mottenfraß geschützt werden. Im Winter waren die Trachtenstücke so ausgekühlt, daß sie schon am Samstag abend aus der Stube geholt und während der Nacht in einen warmen Raum gebracht werden mußten, wenn sie sonntags zum Kirchgang getragen werden sollten.

Das hohe Bett, das Prunkstück der sächsischen Bauernstube, wurde kaum je benutzt. Es war vielmehr ein Repräsentationsstück, das vom Wohlstand des Hauses, aber auch vom Fleiß der Bäuerin Zeugnis ablegte, denn sie stellte seine Ausstattung selbst her. Ein Strohsack bildete die Unterlage auf dem Bett. Sein von der Stube her sichtbares Ende war mit einer gestickten oder durch Webmuster verzierten Kappe versehen. Auf die Unterlage legte die Bäuerin die Federbetten, die ebenfalls Zierkappen trugen. Über das Bett breitete sie eine reich verzierte Bettdecke aus. Auf diesen Aufbau kamen als Abschluß Zierkissen. Ein früher Beleg für das Schaustück hohes Bett findet sich in Conrad Jacob Hiltebrandts Beschreibung einer Reise, die ihn als Mitglied einer schwedischen Gesandtschaft in den Jahren 1656 bis 1658 über Siebenbürgen nach Konstantinopel führte. Er schildert seine Erfahrungen, die er mit den Schlafstätten der Sachsen machte, in folgender Weise: «Wie wol es sich nu in Siebenbürgen unter denen Saxen zimlich teutschet, so ist doch ihr Bett gerecht eben hart; zwar findet man hoch aufgemachte und bund außgenähte Betten, aber die Federn müßten nicht zu köstlich drein seyn, zu dem seyn Sie auch so stoltz damit, daß Sie dieselben keinem Frembden so leichtlich unterlegen.» (Babinger 1937, S. 68)

Ihren Besitz verwahrten die sächsischen Bauernfamilien in Truhen, von denen sie meist mehrere in verschiedenem Format besaßen. Anschließend an das hohe Bett stand gewöhnlich die Kleidertruhe mit den guten Kleidungsstücken. Zur Ausstattung, die gut versorgt werden mußte, gehörten neben der Kleidung die Haustextilien wie Leintücher, Bezüge, Tisch- und Handtücher, aber auch die Ballen Vorrat an noch unverarbeiteter Hauswebe. In keinem sächsischen Bauernhaus fehlte der Webstuhl. Alle Arbeiten bei der Textilherstellung vom Anbau der Textilpflanzen über die Gewinnung der Fasern bis hin zum Spinnen und Weben hatten die Frauen in ihrer Hauswirtschaft zu leisten. Es gab wohl kaum Frauen, die sich nicht auf sie verstanden. Schon die Mädchen erlernten die verschiedenen Arbeitstechniken bei ihren Müttern und Großmüttern. Anfang November, häufig am Martinstag, begannen die Frauen mit der Spinnarbeit, die bis zum Lichtmeßtag am 2. Februar abgeschlossen sein mußte, wollten sie nicht als nachlässig gelten. In dieser Zeit verarbeiteten sie ungefähr das an Hanf, was sie angebaut hatten. Von Februar bis Ende März, bis die Feldarbeit begann, saßen die Frauen von morgens bis abends am Webstuhl und legten kaum eine Pause ein, bis ihr Vorrat an versponnenem Hanf verwebt war.

48 Das „hohe Bett“

49 Meeburg – Truhe

Die beschriebene Raumgestaltung und die Inneneinrichtung der Stube war für große Teile Siebenbürgens noch um die Jahrhundertwende gültig. Aber in Südsiebenbürgen begann damals die städtische Möbelmode, das bemalte bäuerliche Mobiliar zu verdrängen. Mit den neuen Möbeln änderte sich die alte Raumordnung. Die Truhen wurden allmählich ersetzt, als die neumodische Kommode und der Kleiderschrank Einzug in das sächsische Bauernhaus hielten. Wohl folgte man städtischem Vorbild bei der Möblierung der Wohnung, aber man übernahm nicht das System der Wohnraumdifferenzierung, das den Wohnraum vom Schlafraum trennt. Schlaf- und Wohnbereich blieben im sächsischen Bauernhaus ungeschieden. Die Verdrängung der bäuerlichen Wohnausstattung durch städtisches Mobiliar vollzog sich aber in einem langandauernden Prozeß und war vielerorts bis in die jüngste Gegenwart nicht abgeschlossen. Diesem Umstand ist es zu verdanken, daß sich viele Zeugnisse für den schönen alten Hausrat in den sächsischen Dörfern erhalten hatten.

Das Wohnhaus war im Alltag wie auch zu besonderen Anlässen der Mittelpunkt im Familienleben der Sachsen, das sich allerdings nicht losgelöst von der Arbeitswelt in der Intimität des abgeschlossenen Heims vollzog. Es war vielmehr von den Erfordernissen der Bauernwirtschaft bestimmt und zudem in das Leben der Nachbarschaft und der Gemeinde eingebunden. Im Haus traf man sich zu den Mahlzeiten, in Augenblicken der Muße und abends zum Schlafen. Hier wurden die Kinder geboren, und die Alten starben dort. Man empfing Besuche, und die Verwandten versammelten sich im Haus zu Festen, aber auch traurigen Anlässen. Die Haushaltsfamilie wirtschaftete nicht nur gemeinsam, sie bewohnte auch zusammen die hintere Stube bzw. den Küchenraum, wo sich das Alltagsleben abspielte. Das enge Zusammenleben stellte besonders an die junge Frau, die eingeheiratet hatte, große Ansprüche, denn oft fiel ihr das Einleben in der anderen Wirtschaft schwer. Die Alten dirigierten das Leben der Familie und kontrollierten es. Auch die Enkelkinder waren dem oft strengen Regiment der Großeltern unterworfen, die vor allem darauf achteten, daß die Kinder und Jugendlichen am religiösen Leben der Gemeinde teilnahmen.

Die Inanspruchnahme des Wohnhauses und seiner Einrichtungen änderte sich dem Rhythmus des bäuerlichen Jahres und seinem Tageslauf entsprechend. In vielen Häusern wurde während der warmen Jahreszeit an anderen Stellen geschlafen als im Winter, wenn die Kälte zum Zusammenrücken zwang. Nach der Beendigung der Feldarbeit und dem Einsetzen des kalten Wetters konzentrierte sich das Leben der Familie ganz auf die Wohnstube. Um Kosten für die Feuerung, aber auch für die in den dunklen Wintertagen notwendige Beleuchtung zu sparen, wurden die Hausarbeit und das Kochen auch in den Häusern in den Wohnraum verlegt, in denen sommers der Herdraum dem Wirtschaften diente. Von Anfang Februar bis Ende März mußte die Stube zudem den Webstuhl aufnehmen, bis er wieder abgebaut wurde. In den

50 Aufstellen des Hanfs zum Trocknen

51 Brechen des Hanfs

Nebengebäuden mancher Anwesen war die sogenannte Sommerküche entstanden, in der die Hausfrau während der warmen Jahreszeit kochte, um die Temperatur im Haus erträglich zu halten.

Standen im Sommer die Bauern schon bei Tagesanbruch auf, um nach dem Füttern des im Stall zurückgebliebenen Viehs zu frühstücken und dann zur Arbeit auf die Felder zu gehen, so ließen sie im Winter den Tag später beginnen. Die Männer hatten neben verschiedenen Ausbesserungsarbeiten nicht allzu viel zu tun, seit sich die Dreschmaschine in den Dörfern durchzusetzen begann. Die Frauen hingegen mußten neben ihrer Hausarbeit für die textile Ausstattung des Haushalts und der Familie sorgen.

Im Sommer fand die Mittagsmahlzeit meist auf dem Feld statt. Nur abends und an Sonntagen versammelten sich die sächsischen Familien um den Tisch. Im Winter setzte man sich auch mittags zum Essen zusammen. Der Eßtisch stand in der Regel in der Wohnstube. Hier wurde alltags und sonntags gedeckt. Bei Tisch hatten die Kinder zu schweigen; in früheren Zeiten war es vielerorts üblich, daß die Kinder stehend an den Mahlzeiten teilnahmen.

Besuche in der Verwandtschaft oder der Nachbarschaft statteten sich die sächsischen Bauern vorwiegend während des Winters ab. Denn im Sommer blieb zu Zusammenkünften keine Zeit. Da im «schönen» vorderen Zimmer nicht geheizt wurde, führte man auch die Gäste in die allgemeine Wohnstube. Hier schloß der Hausherr mit dem Händler, der ihn in der Ruhezeit auf seinem Hof aufsuchte, sein Geschäft ab und trank mit ihm ein Glas Wein. An den Winternachmittagen kamen auch die Nachbarinnen zu Besuch in die Stube. Sie brachten sich ihre Spinnarbeit oder eine andere Handarbeit zu der Gesprächsrunde mit. Da die Erwachsenen nachmittags oft alle in der Stube anwesend waren, ließ sich für die Kinder die Erledigung der Hausaufgaben schwierig an. Nicht sehr viele Familien zeigten sich so verständnisvoll, daß sie wenigstens für kurze Zeit den Kindern Ruhe verschafften.

Alt und jung blieben in der Winterzeit in der Regel abends nicht allein zu Haus. Die Männer der Nachbarschaft besuchten sich gegensei-

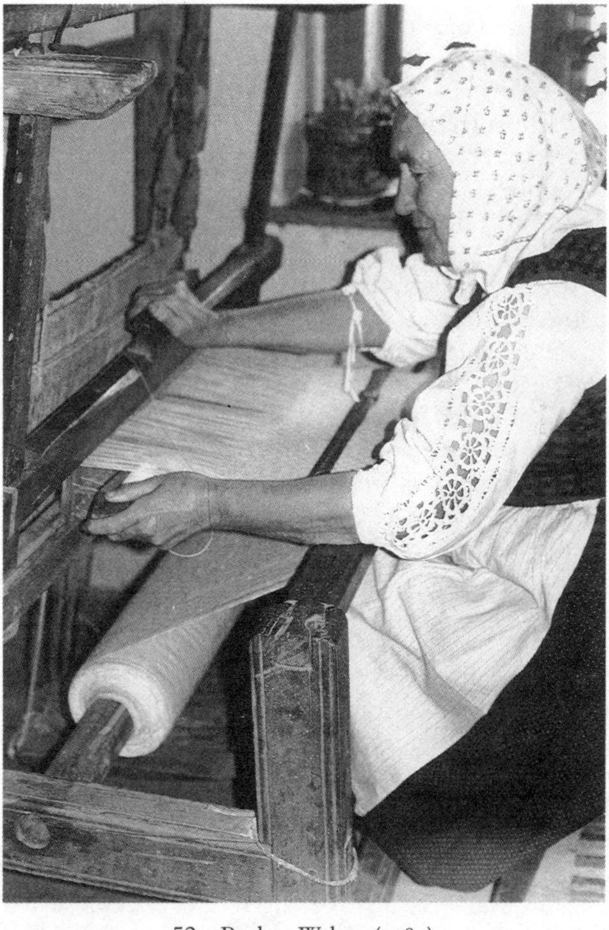

52 Rode – Weben (1989)

tig, während sich die Frauen und Mädchen zum Spinnen in der sogenannten Rockenstube trafen, die sie reihum, jede für eine Woche, in ihrem Haus abhielten. Die Frauen spannen mit dem Spinnrad, viele aber benutzten auch noch die Handspindel. Die geselligen Zusammenkünfte, die manchmal bis gegen Mitternacht dauerten, fanden täglich außer am Samstag und Sonntag im Rahmen der jeweiligen Nachbarschaft statt, zu der die Frauen durch die Lage ihres Hofes in dieser oder jener Gasse gehörten.

Hielt sich im Winter die ganze Familie, alt und jung, tagsüber nach den häuslichen Verrichtungen in der warmen Stube auf, so blieb sie auch zum Schlafen im gleichen Raum beieinander. In den großen Familien waren nicht für alle Bettstellen vorhanden. Die Ehepaare schliefen in einem Bett zusammen. Andere Liegestätten mußten deshalb eingerichtet werden, und dies auch in den Häusern der reicheren Bauern, da sie durch die übliche Nutzung der vorderen guten Stube als Repräsentationsraum ebenfalls wenig Platz hatten. Man schlief in der Bett-Truhe, einer schmalen langen Truhe, die zum Aufklappen oder als Auszugbett eingerichtet war; Ausziehbetten und Rollbetten sorgten für weitere Schlafplätze. Durch einen Auszug, der vorn auf zwei eigenen Füßen ruhte, wurde die Liegefläche des Ausziehbettes verbreitert, während das Rollbett, eine niedrige Liege auf Rädern, tagsüber unter ein anderes Bett geschoben wurde. Mit acht und zehn Personen in einem Raum konnte es mehr als unbehaglich werden. Morgens mußte die Stube erst einmal aufgeräumt werden, damit die Familie darin Bewegungsfreiheit hatte. Aber nicht in allen Familien war es üblich, daß das junge Ehepaar mit den anderen Familienmitgliedern den Schlafraum teilte, sondern man wies ihm in einem Nebengelaß eine separate Schlafkammer zu. Manchmal behielten sich die alten Eltern auch ein Zimmer für sich allein vor. Man führte dann den Haushalt gemeinsam, kochte und aß zusammen, schlief aber getrennt. Die Alten hatten sich durch diese Regelung die Möglichkeit geschaffen, sich zurückziehen zu können, wenn ihnen das Zusammenleben mit den Enkelkindern zuviel Unruhe brachte.

In der schönen Jahreszeit verlagerte sich das häusliche Leben soweit als möglich aus der Wohnstube ins Freie. Abends saß man draußen, sofern die Arbeitsbelastung in der bäuerlichen Wirtschaft einen Feierabend gestattete. Selbst zum Schlafen suchten im Sommer in vielen Familien nicht alle Mitglieder die Stube auf. Die Schlafplätze konnten auch außerhalb des Zimmers hergerichtet werden, und die jungen Männer schliefen gern im Heu.

In der guten Stube als dem Paradezimmer versammelten sich die sächsischen Familien nur bei festlichen Anlässen. Hier empfing man dann die Geladenen. So richtete die Bäuerin zur Feier einer Hochzeit die gute Stube für die Ehrengäste her und auch ein «hoher Besuch» aus der Stadt genoß den Vorzug, hier eintreten zu dürfen. Bei diesen seltenen Gelegenheiten war dort der Tisch gedeckt, um die Gäste gebührend zu bewirten. Die Familien markierten durch ein solches, auf Repräsentation gerichtetes Verhalten ihre soziale Position innerhalb der dörflichen Gesellschaft, und bei der auf Geltung und Anerkennung ausgerichteten Selbstdarstellung kam dem Raum, der für Status und Prestige der Familie stand, eine wichtige Rolle zu (vgl. Schenk 1984).

Die Regelung des sozialen Lebens in der Gemeinde

Wie in den Städten war auch in den dörflichen Gemeinden das soziale Leben in den Rahmen der Nachbarschaften eingepaßt. Hatte es in der Stadt hin und wieder Fälle gegeben, in denen ein Eintritt in die Nachbarschaft verweigert worden war, so ließen auf dem Land Tradition, der Druck der Nachbarn, aber auch die Lebensverhältnisse auf dem Dorf keine andere Wahl, als Mitglied der Nachbarschaft zu werden. Nach der Eheschließung oder nach Vollendung des 24. Lebensjahres trat jedes männliche Mitglied einer sächsischen evangelischen Kirchengemeinde der Nachbarschaft bei. Zwar war in jüngerer Zeit die Mitgliedschaft aller Angehörigen der Kirchengemeinde, also auch der Frauen, in der von der Kirche erlassenen Nachbarschaftsordnung vorgesehen, aber diese Bestimmung scheint kaum eingehalten worden zu sein. Die Männer blieben in der Regel unter sich. Trotz der Kritik, die gelegentlich an dieser traditionellen Lebensordnung geübt wurde, deren feste, Unterordnung verlangende Vorschriften von einzelnen als zu beengend empfunden wurden, kamen doch alle der an sie gestellten Forderung nach. Durch die Lage seines Hauses war auch jedem zwingend vorgeschrieben, welcher Nachbarschaft er anzugehören hatte. Keinem war die Wahl freigestellt, sich einer Nachbarschaft in einem anderen Viertel des Dorfes anzuschließen. Die Frauen gehörten durch ihre Männer der Nachbarschaft an.

Eine Existenz außerhalb der Nachbarschaft wäre nicht denkbar und praktisch auch nicht möglich gewesen. Wie in der Stadt übernahmen die Nachbarschaften in den Gemeinden Arbeiten für die Allgemeinheit, daneben leisteten sie aber auch ihren Mitgliedern Hilfe. Dieser wechselseitige Beistand, den sich die Nachbarn in allen Lebenslagen gewährten, war breit angelegt und bezog sich auf die verschiedensten Lebensbereiche. Jeder Nachbar hatte ein Anrecht auf Hilfe nach einem unverrückbaren Kodex von Leistung und Gegenleistung. Auf die nachbarliche Hilfe konnte sich jeder Dorfbewohner verlassen, wenn Not am Mann war. Mit die wichtigste Unterstützung waren die genau bestimmten Arbeitseinsätze beim Bauen, die bis in die letzten Jahre geleistet wurden. Erkrankte ein Hauswirt, legte man bei seiner Feldarbeit Hand an, und in Unglücksfällen kam von der Nachbarschaft die schnelle erste Hilfe. Man half sich bei den Vorbereitungen zu den Familienfesten wie einer Hochzeit, und schließlich sorgte die Nachbarschaft für die Bestattung ihrer Mitglieder, indem sie das Grab aushob und den Toten zum Friedhof trug. Ebenso war das gesellige Leben an die Nachbarschaften

53 Alzen – Nachbarzeichen von 1912

gebunden. Im wesentlichen stellen sich Funktion und Organisation der Nachbarschaften in der Stadt und auf dem Land gleich dar. Die Nachbarschaftslade mit der Nachbarschaftssatzung, das Nachbarzeichen, durch das von Haus zu Haus Nachrichten und Einladungen zur jährlichen Versammlung, zu Beratungen, zu Arbeitseinsätzen und zu geselligem Beisammensein übermittelt wurden, sie waren da und dort die Identifikationssymbole der Nachbarschaft. Zusätzlich wurden die Nachbarschaften auf dem Dorf durch den gemeinsamen Besitz von landwirtschaftlichen Maschinen wie Maisputzmaschine und Kartoffelroder zusammengehalten.

Die Anordnung der Wiener Behörden, daß allen Hausbesitzern ohne Unterschied der Nationalität Zutritt zu den Nachbarschaftsversammlungen gewährt werden sollte, war für die Dörfer ohne Belang. Denn die Rumänen wohnten getrennt von den Sachsen in ihren eigenen Dorfvierteln. Wie die Rumänen seit dem Ende des 18. Jahrhunderts versuchten, Zugang zu den sächsischen Stadt- und Gemeindeverwaltungen zu erhalten, so waren sie anscheinend auch bemüht, sich eigene Nachbarschaftsorganisationen zu schaffen. Angesichts des Mitwirkungsrechts der Nachbarschaften im Gemeindeleben erscheint dies selbstverständlich. Wollten die um ihre Gleichberechtigung kämpfenden Rumänen

54 Meeburg – Nachbarschaftsvater mit Nachbarschaftslade (1989)

mitbestimmen, dann brauchten sie das den Verhältnissen entsprechende Organ. Zusammenschlüsse zu eigenen Nachbarschaften sind für die rumänischen Vorstädter von Schäßburg 1768 bezeugt. Aber auch in sächsisch-rumänischen Gemeinden gab es offensichtlich rumänische Nachbarschaften, die nach dem Vorbild der sächsischen organisiert waren. Als ein Beweis dürfen die vier Nachbarschaften von Stolzenburg (Slimnic) gelten, in denen sich die Rumänen zusammengefunden hatten. Eines ihrer Nachbarzeichen trägt die Jahreszahl 1890, was aber nicht bedeuten muß, daß erst damals die Nachbarschaft entstanden ist. In der Forschung blieben diese nachbarschaftlichen Organisationsformen der Rumänen bis jetzt fast unbeachtet. Sicher darf aber gesagt werden, daß es unter den ganz spezifischen historischen Bedingungen in Siebenbürgen gegen Ende des 18. Jahrhunderts zu ihrer Übernahme gekommen ist. Sie wurden jedoch nicht einfach kopiert, vielmehr paßte man die in einem anderen kulturellen Umfeld entstandene soziale Institution der eigenen Tradition ein – ein Vorgang, der im interethnischen Milieu immer wieder zu beobachten ist, und von dem kulturelle Austauschprozesse wesentlich bestimmt werden (vgl. Schenk 1987, S. 168ff.).

Den Nachbarschaften waren in den Dörfern die Bruder- und Schwesterschaften als Organisation der Jugendlichen sozusagen vorgeschaltet. Sie umfaßten auf dem Land die gesamte erwachsene Jugend, denn jeder Junge und jedes Mädchen war verpflichtet, ihnen nach der Konfirmation beizutreten. Ausgehend von den Städten war seit dem 16. Jahrhundert die Ordnung der Gesellenbruderschaften, die für das Zunftleben eine so wichtige Rolle übernommen hatte, auch auf das Land übertragen worden, «nunmehr das feste Rückgrat der Lebensordnung der Jugend bildend» (Schullerus 1926, S. 155). Die Schwesterschaften hingegen wurden in Angleichung an die Bruderschaften anscheinend im 19. Jahrhundert, als verbindlich erst Ende des 19., Anfang des 20. Jahrhunderts in allen Dörfern eingeführt. Die nach und nach auf das

55 Alzen – Überreichen des Nachbarzeichens (1990)

Land «importierten» Bruderschaften entwickelten sich zur prägenden Lebensform der männlichen Jugend. Die Kirche hatte die Bedeutung der Bruderschaften für die sächsische Kirchengemeinde früh erkannt und band Bruder- und Schwesterschaft eng an sich, indem sie den Pfarrer zur «Aufsichts- und Berufungsinstanz» bestellte (Weber und Weber 1985, S. 439).

Nach der Konfirmation wurden Burschen und Mädchen feierlich in die Organisation aufgenommen. Eine Weigerung, sich ihr anzuschließen, zog niemand in Erwägung, da er sich damit selbst aus dem sozialen Leben der Dorfjugend ausgeschlossen hätte. In der Zeremonie, zu der die Jungen im Kirchenpelz erschienen, wurden die Neukonfirmierten auf die Bruderschaftsartikel verpflichtet und ihr Beitritt durch Handschlag besiegelt. Die Entrichtung eines Beitrags in die Bruderschaftslade schloß das Aufnahmeritual ab, das bei den Mädchen in gleicher Weise verlief. Als Zeichen ihres neuerworbenen Status auf dem Weg zum Erwachsenwerden stand den Jungen als Kleidung für den Kirchgang der Kirchenpelz zu, wie die Mädchen nun bis zu ihrer Verheiratung den Borten trugen, jenen mit bunten Bändern verzierten Kopfputz aus Samt, der ihnen im Kleidungssystem der Tracht mit ihrem zeichenhaften Charakter vorbehalten war.

Bruder- und Schwesterschaft leiteten sich durch ihre gewählten Vertreter selbst, wenn sie auch der Aufsicht von Pfarrer und von der Kirchengemeinde bestellten Vertrauenspersonen unterworfen waren. An ihrer Spitze standen der Altknecht und die Altmagd. Von ihnen erwartete die Dorfgemeinschaft untadeliges Verhalten, organisatorisches Geschick zur Bewältigung der verschiedenen den Jugendlichen gestellten Aufgaben und die Fähigkeit, Konfliktsituationen zu bereinigen, wenn das Verhalten eines Mitgliedes nicht den Normen entsprach, denen die jungen Leute zu genügen hatten. Der gewählten Leitung der Bruder- und Schwesterschaft und ihren Vertretern fiel vor allem die Aufgabe zu, das Verhalten der Jugendlichen sowohl im kirchlichen wie im privaten Bereich zu kontrollieren. Verfehlungen wurden bei den regelmäßigen Versammlungen, den «Zugängen», zur Sprache gebracht und durch die Verhängung von Bußgeldern sanktioniert. Die starke soziale Kontrolle, der die Jugendlichen ausgesetzt waren, sollte die Übernahme konformer Verhaltensweisen garantieren und ihnen die dem tradierten Lebensstil zugrundeliegenden Handlungsmuster und Werthaltungen vermitteln, die für den Bestand der Gemeinschaft und die Identifikation ihrer Mitglieder mit ihr unabdingbar erschienen. Die Forderungen, den Gottesdienst regelmäßig zu besuchen, am Abendmahl teilzunehmen, die vorgeschriebenen Regeln im Umgang miteinander einzuhalten, sei es auf der Straße, in der Rockenstube, beim Tanz, sie alle verfolgten wie die Heranführung der Jugendlichen an Gemeinschaftsaufgaben den Zweck der Bestandssicherung des sozialen Systems. Arbeiten wie die Reinigung der Feldbrunnen auf der Gemeindeflur, Hilfe bei der Bewirtschaftung der Pfarrgrundstücke waren den jungen Leuten ebenso aufgetragen, wie sie ihre Rolle im Gemeinschaftsleben zu spielen hatten bei der Mitwirkung an Begräbnissen, bei der Einholung des neuen Pfarrers und des Bischofs zur Kirchenvisitation, bei Brauchhandlungen im ländlichen Festjahr, bei der Veranstaltung von Tanzbelustigungen für die Jugend.

Wenig Freiraum gab es für die Entfaltung des einzelnen in den Bruder- und Schwesterschaften, und seine «Bedürfnisse wurden der Gemeinderaison untergeordnet». Daß die von ihnen betriebene Sozialisation, die die uneingeschränkte Identifizierung des Individuums mit dem Gemeinwesen zum Ziel hatte, nur um den Preis eines Verzichts auf Mündigkeit zu haben war, darauf wurde schon von anderer Seite verwiesen (Weber und Weber 1985, S. 446f.).

56 Stolzenburg – Mädchen mit Borten (1981)

Eine Institution mit solchem Einfluß auf die Jugend mußte der nationalsozialistischen «Volksgruppenführung» ein Dorn im Auge sein. Auf ihr Drängen wurde 1942 von der Landeskirchenversammlung die Auflösung der Bruder- und Schwesterschaften verfügt; die Jugendorganisation der «Volksgruppe» sollte an ihre Stelle treten. 1945 scheinen die Bruder- und Schwesterschaften in den Gemeinden wieder entstanden zu sein, denn 1948 wurden sie vom rumänischen Staat verboten. Als informelle Gruppen aber, die bei den traditionellen Festen in Erscheinung traten, hielten sie sich zum Teil in den Dörfern.

Die «anderen» im Dorf

Die Rumänen, die in die sächsischen Ortschaften zuwanderten, gehörten nicht zur wohlhabenderen rumänischen Bevölkerung. Wie aus dem Harbachtal überliefert ist, wurden die aus den rumänischen Dörfern dieser Region zu den Sachsen Zugezogenen von den Rumänen ihrer Heimatgemeinden Şedan – Ansiedler – genannt, während sie sich selbst

57 Dürrbach – Bruderschaftskrug von 1822

als Moştean – Freibauern, Besitzer von Grund und Boden – bezeichneten. Diese Benennung kennzeichnet die soziale Lage der Abwanderer, zu denen sie sich selbst in Gegensatz sahen (P. Schullerus 1906, S. 307). Für diese arme rumänische Bevölkerung war es schwer, in den sächsischen Gemeinden eigenes Ackerland zu erwerben. Dennoch gelang es vielen, und manche rumänische Familie konnte es an Besitz mit den sächsischen Dorfgenossen aufnehmen. Aber insgesamt gesehen waren die Landwirtschaften der Rumänen kleiner als die der Sachsen, ihre Böden oft auch von minderer Qualität. Eine nicht geringe Anzahl von Rumänen verfügte über gar kein Stück Land. Die Rumänen, die nicht von ihrer Landwirtschaft leben konnten, verdingten sich als Saisonarbeiter, z. B. halfen sie den Sachsen beim Weizenschnitt. Als Tagelöhner verdienten sich die landlosen Familien meist bei den Sachsen ihren Lebensunterhalt. Auch die Hirten der Gemeinden wurden oft von den Rumänen gestellt, und als Knechte, die zu Neujahr ihr einjähriges Dienstverhältnis antraten, beschäftigten die Sachsen in der Mehrzahl Rumänen.

Diese Faktoren mußten sich auf das Verhältnis der Sachsen zu den Rumänen auswirken. In ihrer dörflichen Lebenswelt begegneten die Sachsen den Rumänen meist als den von ihnen abhängigen Landarbeitern. Jene Erfahrung, gekoppelt mit ihrem ausgeprägten Selbstbewußtsein, das sie als ständische Nation, der so lange die Teilhabe an der Macht zugekommen war, entwickelt hatten, führten bei vielen zu einer Überschätzung der eigenen Gruppe. Andererseits war auch das Verhältnis der Rumänen zu den Sachsen durch soziale Distanz bestimmt, denn ethnische Gruppen stellen Sozialgebilde dar, die sich nach außen gegen die Fremdgruppe, die «anderen», abgrenzen. Kriterien können dabei sein das gemeinsame kulturelle Erbe, die gemeinsame Sprache, die gemeinsame Religion, das durch gleiche Sitten, Gebräuche, Verhaltensweisen und ein verbindliches Wertesystem geregelte Zusammenleben (Schenk 1988, S. 279ff.). Bei dieser Selbstabgrenzung werden alle anderen nur unter dem Gesichtswinkel der eigenen kulturellen Werte wahrgenommen, und es kann ihnen Toleranz, aber auch Ablehnung, ja sogar offene Feindschaft entgegengebracht werden. Fremdgruppe und Eigengruppe beeinflussen so Orientierung und Verhalten ihrer Mitglieder. Diesen sozialen Mechanismus gilt es zu bedenken, wenn interethnische Beziehungen in ihrer spezifischen Eigenart begreiflich werden sollen.

Die Abgrenzung gegen die anderen führte im sächsisch-rumänischen Dorf dazu, daß Mischehen selten blieben, innerhalb der Gruppen kaum geduldet wurden, und zwar gleicherweise bei Sachsen und Rumänen. Auch die Rumänen betrachteten eine Ehe mit einem Fremden als «Familienschande». Die verschiedenen religiösen Bekenntnisse von Sachsen und Rumänen kamen als Ehehindernis noch erschwerend hinzu. Durch die neuen Lebens- und Arbeitsverhältnisse nach 1945 intensivierten sich zwar die Kontakte der verschiedenen Bevölkerungsgruppen. Mischehen wurden nun auch in den Dörfern eher akzeptiert, auch häu-

58 Baaßen – Johanniskronenfest (1990)

figer geschlossen. Trotzdem blieben sie die Ausnahme. Viele Sachsen beharrten auf der traditionalen Verhaltensform im familialen Bereich, die die Eheschließung innerhalb der Gruppe vorschreibt. Die alte Distanz zwischen den Gruppen hatte sich kaum verringert. Ihre Einebnung hätte in letzter Konsequenz die Assimilierung der Sachsen bedeutet.

Das Nebeneinander der verschiedenen ethnischen Gruppen hatte in Siebenbürgen zur Ausbildung einer Toleranz geführt, die die Stabilität der dörflichen Gesellschaft garantierte. Sachsen und Rumänen bewegten sich in ihren jeweils eigenen Kommunikationskreisen in Familie,

Verwandtschaft, Nachbarschaft in ihren Wohnvierteln bei ihren Festen und Feiern nach ihrem Brauchkalender. Aber man lebte nicht voneinander isoliert. Es gab verschiedene Kontakte im täglichen Umgang miteinander, auch jenseits der Berührungen im Arbeitsleben, wo man miteinander arbeitete, aber auch miteinander die Mahlzeiten einnahm. Übrigens beherrschten schon vor der Einführung der rumänischen Sprache als Unterrichtsgegenstand in der Schule im Jahre 1923 viele Sachsen ein umgangssprachliches Rumänisch, wie es auch den seltenen Fall gab, daß die Verkehrssprache im Dorf zwischen Sachsen und Rumänen das Sächsische war (Weber und Weber 1985, S. 126). Schon seit dem 18. Jahrhundert hatte die sächsische Landbevölkerung begonnen, Rumänisch zu lernen. Kaufleute und Handwerker verständigten sich mit ihren rumänischen Handelspartnern schon früher in deren Sprache. Die starke Bevölkerungszunahme der Rumänen im Umfeld der Sachsen machte nun auch im ländlichen Bereich zunehmend rumänische Sprachkenntnisse notwendig. Man mußte sich mit den Arbeitskräften verständigen, wie auch auf den Märkten beim Austausch von Waren. Über verschiedene Zwischenstufen bildete sich bei den Sachsen eine Zweisprachigkeit, in manchen Gebieten sogar eine Dreisprachigkeit heraus. Die Sprachkontakte zu den Rumänen haben im Siebenbürgisch-Sächsischen ihre Spuren hinterlassen, deren auffälligste die zahlreichen rumänischen Lehnwörter sind, wie sich auch die jahrhundertelangen Beziehungen der Sachsen zu den Ungarn in ihrer Sprache widerspiegeln.

Trotz der Abgrenzung der Gruppen voneinander wußte man in vielerlei Hinsicht Bescheid über die anderen. Bemerkenswert gut scheinen die Sachsen auch über Glaubensvorstellungen und magische Praktiken ihrer Dorfgenossen informiert gewesen zu sein. Hilfe in schwierigen Lagen suchte man oft bei älteren Rumäninnen, die sich durch ein gottesfürchtiges Leben auszeichneten. Diesen Frauen traute man zu, daß sie ein krankes Kind, von dem man glaubte, es sei beschrien, das heißt durch einen Zauber zu Schaden gekommen, mit einem Gegenzauber heilen könnten. Als die Sachsen noch eigenes Vieh hatten, brachten solche Frauen zu Ostern geweihtes Wasser, mit dem die Ställe besprengt wurden. Vor allem dann verlangte man nach diesem Schutz, wenn das Vieh von Krankheiten befallen worden war oder nicht geraten wollte. Im Vertrauen auf die Fürbitte der mächtigen rumänischen Heiligen bei Gott geschah es auch, daß sich Sachsen mit ihren Anliegen an den orthodoxen Geistlichen wandten und Gebete bestellten. Solche Vorgänge wurden natürlich möglichst im Verborgenen gehalten, und sie entziehen sich deshalb einer genauen Untersuchung. Jedoch gibt es genügend Hinweise, die darauf schließen lassen, daß sie im Dorfleben eine Rolle spielten.

Neben den binnendörflichen Kontakten standen jene, die man zu den anderen außerhalb des Dorfes aufnahm. Die alten, in Siebenbürgen erschienenen Volkskalender enthalten immer eine Rubrik, in der die Jahrmärkte im Land verzeichnet sind. Die Fülle der Veranstaltungen, über fünfhundert waren es, die während des ganzen Jahres stattfanden, erstaunt. Daneben gab es noch die regelmäßigen Wochenmärkte. Die Wochen- und Jahrmärkte in Hermannstadt und Kronstadt, der Jakobimarkt in Reps, der Margarethenmarkt in Mediasch waren im ganzen Land bekannt. In Hermannstadt wurden in den siebziger Jahren des 19. Jahrhunderts auf den Plätzen und Straßen der Innenstadt über tausend Verkaufsbuden gezählt. Läden gab es in den Städten noch wenige; ihre Zahl stieg erst gegen Ende des 19. Jahrhunderts. Auf diesen Märkten, wo sich Händler, Handwerker und Bauern aus den verschiedenen Gebieten Siebenbürgens und darüber hinaus einstellten, fand der ganze Umschlag an Waren statt. Da wurden Geräte, Haushaltsgegenstände, Gewebe, Kleidung, Keramik und Möbel angeboten, da konkurrierten sächsische Tischler mit ihren bemalten Truhen und Möbelstücken mit den Waren der ungarischen Handwerker, und neben beiden stellten die rumänischen Truhenmacher ihre Erzeugnisse zum Verkauf. Wie bei den Tischlern, so war es auch bei den anderen Handwerkern und den ihre landwirtschaftlichen Erzeugnisse feilbietenden Bauern. Die traditionellen Jahrmärkte dauerten gewöhnlich drei Tage. Auf diesen großen Handelsplätzen fanden sich die Leute aber nicht nur ein, um Waren zu kaufen, zu verkaufen und auszutauschen. Die Märkte waren zugleich Orte der Begegnung, an denen Meinungen, Informationen, Anregungen jeglicher Art gewechselt wurden. Die Gewohnheit des Kauftrunks nach abgeschlossenem Geschäft führte zur Einkehr ins Wirtshaus, wo sich weitere Gelegenheit zu Gesprächen bot. So waren gerade auch die Märkte Orte für interethnische und damit interkulturelle Kommunikation, die in Austausch und Übernahme von Elementen aus der Volkskultur der anderen Wirkung zeigte.

Zu den anderen in einem siebenbürgischen Dorf mit sächsischer und rumänischer Bevölkerung gehörten auch die Zigeuner, Mitglieder des Roma-Volkes. 1340 sind sie in Rumänien zum erstenmal urkundlich belegt, 1416 erwähnt sie eine Eintragung im Kronstädter Stadtrechnungsbuch. Die von Kaiserin Maria Theresia und von Joseph II. erlassenen Zigeunerregulative wollten sie auch in Siebenbürgen unter Anwendung rigider Mittel als «Neubauern» seßhaft machen, aber die Maßnahmen scheiterten. Bis um die Mitte des 19. Jahrhunderts waren dann in fast allen Dörfern mit sächsischer Bevölkerung die schon erwähnten «Ziganien» entstanden, wo sich die Zigeuner niedergelassen hatten. Als Saisonarbeitskräfte traten viele Zigeunerfamilien in ein näheres Verhältnis zu den Sachsen. Ihre Angehörigen verdingten sich in Folge bei dem gleichen sächsischen Bauern und wurden zu seinen «Hauszigeunern». Zum Teil standen Hauszigeuner sogar in einem festen Arbeitsverhältnis auf einem sächsischen Hof. Es gibt Beispiele, daß sich diese Beziehung zwischen Sachsen und Roma über zwei und drei Generationen fortsetzte. So lernte mancher Zigeuner sächsisch. Während wandernde Zigeuner, die ihre selbst verfertigten Waren wie Löffel und Handspindeln verkaufen wollten, nur den Hof betreten durften, hieß man die Hauszigeuner in die Stube kommen. Für ihre Arbeitsleistung wurden sie mit Naturalien entlohnt. War alles verbraucht, ließ sich der Bauer auch zu einem Vorschuß bewegen. In Nordsiebenbürgen, wo Roma evangelischer Konfession lebten, wurden bei der Geburt eines Kindes gern Sachsen um Übernahme der Patenschaft gebeten, ein Amt, das man nicht ablehnen durfte und natürlich zur Überreichung von Patengeschenken verpflichtete.

Auch in Siebenbürgen waren die Zigeuner trotz ihrer Beziehung zum Dorf an den Rand der Gesellschaft verwiesen, aber sie erfuhren dort weniger Pressionen als in anderen Ländern. Nach 1945 unternahmen die rumänischen Regierungen beträchtliche Anstrengungen, die Roma zu integrieren. Teilweise hatten sie Erfolg, aber immer noch begegnet man auf den Straßen Wanderzigeunern. Von so manchen Roma wird aber auch behauptet, sie hätten es in den letzten Jahren zu einem beträchtlichen Vermögen gebracht. Lassen sich solche Aussagen auf ihren Wahrheitsgehalt kaum überprüfen, so fallen dem Reisenden in der Frecker Gegend z. B. eine Reihe größerer Neubauten ins Auge, die von Zigeunern errichtet worden sind. Inzwischen haben in vielen Dörfern die Roma die alte Ziganie mit ihren schlechten Wohnverhältnissen hinter sich lassen können und sind ins Dorf selbst eingezogen. Sie haben von der Abwanderung der Sachsen profitiert, indem sie in leergewordene Häuser nachrücken konnten. Diese Entwicklung verfolgen viele Rumänen mit gemischten Gefühlen, die sich nun auch in dieser Hinsicht mit einer gänzlich veränderten Situation in ihrem Dorf konfrontiert sehen.

59 Zendersch – Von Roma übernommenes sächsisches Bauernhaus (1988)

V. Neuer Staatsverband
Alte Minderheitenerfahrungen

Die Sachsen in Großrumänien

In der Folge des Ersten Weltkrieges brach die Donaumonarchie auseinander, und es entstanden mehrere Nationalstaaten. Am 1. Dezember 1918 erklärten die in Karlsburg versammelten Rumänen den Anschluß Siebenbürgens an Rumänien. Den «mitwohnenden Völkern» wurde «die volle nationale Freiheit» zugesagt. Daraufhin stimmten am 8. Januar 1919 die Siebenbürger Sachsen als erste Minderheitengruppe dem Anschluß zu. Im Friedensvertrag von Trianon 1920 mußte Ungarn Siebenbürgen an Rumänien abtreten. Aus Rumänien, an dessen Spitze König Ferdinand I. von Hohenzollern-Sigmaringen stand, war das an Fläche und Einwohnerzahl doppelt vergrößerte Großrumänien geworden. Den Minderheitenschutz hatten die Westmächte vertraglich abgesichert und unter die Garantie des Völkerbundes gestellt. Er wurde gegenüber Rumänien auch mehrfach aktiv, denn fast alle auf den Karlsburger Beschlüssen basierenden Zusagen wurden nicht eingehalten. Bald verdrängte man die Angehörigen der Minderheiten aus den Behörden und ersetzte sie durch Rumänen aus dem Altreich. Nachdem die Anfänge im neuen Staatsverband sich so vielversprechend angelassen hatten, machte sich schon zu Beginn der zwanziger Jahre ein Chauvinismus breit, der sich kaum von dem ungarischen der vergangenen Jahrzehnte unterschied. Aber anders als die Ungarn hatten es die Rumänen, die im Land insgesamt drei Viertel und in Siebenbürgen zwei Drittel der Bevölkerung stellten, nicht nötig, die Minderheiten zu assimilieren.

Die Agrarreform, die in Rumänien dringend anstand, wurde einseitig zugunsten der Rumänen durchgeführt. So durften in den rumänischen Altländern die Großgrundbesitzer doppelt so viel Land behalten wie in Siebenbürgen. Unter den Sachsen gab es nur wenige größere Grundbesitzer. Die Agrarreform traf vor allem die sächsischen Körperschaften und Stiftungen. Die Nationsuniversität verlor ihren großen Grundbesitz und wurde 1937 aufgelöst; der Kirche enteignete der rumänische Staat 55 Prozent ihres Bodens. Damit fehlten die Einnahmen für das deutschsprachige Schulwesen der Sachsen. Der Kirche, die in ihrer Stellung ungefährdet blieb, war die Schulautonomie zugestanden worden. Sie sah sich gezwungen, Schul- und Kirchensteuern so anzuheben, daß sie oft höher lagen als die vom Staat direkt eingezogenen Steuern. Mit der Enteignung der Gemeinerde – vor allem Wald und Weide – der Dörfer auf früherem Königsboden, die im allgemeinen ungefähr die Hälfte der Gemarkung umfaßte und nun rumänischen Gemeinden zugeschlagen wurde, büßten auch die sächsischen Bauern und Kleinbauern einen Teil ihrer Existenzgrundlage ein. Als schließlich noch, ausgelöst durch die Weltwirtschaftskrise, die Agrarpreise zusammenbrachen, konnten sich die bäuerlichen Kleinbetriebe nur noch mit Mühe über Wasser halten. Eine Währungsumstellung und die Auswirkungen der Krise trafen auch die Wirtschaft hart, und viele Selbständige mußten aufgeben.

Die schlechten Wirtschaftsverhältnisse führten zu großer Unzufriedenheit unter den Sachsen und begünstigten eine politische Radikalisierung. Nationalistische Bewegungen konnten bei ihnen Fuß fassen, die sich den in Deutschland inzwischen an die Macht gekommenen Nationalsozialisten näherten. Immer mehr gerieten sie in den Sog der Volkstumspolitik des Dritten Reiches, in dessen Eroberungsstrategie ihnen eine Rolle zugedacht war. Reichsdeutsche Parteistellen lenkten schließlich die «Volksgruppe» der Deutschen in Rumänien und mischten sich in deren Angelegenheiten ein. Zwischen Deutschland und Rumänien wurde 1943 sogar ein Abkommen geschlossen, das die Rekrutierung der Sachsen und der anderen Deutschen im Land für die Waffen-SS erlaubte.

Der Zweite Weltkrieg und seine Folgen

Im Jahre 1941 trat Rumänien an der Seite Deutschlands in den Krieg gegen die Sowjetunion ein. Viele Sachsen, die in den rumänischen Einheiten, später auch in der Deutschen Wehrmacht kämpften, fielen oder gerieten in Gefangenschaft. Angesichts des Vormarschs der Sowjetarmee wechselte Rumänien die Fronten, schloß am 23. August 1944 mit den Alliierten einen Waffenstillstand und erklärte seinen bisherigen Verbündeten den Krieg. General Artur Phleps, ein Siebenbürger Sachse, ordnete am 7. September 1944 die Evakuierung der Deutschen aus dem nordsiebenbürgischen Nösnerland an. Für Südsiebenbürgen konnte eine gleiche Maßnahme nicht durchgeführt werden. Der kleinere Teil der Sachsen aus dem Nösnerland, der sich in Österreich vor den heranrückenden Truppen der Roten Armee nicht in die von den Westalliierten kontrollierten Landesgebiete absetzen konnte, kehrte im Sommer 1945 nach Rumänien zurück.

Anfang September 1944 besetzten russische Einheiten Hermannstadt. Zunächst wurden nur die Amtswalter der «Volksgruppe» interniert. Mit dem 12. Januar 1945 jedoch begann unter russischer Aufsicht die Deportation der sächsischen Frauen zwischen 18 und 35 Jahren und der nicht eingezogenen 17- bis 45jährigen Männer, mit Ausnahme der nicht Arbeitsfähigen und der Frauen mit Säuglingen. Die ohne Verwandte zurückbleibenden Kinder mußten bei Nachbarn oder gutwilligen Fremden unterkommen. Etwa 30000 Sachsen, auch Gegner Hitler-Deutschlands, wurden in Zwangsarbeitslager im Kohlebecken des Donez oder in andere Gebiete bis hin zum Ural verschleppt. Nach neuen, noch nicht publizierten Forschungsergebnissen des Soziologen Georg Weber versuchten die Rumänen, die Deportation zu verhindern. Rücktransporte von Kranken begannen im Herbst 1945. Erst 1952 wurden die letzten Deportierten freigelassen. Durch die unmenschlichen Arbeitsbedingungen, Hunger, Kälte und Krankheiten hatten viele das Leben verloren. In Siebenbürgen blieben die Sachsen jahrelang rechtlos und waren als «Faschisten» örtlicher Willkür und der in Umbruchzeiten immer aufkommenden Lust, sich zu bereichern, ausgesetzt.

Der Frontwechsel Rumäniens brachte den daran beteiligten politischen bürgerlichen Kräften nicht den erhofften Erfolg. Unterstützt von der Sowjetunion konnten die Kommunisten, denen in Rumänien nur geringe Bedeutung zugekommen war, nach ihrem Zusammenschluß mit den Sozialisten zur rumänischen Arbeiterpartei die Macht übernehmen. Ende Dezember 1947 sah sich König Michael gezwungen, das Land zu verlassen; der Weg für die sozialistische «Umgestaltung» Rumäniens war endgültig frei. Schon im März 1945 war ein Agrarreformgesetz verabschiedet worden, das bestimmte, daß jeglicher private Grundbesitz von mehr als 50 ha Land entschädigungslos zu enteignen und der Bodenbesitz der Kollaborateure mit dem nationalsozialistischen Deutschland, der Kriegsverbrecher und der für das Unglück des Vaterlandes Verantwortlichen einzuziehen sei (Abdruck des Gesetzes bei Wagner 1976, S. 343 ff.). In der Folge wurden auch die noch den ehemaligen Grundbesitzern verbliebenen 50 ha verstaatlicht. Wie sich aus den erwähnten Bestimmungen des Agrarreformgesetzes schon ableiten läßt, richtete es sich in voller Schärfe gegen die deutsche Minderheit. Gegen 60000 sächsische Bauern wurden enteignet. Neben dem Boden verloren sie auch ihre Höfe mit den Arbeitsgeräten. Sie konnten froh sein, wenn der neue Eigentümer ihnen ein Zimmer überließ. Andere mußten in leer gewordenen Zigeunerhütten Unterschlupf suchen. Unter den 900000 Familien, die bei der Verteilung des durch das Agrarreformgesetz enteigneten Bodens berücksichtigt wurden, befanden sich auch Zigeuner. Nach der Volkszählung von 1956 waren in Siebenbürgen 19 Prozent der Zigeuner (absolut 11 300 Personen) selbständige Landwirte (Wagner 1976, S. 427). Die nationalpolitische Ausrichtung der Bodenreform paßte durchaus in das ideologische Gesamtkonzept der Vor- wie auch Nachkriegspolitiker, war doch schon der soziale Ausgleich, der im neu entstandenen Großrumänien angestrebt wurde, Anlaß für Enteignungsmaßnahmen gewesen, die nationalistischem Geist entsprungen waren. In den Städten wurden nicht nur die sächsischen Großbetriebe und Banken enteignet, auch die kleinen Kaufleute und Handwerker verloren ihre Existenzbasis samt ihren Häusern. Von der Enteignung blieben nur die wenigen Deutschen verschont, die nach Rumäniens Frontwechsel in der rumänischen Wehrmacht gekämpft hatten. Zur Vertreibung durch das Staatsvolk, mit dem die Sachsen ja so lange friedlich zusammengelebt hatten, kam es allerdings nicht. Die evangelische Kirche blieb in ihrem Bestand unangetastet, mußte sich aber mit der Verstaatlichung des deutschsprachigen Schulwesens abfinden und sich auf den rein kirchlichen Bereich beschränken. Als einzige Institution, die einigermaßen intakt aus dem Umbruch hervorgegangen war, gab sie den Sachsen in den schweren Jahren des kommunistischen Regimes Halt und Stütze.

Die Zerstörung des alten Sozialgefüges und das Leben in der sozialistischen Gesellschaft

Vom Jahre 1949 an wurden die Maßnahmen gegen die Deutschen allmählich gelockert. 1950 erhielten sie wieder das Wahlrecht und seit 1956 galten das Minderheitenstatut und die Nationalitätenbestimmungen der Verfassung, die auf sie keine Anwendung gefunden hatten, ohne Einschränkung auch für sie und garantierten ihnen die volle Gleichberechtigung mit dem rumänischen Volk. 1956 gab man ihnen ihre Häuser zurück, häufig allerdings in einem verwahrlosten Zustand. Ihr Leben begann sich zu normalisieren, und ihre Arbeit sicherte ihnen ein bescheidenes Auskommen. Neben den deutschsprachigen Schulen und Schulabteilungen, die fast ohne Unterbrechung Unterricht erteilten, wurden wieder Einrichtungen zugelassen, die ein kulturelles Leben ermöglichten. Eine deutschsprachige Tageszeitung, Wochenzeitungen, Zeitschriften und deutsche Bücher konnten erscheinen, in Hermannstadt entstand eine deutsche Abteilung des Staatstheaters, deutsche Sendungen hatten ihren Platz im Rundfunk- und Fernsehprogramm. Von einer Diskriminierung der Deutschen konnte bald nicht mehr gesprochen werden. Freiheit und rechtliche Sicherheit gab es allerdings weder für die Sachsen noch für die Rumänen. Der kommunistische Staat hielt mit Zensur, Bespitzelung, Terror alle im Griff.

Schon im Sommer 1949 waren Maßnahmen zur Kollektivierung der Landwirtschaft beschlossen worden, und in den folgenden zwei Jahren richtete man mehr als tausend Kollektivwirtschaften ein. Aber der Widerstand der rumänischen Bauern war groß, und gerade bei jenen war er am heftigsten, die erst durch die Zuteilung von enteignetem Boden zu Landbesitzern geworden waren. Durch verstärkten Druck wurde schon im Frühjahr 1962 vorzeitig das Ziel der Kollektivierung der Landwirtschaft erreicht. Zugleich mit der Kollektivierung betrieb der Staat verstärkt die industrielle Entwicklung des Landes, wobei in der Nachkriegszeit bevorzugt Investitionen in jenen Regionen vorgenommen wurden, die schon einen gewissen Grad an Industrialisierung aufwiesen. Die Arbeitskräfte für die neuen Fabriken wurden durch die Kollektivierung und die Einrichtung von Staatsgütern freigesetzt. Industrialisierung und Umstrukturierung des landwirtschaftlichen Sektors waren so aufeinander bezogen. Arbeiteten 1930 noch mehr als drei Viertel der Erwerbstätigen in Rumänien in der Land- und Forstwirtschaft und nur knapp 9 Prozent in der Industrie und im Bauwesen, so zeigen die entsprechenden Zahlen für 1965, also drei Jahre nach abgeschlossener Kollektivierung, mit knapp 60 Prozent Beschäftigten im Agrarbereich und ein Viertel in der Industrie Tätiger deutlich den eingeleiteten Wandel in der Sozialstruktur an.

Bei den Sachsen hatte sich schon bis 1956 ein radikaler Wandel in der beruflichen Struktur vollzogen. Etwa drei Viertel von ihnen waren bis 1945 in der Landwirtschaft tätig gewesen, 1956 hingegen nur noch 22 Prozent gegenüber 71 Prozent Arbeitern und Angestellten. Die Enteignung hatte bei ihnen die soziale Umstrukturierung viel früher in Gang gesetzt als bei der rumänischen und ungarischen Bevölkerung, und sie verlief ungleich rascher. Innerhalb eines Jahrzehnts war aus einem Volk, in dem die selbständigen Bauern, Handwerker, Kaufleute und Intellektuellen etwa 85 Prozent ausgemacht hatten, eine Gruppe Unselbständiger geworden. Viele Jugendliche bemühten sich um eine qualifizierte Ausbildung, und in diesem Bestreben wurden sie von ihren Eltern unterstützt. Denn diese hatten schnell begriffen, daß sich ihren Kindern hier die Möglichkeit bot, die soziale Deklassierung, als die die Enteignung gewirkt hatte und von ihnen so schmerzlich empfunden worden war, zu überwinden. Auch die genossenschaftliche Organisation der Landwirtschaft schritt in den Gegenden mit deutschen Einwohnern schneller voran, nachdem für jene Familien, die den Landwirtschaftlichen Produktionsgenossenschaften beitreten wollten, die Möglichkeit eröffnet wurde, auch ohne Land sich als Mitglieder eintragen zu lassen. Durch ihren Eintritt in die Kollektivwirtschaften erhielten die ehemaligen Bauern die Möglichkeit, in ihrem Dorf wieder einer geregelten Tätigkeit nachgehen zu können. So standen die Sachsen zwangsläufig in der vordersten Front der sozialistischen «Umgestaltung».

Mit dem Einsetzen des Urbanisierungs- und Industrialisierungsvorganges begannen sich die geschlossenen dörflichen Lebenskreise aufzulösen. Die Bevölkerungsfluktuation mußte sich negativ auf den Zusammenhalt der Dorfgemeinschaft auswirken. In die Dörfer mit sächsischen Einwohnern waren durch die Neuverteilung des enteigneten Bodens Rumänen aus anderen Regionen zugesiedelt worden. Auch die ortsansässigen Rumänen sahen sie als Fremde an und empfingen sie nicht gerade mit offenen Armen. Vor allem die bessergestellten Rumänen, die selber Land besaßen, wollten mit den armen Neuankömmlingen nichts gemein haben.

Durch die Enteignung und die Kollektivierung der Landwirtschaft hatten die Bauern insgesamt nicht nur die Verfügungsrechte über die Produktionsmittel verloren, zugleich wurde der Wandel der alten, durch die Familienwirtschaft bestimmten dörflichen Sozialordnung in Gang gesetzt. Da die Kollektivwirtschaften auf dem Kollektiveigentum der Produktionsmittel, auf der gemeinsamen Arbeit und auf der Verteilung des Ertrags gemäß der Arbeit basierten, stand diese neue Betriebsform der bisher von der Dorfgesellschaft angewandten individualistischen Produktionsweise diametral entgegen. Mit dem Verlust des Landbesitzes war den hierarchischen Normvorstellungen der Gruppe, dem Eigenwertgefühl des einzelnen samt den mit ihnen verbundenen sozialen und kulturellen Erscheinungen die Grundlage entzogen. Das Selbstverständnis der Gruppe und das Gefüge ihrer Normen und Werte geriet ins Wanken. Aus den Landwirten, die auf ihrem eigenen Hof mit ihrer Familie ihre Wirtschaft nach persönlicher Maßgabe betrieben hatten, sollten sich Mitglieder eines Kollektivs entwickeln, die im Gemeineigentum und der gemeinsamen Arbeit eine ökonomische und soziale Organisationsform erblickten, für die der Einsatz aller Kräfte lohnte. Aber wie hätten die ehemals selbständigen Landwirte die ihnen zugeteilte Rolle als «gleichberechtigte» und «Verantwortung tragende» Genossenschaftsbauern akzeptieren sollen, wenn sie in der Generalversammlung bei der Wahl des Vorsitzenden und des Leitungsrates nur dem Vorschlag der Partei zustimmen konnten, oder die Anbauplanung, an der sie höchstens Kleinigkeiten ändern durften, auch wenn sie ihnen aus Erfahrung als verfehlt erschien, abzusegnen hatten. Selbst jene, die in Erinnerung an die vielen Klein- und Kleinstbetriebe und ihre prekäre Situation einer Neugestaltung der Landwirtschaft auf genossenschaftlicher Basis positive Seiten hätten abgewinnen können, mußten in Resignation verfallen. Trotz allem war für die Sachsen, die ihren Unterhalt in der Landwirtschaft verdienen mußten, der Eintritt in die Kollektivwirtschaft ein Ausweg aus ihrer bedrängten Lage.

Auch nach der Kollektivierung machten die Dörfer auf den ersten Blick noch durchaus den Eindruck von Agrargemeinden alten Stils, doch täuschte er. Nach der Errichtung neuer Gebäude für die Produktionsgenossenschaften waren Scheunen und Wirtschaftsbauten auf den Bauernhöfen funktionslos geworden. Sie wurden oft abgerissen oder umgebaut, um mehr Wohnraum zu schaffen. Als Rest der ehemaligen Bauernwirtschaften war eine intensive Kleinlandwirtschaft übriggeblieben. Die großen Hausgärten und das von der Landwirtschaftlichen Produktionsgenossenschaft zur privaten Nutzung überlassene Land wurden sorgfältig bestellt und damit auch eine bescheidene Viehhaltung ermöglicht, die sich im allgemeinen auf Schweine und Geflügel beschränkte. Aber nicht nur die Kollektivisten und die in den Staatsgütern beschäftigten Arbeiter betrieben eine Feierabendwirtschaft, sondern auch die Industriearbeiter, die in den Dörfern wohnten. Sie stellten so ihre Versorgung mit Lebensmitteln sicher.

Die Trennung von Wohn- und Arbeitsplatz, die sich auch in den Dörfern vollzogen hatte, zeigte ihre Auswirkungen auf das häusliche Leben und das Zusammenleben im Dorf. Zusammenkünfte der Nachbarn fanden nur noch selten statt; die Besuche beschränkten sich auf einen kleineren Teilnehmerkreis und nahmen den Charakter privater Treffen an. In ihrer Mehrzahl waren die jungen Leute tagsüber abwesend, wenn sie nicht sogar die ganze Woche ihres weit entfernten Arbeitsplatzes wegen ihr Dorf verlassen mußten. So lockerten sich die Bindungen und ein anderes Lebensgefühl, andere Einstellungen gewannen Einfluß im Dorf. Die an die bäuerliche Lebensweise gebundenen herkömmlichen Auffassungen und Verhaltensweisen verloren jedoch nicht sofort ihre Geltung. Auch ohne gemeinsam erworbene Einkünfte führten in vielen Fällen alt und jung den Haushalt zusammen weiter wie eh und je. Aber Auflösungserscheinungen waren in der alten Familienorganisation nicht zu übersehen. Die Entwicklung hin zur Kleinfamilie, wie sie sich in den westlichen Industriegesellschaften herausgebildet hatte, setzte auch hier ein. Man wohnte nun nicht mehr so eng zusammen wie früher. Während der Mangel an Intimität und Privatheit, der für den traditionellen Wohnstil im sächsischen Bauernhaus so kennzeichnend erscheint, in vergangenen Zeiten aber nicht als problematisch empfunden worden war, entwickelte sich das Bedürfnis, sich wenigstens zeitweilig von den anderen Familienmitgliedern zurückziehen zu können. Damit getrennte Stuben für alt und jung eingerichtet werden konnten, wurde das Paradezimmer aufgegeben und zum Wohnen genutzt und durch Umbauten zusätzlicher Wohnraum geschaffen.

Insgesamt betrachtet vollzogen sich die gleichen Veränderungen, wie sie überall im Gefolge von Industrialisierung und Urbanisierung auftreten. Sie wurden aber durch Zwang eingeleitet, liefen auch rasch ab, so daß die Zerstörung des alten Sozialgefüges mit all den dabei auftretenden Problemen als in doppelter Weise bedrohlich erlebt wurde: als Gefährdung der eigenen Existenz wie auch der der ethnischen Gruppe.

VI. Siebenbürgen ohne Siebenbürger Sachsen?

Der Krieg hatte viele Familien zerrissen. Den zur Deutschen Wehrmacht eingezogenen Sachsen war die rumänische Staatsangehörigkeit aberkannt worden, und sie konnten deshalb nicht ohne weiteres bei Kriegsende nach Hause zurückkehren. Viele der nach Rußland Deportierten brachte man nicht nach Siebenbürgen, sondern entließ sie nach Frankfurt an der Oder. Ihnen gelang es zum Teil, nach Westdeutschland überzuwechseln. Erst seit 1958 gab es die Möglichkeit zur legalen Familienzusammenführung. Nachdem 1967 Rumänien und die Bundesrepublik diplomatische Beziehungen zueinander aufgenommen hatten, konnten immer mehr Sachsen aussiedeln. Sie zogen ihrerseits Ver-

60 Denndorf – Vor der Aussiedlung Abschied vom Pfarrer (1989)

wandte nach. Familienbesuche verstärkten die Sogwirkung. Bis 1980 hatten gegen 65 000 Sachsen Rumänien verlassen, etwa 150 000 lebten damals noch im Land. Die geregelte Aussiedlung verstärkte sich in den folgenden Jahren, und nur noch 96 000 Sachsen erlebten den Sturz Ceauşescus in Siebenbürgen. Sie waren in den letzten Jahren durch den Verlust von Verwandten und Freunden zunehmend in soziale Isolierung geraten, ganz abgesehen davon, daß deutschsprachige Abteilungen von Kindergärten und Schulen der fehlenden Kinder wegen geschlossen werden mußten. Als die Grenzen sich dann öffneten, gab es für die Mehrzahl der Zurückgebliebenen kein Halten mehr. Ende 1990 hatten mehr als die Hälfte Rumänien verlassen. Man schätzt, daß nur etwa 20 000 Sachsen entschlossen sind, in Siebenbürgen zu bleiben.

Die Beweggründe zur Aussiedlung stellen sich vielschichtig dar. Natürlich erwarten die nach Deutschland gekommenen Sachsen eine wesentliche Verbesserung ihrer Lebensbedingungen. Wer wollte es ihnen nach den entbehrungsreichen Jahren, die sie erlebt haben, verargen? Aber materielle Erwägungen stehen nicht im Vordergrund. Die Maßnahmen, die der rumänische Staat in der unmittelbaren Nachkriegszeit gegen die Deutschen ergriff, störten ihr Verhältnis zu ihm nachhaltig. Auch Ceauşescus Einlassungen, man habe Fehler der deutschen Minderheit gegenüber begangen, konnten das Vertrauen nicht wiederherstellen in Anbetracht seiner späteren Minderheitenpolitik, die auf die Schaffung eines geschlossenen rumänischen Nationalstaates ausgerichtet war. Selbst nach dem Ende der «Goldenen Epoche» des Diktators blieben viele Sachsen mißtrauisch, denn zahlreiche Repräsentanten des alten Regimes hatten sich ihrem Eindruck nach an der Macht halten können, und die Zukunft der nationalen Minderheiten erschien ihnen ungewiß. Sie ergriffen deshalb die Gelegenheit, der Unsicherheit, der sie sich ausgesetzt sahen, ein Ende zu bereiten.

In den Tagen des Umbruchs, am 27. Dezember 1989, wurde das Demokratische Forum der Deutschen in Rumänien gegründet, dem sich inzwischen eine Reihe von Ortsverbänden angeschlossen haben. In ihm sind die Deutschen organisiert, die sich zum Ziel gesetzt haben, «in der Heimat wieder heimisch (zu)werden». Mit dieser Parole warben sie bei der Wahl im Mai 1990 und konnten einen eigenen Abgeordneten ins rumänische Parlament entsenden. Zwar ist das Ende der politischen Wirren nicht abzusehen, die Wirtschaft liegt darnieder, und die angespannte soziale Lage hat zu einem verstärkt auftretenden Chauvinismus geführt, der sich vor allem gegen die Ungarn und Szekler richtet. Dennoch sind die Sachsen, die sich zum Bleiben entschlossen haben, der Meinung, daß es sich trotz aller Widrigkeiten in Siebenbürgen noch leben läßt. Sie kennen die Mentalität der Rumänen und sind gewillt, sich für die Einhaltung ihrer Rechte als Minderheit, die Ende 1991 in der neuen Verfassung Rumäniens verankert worden sind, auch einzusetzen. Dabei ist ihnen ihr Parlamentsabgeordneter von Nutzen. Er und der Vorstand des Demokratischen Forums konnten in verschiedenen Begegnungen mit Regierungsvertretern die Probleme der Deutschen in Rumänien erörtern. Im Oktober 1990 wurde eine «beratende Kommission für die Unterstützung der Initiativen und Aktionen zur Stabilisierung der deutschen Minderheit» unter der Schirmherrschaft des Premiers ins Leben gerufen. Das Auswärtige Amt der Bundesrepublik Deutschland unterstützt eine Reihe von Projekten finanziell. Alle diese Bemühungen sind darauf ausgerichtet, Konzepte zu einer Alternative gegenüber der Aussiedlung zu entwickeln. So konnten für die noch schulpflichtigen Kinder die deutschen Schulen erhalten werden; wo notwendig, bringt man die Kinder mit Bussen in die deutschen Zentrumsschulen. In Zukunft werden die deutschen Schulen und Kindergärten, Hochschulen und wissenschaftliche Institutionen sowie deutschsprachige Medien gefördert, die Einrichtung von Kulturzentren und der Bau von Altenheimen vorangetrieben.

Als überaus schwierig und kompliziert gestaltete sich die Debatte im rumänischen Parlament über das neue Bodengesetz, das die Rückgabe des kollektivierten Grundes regelt. Nach seiner ursprünglichen Fassung sollten die Deutschen leer ausgehen, weil sie wegen der Enteignung ihres Grundbesitzes keinen Boden in die Landwirtschaftlichen Produktionsgenossenschaften eingebracht hatten. Schließlich wurde nach harten Auseinandersetzungen durch einen Zusatzartikel bestimmt, daß die einstigen Besitzer oder deren Erben auf Antrag vom ehemaligen Bodenbesitz bis zu zehn Hektar zurückerhalten können. Zeigten sich die Regierungsämter und Präfekturen und die Amtsstellen auf Kreisebene den Anliegen der Deutschen gegenüber meist wohlwollend, so war auf kommunaler Ebene und bei den örtlichen Bodenkommissionen das Gegenteil zu beobachten. Trotzdem beantragten in Siebenbürgen schätzungsweise 3000 sächsische Familien etwa 12000 bis 15000 Hektar Land, das sie zum Teil schon erhielten. Freilich ist der Neuanfang für die Bauern sehr schwierig, und manche schließen sich zusammen, um die Herausforderung gemeinsam besser bestehen zu können. Eine engagierte Mitbegründerin des Demokratischen Forums hat die Frage bleiben oder gehen für sich so beantwortet: «Ich glaube nicht, daß ein Überleben der Gemeinschaft der Siebenbürger Sachsen in der Art, wie es sie 800 Jahre lang gegeben hat, möglich ist. Aber ich finde es feige, die alten Leute hier hilflos ihrem Schicksal zu überlassen, die Kulturgüter verfallen zu lassen, einfach die Flucht zu ergreifen. Und ich bin überzeugt, daß ich nicht als einzige und letzte Rumäniendeutsche hier bleiben werde.» Inzwischen ist sicher, daß auch in den kommenden Jahren in Rumänien Deutsche und Sachsen in Siebenbürgen leben. Die Rolle, die sie im Land spielen werden, könnte auch weiterhin größer sein als es ihrer Anzahl entspricht. Zumindest knüpft die rumänische Intelligenz schon deshalb große Hoffnungen an ihr weiteres Verbleiben im Land, weil die Deutschen in Siebenbürgen Rumänien mit Mitteleuropa verbinden.

Literatur

Armbruster, Adolf: Der Donau-Karpatenraum in den mittel- und westeuropäischen Quellen des 10.–16. Jahrhunderts. Eine historiographische Imagologie. Köln, Wien 1990 (Studia Transylvanica. 17)

Babinger, Franz (Hrsg.): Conrad Jacob Hiltebrandt's Dreifache Schwedische Gesandtschaftsreise nach Siebenbürgen, der Ukraine und Constantinopel (1656–1658). Hrsg. und erläutert von Franz Babinger. Leiden 1937

Beiträge zur Geschichte von Kronstadt in Siebenbürgen. Hrsg. von Paul Philippi. Köln, Wien 1984 (Siebenbürgisches Archiv. 17)

Bielz, Julius: Die Zunftaltertümer im Baron Brukenthalischen Museum. In: Mitteilungen aus dem Baron Brukenthalischen Museum VI (1936/37), S. 5–21

Boner, Charles: Siebenbürgen. Land und Leute. Unveränderter Nachdruck der Ausgabe Verlagsbuchhandlung von J. J. Weber, Leipzig 1868. Mit einer Einführung von Hans Meschendörfer. Köln, Wien 1987

Capesius, Roswith: Siebenbürgisch-sächsische Schreinermalerei. Bukarest 1983

Csallner, Alfred: Zur wirtschaftlichen und sozialen Lage der Siebenbürger Sachsen. 1910–1950. Hrsg. von Ernst Wagner. Köln, Wien 1989

Dahinten, Otto: Geschichte der Stadt Bistritz in Siebenbürgen. Aus dem Nachlaß hrsg. von Ernst Wagner. Köln, Wien 1988 (Studia Transylvanica. 14)

Das Eigen-Landrecht der Siebenbürger Sachsen. Unveränderte Wiedergabe des Erstdrucks von 1583. Hrsg. vom Arbeitskreis für Siebenbürgische Landeskunde. Mit einer Einführung von Adolf Laufs und Worterläuterungen von Wolfgang Bührer. München 1973

Daugsch, Walter: Die Nationsuniversität der Siebenbürger Sachsen im 16. und 17. Jahrhundert. In: Gruppenautonomie in Siebenbürgen. 500 Jahre siebenbürgisch-sächsische Nationsuniversität. Hrsg. von Wolfgang Kessler. Köln, Wien 1990 (Siebenbürgisches Archiv. 24), S. 179–216

Eichhorn, Albert: Von den deutschen Zünften in Kronstadt. In: Horst Sluka: Siebenbürgisch-sächsisches Zinn. Münster 1990, S. 64–71

Fabini, Hermann: Baugeschichtliche Entwicklung von Alt-Hermannstadt im Spiegel historischer Stadtbilder. Hrsg. von der Zeitschrift Transilvania. Sibiu 1983

Fabini, Hermann: Gotik in Hermannstadt. Köln, Wien 1989 (Siebenbürgisches Archiv. 23)

Fabini, Hermann und Alida: Kirchenburgen in Siebenbürgen. Abbild und Selbstdarstellung siebenbürgisch-sächsischer Dorfgemeinschaften. Mit Aufnahmen von Karin Wieckhorst. Wien, Köln, Graz 1986

Felmer, Martin: Schriften. Hrsg. und eingeleitet und mit Anmerkungen versehen von Adolf Armbruster. Bukarest 1974

Feßler, Helga: Zur Namengebung der aus Amerika eingeführten Kulturpflanzen Kartoffel, Mais und Tomate im Nordsiebenbürgisch-Sächsischen. In: Zeitschrift für Siebenbürgische Landeskunde 12. (83.) Jahrgang, Heft 2, 1989, S. 130–143

Göllner, Carl: Im Kreislauf des Jahres. Historisches Brauchtum der Siebenbürger Sachsen. Bukarest 1987

Göllner, Carl: Bevölkerung – soziale Struktur 1849–1914. In: Die Siebenbürger Sachsen in den Jahren 1848–1918. Köln, Wien 1988 (Siebenbürgisches Archiv. 22), S. 37–65

Göllner, Carl: Wirtschaft 1849–1914. In: Die Siebenbürger Sachsen in den Jahren 1848–1918. Köln, Wien 1988 (Siebenbürgisches Archiv. 22), S. 66–103

Goldenberg, Samuel: Die Rolle der siebenbürgisch-sächsischen Städte in den Handelsbeziehungen zur Moldau und zur Walachei im Mittelalter. In: Siebenbürgen als Beispiel europäischen Kulturaustauschs. Hrsg. von Paul Philippi. Köln, Wien 1975 (Siebenbürgisches Archiv. 12), S. 11–18

Gruppenautonomie in Siebenbürgen. 500 Jahre siebenbürgisch-sächsische Nationsuniversität. Hrsg. von Wolfgang Kessler. Köln, Wien 1990 (Siebenbürgisches Archiv. 24)

Gündisch, Gustav: Der Hermannstädter Aufstand des Jahres 1556. In: Gustav Gündisch: Aus Geschichte und Kultur der Siebenbürger Sachsen. Ausgewählte Aufsätze und Berichte. Köln, Wien 1987 (Schriften zur Landeskunde Siebenbürgens. 14), S. 201–234

Gündisch, Konrad: Zur Entstehung der Sächsischen Nationsuniversität. In: Gruppenautonomie in Siebenbürgen. 500 Jahre siebenbürgisch-sächsische Nationsunversität. Hrsg. von Wolfgang Kessler. Köln, Wien 1990 (Siebenbürgisches Archiv. 24), S. 63–92

Haldner, Anamaria: Hermannstädter Möbel des späten Barocks. In: Forschungen zur Volks- und Landeskunde 22 (1979), Nr. 1, S. 56–60

Haltrich, Joseph: Zur Geschichte von Sächsisch-Regen seit den letzten hundert Jahren. In: Archiv des Vereines für siebenbürgische Landeskunde 3 (1858), 2, S. 275–332

Herbst des Alten Handwerks. Quellen zur Sozialgeschichte des 18. Jahrhunderts. Hrsg. Michael Stürmer. München 1979

Horedt, Kurt: Siebenbürgen in spätrömischer Zeit. Bukarest 1982

Horedt, Kurt: Siebenbürgen im Frühmittelalter. Bonn 1986

Horedt, Kurt: Das frühmittelalterliche Siebenbürgen. Ein Überblick. Innsbruck 1988

Kertesz-Badrus, Andrei: Türkische Teppiche in Siebenbürgen. Bukarest 1985

Klusch, Horst: Siebenbürgische Töpferkunst aus drei Jahrhunderten. Bukarest 1980

Klusch, Horst: Interethnische Beziehungen und Vermittlungsprozesse im siebenbürgischen Töpferhandwerk des 19. Jahrhunderts. In: Handwerk in Mittel- und Südosteuropa. Mobilität, Vermittlung und Wandel im Handwerk des 18. bis 20. Jahrhunderts. Hrsg. von Klaus Roth. München 1987, S. 137–148

Klusch, Horst: Siebenbürgische Goldschmiedekunst. Bukarest 1988

Kresz, Mária: Volkstümliche ungarische Kürschnerarbeiten. Budapest 1979

Kurze Geschichte Siebenbürgens. Hrsg. von Béla Köpeczi unter Mitarbeit von Gábor Barta, István Bóna, László Makkai, Zoltán Szász. Budapest 1990

Lebrecht, Michael: Eigenheiten des Siebenbürgers. In: Aufklärung. Schrifttum der Siebenbürger Sachsen und Banater Schwaben. Bukarest 1974, S. 272–284

Luther und Siebenbürgen. Ausstrahlungen von Reformation und Humanismus nach Südosteuropa. Hrsg. von Georg und Renate Weber. Köln, Wien 1985 (Siebenbürgisches Archiv. 19)

Marienburg, Lucas Joseph: Geographie des Großfürstenthums Siebenbürgen. Hermannstadt 1813. 2 Bände. Nachdruck mit einer Einführung hrsg. von Ernst Wagner. Köln, Wien 1987

Markel, Michael: Zuordnungsfragen der siebenbürgischen Dorfliteratur. In: Transsylvanica 2. Studien zur deutschen Literatur aus Siebenbürgen. Hrsg. von Michael Markel. Cluj-Napoca 1982, S. 9–70

Mittelstraß, Otto: Beiträge zur Siedlungsgeschichte Siebenbürgens im Mittelalter. München 1961 (Buchreihe der Südostdeutschen Historischen Kommission. 6)

Der Mongolensturm. Berichte von Augenzeugen und Zeitgenossen 1235–1250. Übersetzt, eingeleitet und erläutert von Hansgerd Göckenjan und James P. Sweeney. Graz, Wien, Köln 1985 (Ungarns Geschichtsschreiber. 3)

Müller, Georg Eduard: Die ursprüngliche Rechtslage der Rumänen im Siebenbürger Sachsenlande. In: Archiv des Vereines für siebenbürgische Landeskunde N. F. 38 (1912), Heft 1 und 2, S. 85–314

Müller, Georg Eduard: Stühle und Distrikte als Unterteilungen der Siebenbürgisch-Deutschen Nationsuniversität. 1141–1876. Unveränderter Nachdruck der Ausgabe Kraft & Drotleff, Hermannstadt 1941. Mit einer Einführung und einem Orstnamenregister von Konrad G. Gündisch. Köln, Wien 1985 (Schriften zur Landeskunde Siebenbürgens. Ergänzungsreihe zum Siebenbürgischen Archiv. 10)

Nägler, Thomas: Die Ansiedlung der Siebenbürger Sachsen. Bukarest 1979

Nägler, Thomas, Josef Schobel, Karl Drotleff: Geschichte der siebenbürgisch-sächsischen Landwirtschaft. Bukarest 1984

Nicolescu, Corina: Die Edelschmiedekunst in Rumänien. Bukarest 1973

Niedermaier, Klaus: Blätter aus dem Grazer «Kostümbilder-Buch» mit Tuschekopien nach verkleinerten Fotos der Originalaquarelle. Teil I und II. In: Siebenbürgisch-sächsischer Hauskalender, Jahrbuch 1984, S. 70–83; Jahrbuch 1985, S. 54–71

Niedermaier, Paul: Siebenbürgische Städte. Forschungen zur städtebaulichen und architektonischen Entwicklung von Handwerksorten zwischen dem 12. und 16. Jahrhundert. Köln, Wien 1979 (Siebenbürgisches Archiv. 15)

Nussbächer, Gernot: Johannes Honterus. Sein Leben und Werk im Bild. Bukarest 1973

Nussbächer, Gernot: Heltauer Sichelschmiede vor 500 Jahren. In: Gernot Nussbächer: Aus Urkunden und Chroniken. Beiträge zur siebenbürgischen Heimatkunde. 2. Band. Bukarest 1985, S. 49–51

Origo, Iris: «Im Namen Gottes und des Geschäfts». Lebensbild eines toskanischen Kaufmanns der Frührenaissance. Francesco di Marco Datini 1335–1410. München 1985

Petri, Hans: Die hutterischen Brüder in Südosteuropa und Südrußland. Die Geschichte einer christlich-kommunistischen Sekte auf ihrem Weg von Tirol über Mähren, Siebenbürgen, die Walachei, Polen und Rußland bis Nordamerika. In: Ostdeutsche Wissenschaft. Jahrbuch des Ostdeutschen Kulturrates XI (1964), S. 181–208

Philippi, Maja: Die Bürger von Kronstadt im 14. und 15. Jahrhundert. Untersuchungen zur Geschichte und Sozialstruktur einer siebenbürgischen Stadt im Mittelalter. Köln, Wien 1986 (Studia Transylvanica. 13)

Philippi, Paul: Wittenbergische Reformation und ökumenische Katholizität in Siebenbürgen. In: Luther und Siebenbürgen. Ausstrahlungen von Reformation und Humanismus nach Südosteuropa. Hrsg. von Georg und Renate Weber. Köln, Wien 1985 (Siebenbürgisches Archiv. 19), S. 71–77

Philippi, Paul: Rückwirkungen der Adelsgesetzgebung unter Ludwig dem Großen (1351) auf die siebenbürgischen Gruppenautonomien. Eine Hypothese. In: Gruppenautonomie in Siebenbürgen. 500 Jahre siebenbürgisch-sächsische Nationsuniversität. Hrsg. von Wolfgang Kessler. Köln, Wien 1990 (Siebenbürgisches Archiv. 24), S. 131–144

Römer in Rumänien. Ausstellung des Römisch-Germanischen Museums in Köln und des Historischen Museums Cluj. Kunsthalle Köln. 12. Februar bis 18. Mai 1969

Rösler, Rudolf: Braunbär und Mensch in den Südkarpaten einst und jetzt. In: Zeitschrift für Siebenbürgische Landeskunde 13. (84.) Jahrgang, Heft 1, 1990, S. 88–94

Roth, Stephan Ludwig: Schriften, Briefe, Zeugnisse. Vorwort und Auswahl Michael Kroner. Bukarest 1974

Roth, Victor: Zur Geschichte des sächsischen Bauernhauses in Siebenbürgen. In: Archiv des Vereines für siebenbürgische Landeskunde N. F. 42 (1924), Heft 1, S. 238–260

Schaser, Angelika: Josephinische Reformen und sozialer Wandel in Siebenbürgen. Die Bedeutung des Konzivilitätsreskriptes für Hermannstadt. Stuttgart 1989

Schenk, Annemie: Familie und Wohnen in Stolzenburg. Eine Untersuchung bei Sachsen und Rumänen in einem siebenbürgischen Dorf. Köln, Wien 1984 (Studia Transylvanica. 10)

Schenk, Annemie: Interethnischer Austausch zwischen Siebenbürger Sachsen und Rumänen am Beispiel der Institution Nachbarschaft. In: Jahrbuch für Ostdeutsche Volkskunde 30 (1987), S. 162–175

Schenk, Annemie: Interethnische Forschung. In: Grundriß der Volkskunde. Einführung in die Forschungsfelder der Europäischen Ethnologie. Hrsg. Rolf W. Brednich. Berlin 1988, S. 273–289

Schuller, Georg Adolf: Zunftleben. In: Bilder aus der vaterländischen Geschichte. Hrsg. Friedrich Teutsch. 2. Band. Hermannstadt 1899, S. 250–271

Schuller, Georg Adolf: Die Landeszunft der Kürschner (1505–1848). In: Hans

Sachs. Taschenkalender und Jahrbuch für Gewerbe, Industrie und Handel. 2. Jahrgang 1930, S. 383–409
Schullerus, Adolf: Siebenbürgisch-sächsische Volkskunde im Umriß. Leipzig 1926
Schullerus, Pauline: Rumänische Volksmärchen aus dem mittleren Harbachtale. In: Archiv des Vereines für siebenbürgische Landeskunde N. F. 33 (1906), Heft 2, S. 302–466 und Heft 3, S. 469–692
Schunn, Wilhelm: Die Nachbarschaften der Deutschen in Rumänien. Hermannstadt 1936
Schuster, Heinrich: Martin Alzner. Hrsg. von Michael Markel. Bukarest 1976
Sigerus, Emil: Volkskundliche und kunstgeschichtliche Schriften. Hrsg. von Brigitte Stephani. Bukarest 1977
Sluka, Horst: Siebenbürgisch-sächsisches Zinn. Münster 1990
Stoob, Heinz: Die mittelalterliche Städtebildung im Karpatenbogen. In: Die mittelalterliche Städtebildung im südöstlichen Europa. Hrsg. Heinz Stoob. Köln, Wien 1977, S. 186–225
Stopp, Klaus: Die Handwerkskundschaften mit Ortsansichten. Beschreibender Katalog der Arbeitsattestate wandernder Handwerksgesellen 1731–1830. Band 13: Ungarn (2. Hälfte) – Rumänien–Polen. Stuttgart 1988
Wagner, Ernst (Hrsg.): Quellen zur Geschichte der Siebenbürger Sachsen. 1191–1975. Köln, Wien 1976. 2. Aufl. 1981
Wagner, Ernst: Die wirtschaftlichen Verhältnisse im vorindustriellen Siebenbürgen. In: Tausend Jahre Nachbarschaft. Deutsche in Südosteuropa. München 1981, S. 159–167
Wagner, Ernst: Geschichte der Siebenbürger Sachsen. Ein Überblick. Innsbruck 1981, 6. Aufl. 1990
Weber, Georg und Renate: Zendersch. Eine siebenbürgische Gemeinde im Wandel. München 1985.
Weber-Kellermann, Ingeborg: Zur Frage der interethnischen Beziehungen in der «Sprachinselvolkskunde». In: Österreichische Zeitschrift für Volkskunde 62 (1959), S. 19–47
Weber-Kellermann, Ingeborg: Mode und Tradition. Ein Beitrag zur Wesenserhellung des volkstümlichen Überlieferungsvorganges. In: Populus Revisus. Beiträge zur Erforschung der Gegenwart. Tübingen 1966, S. 17–26
Weber-Kellermann, Ingeborg: Die Familie. Geschichte, Geschichten und Bilder. Frankfurt am Main 1976
Weber-Kellermann, Ingeborg: Die Kindheit. Kleidung und Wohnen. Arbeit und Spiel. Eine Kulturgeschichte. Frankfurt am Main 1979
Weber-Kellermann, Ingeborg: Saure Wochen – Frohe Feste. Fest und Alltag in der Sprache der Bräuche. München und Luzern 1985
Weber-Kellermann, Ingeborg: Die Französische Revolution als Wendepunkt in der europäischen Kostümgeschichte. In: Sich kleiden. Hessische Blätter für Volks- und Kulturforschung NF 25 (1989), S. 85–98
Weczerka, Hugo: Die Stellung der rumänischen Stadt des Mittelalters im europäischen Städtewesen. In: Die mittelalterliche Städtebildung im südöstlichen Europa. Hrsg. Heinz Stoob. Köln, Wien 1977, S. 226–256

Zimmermann, Franz: Nachbarschaften in Hermannstadt. Ein Beitrag zur Geschichte der deutschen Stadtverfassung und -verwaltung in Siebenbürgen. In: Archiv des Vereines für siebenbürgische Landeskunde N. F. 20 (1885), S. 47–202

Bildquellenverzeichnis

Bein, Daniel, Sammlung: Abb. 4/S. 19 (Foto Miklos Kulin); 8/31 (Foto Daniel Bein)

Klein, Konrad, Sammlung: Abb. 1/S. 14; 5/20; 10/36; 11/42; 31/106; 33/107; 36/113; 37/114; 53/156; 54/157; 55/158; 56/160; 59/167; 60/176 (Fotos Konrad Klein); 24/93; 39/122 (Reproduktionen Konrad Klein)

Schenk, Annemie, Sammlung: Abb. 16/S. 55 Reproduktion aus Johannes Trösters Das Alt- und Neu-Teutsche Dacia, Nürnberg 1666; 32/107 (Foto Annemie Schenk); 34/110 Postkarte; 35/112 Postkarte; 45/142 (Foto Hans Schenk)

Siebenbürgische Bibliothek Gundelsheim, Archiv: Abb. 2/S. 15 Postkarte; 7/24 Postkarte (Foto Emil Fischer); 12/45 Postkarte; 13/48 (Foto Hermann Theil); 14/52; 15/53; 17/67; 18/68 Postkarte; 41/127 (Foto Emil Fischer); 43/134 (Foto V. Mysz); 47/145 (Foto Netoliczka)

Siebenbürgisches Museum Gundelsheim: Abb. 19/S. 80; 20/87; 21/88 Archiv; 22/90; 23/91 (Foto Speer); 26/95 Archiv (Sammlung Ingrid von Friedeburg-Bedeus); 28/98 Archiv (Sammlung Gabányi); 29/100; 30/102; 38/117 Archiv (Foto Schotsch); 40/123 Archiv; 42/132; 44/137 Archiv; 48/149 Archiv; 49/150 Archiv (Foto Volker Wollmann); 50/151 Archiv (Foto Schotsch); 51/152 Archiv (Foto Schotsch); 52/153 Archiv (Foto Volker Wollmann); 57/161; 58/163 Archiv (Foto Volker Wollmann)

Weber-Kellermann, Ingeborg, Bildarchiv: Abb. 3/S. 18 (Foto Ingeborg Weber-Kellermann); 25/94; 27/97 (Foto Ingeborg Weber-Kellermann); 46/143

Die Karten Abb. 6/S. 22 und 9/34 sind Reproduktionen aus: Informationen zur politischen Bildung. Hrsg. Bundeszentrale für politische Bildung (Nr. 222, 1. Quartal 1989, S. 26: Grafik Adolf Böhm, München)

Thomas Nägler: Die Ansiedlung der Siebenbürger Sachsen. Bukarest 1979, Anhang Karte XIX

Register

Bei den Ortsnamen sind die ungarischen Benennungen nur dann mit aufgenommen, wenn die Orte eine größere ungarische Bevölkerung aufweisen.